LEIBNIZ
INITIATION À SA PHILOSOPHIE

DU MÊME AUTEUR

Le souci de sincérité, Gallimard, 1944, 1967

La rencontre avec Max Jacob, Charlot, 1946 ; Vrin, 1974

La recherche de la poésie, Gallimard, 1947, 1973

L'esthétique sans paradoxe de Diderot, Gallimard, 1950, 1973

Les philosophes et leur langage, Gallimard, 1952

Les conduites d'échec, Gallimard, 1953

Au siècle des lumières, Paris, Gallimard, t. 3, 1958

Leibniz, critique de Descartes, Gallimard, 1960, 1970

Remarques, Gallimard, 1962

Poèmes d'aujourd'hui. Essais critiques, Gallimard, 1964

Choderlos de Laclos, Seghers, 1972

Diderot. Jacques le Fataliste, Gallimard, 1973

Études leibniziennes, Gallimard, 1976

LEIBNIZ, *Confessio Philosophi, Profession de foi du philosophe*, édition bilingue introduite et commentée par Y. Belaval, Vrin, 1961, 1969, 2004

BIBLIOTHÈQUE D'HISTOIRE DE LA PHILOSOPHIE

Fondateur H. GOUHIER   Directeur J.-F. COURTINE

Yvon BELAVAL

LEIBNIZ

INITIATION À SA PHILOSOPHIE

Sixième édition

PARIS

LIBRAIRIE PHILOSOPHIQUE J. VRIN

6, Place de la Sorbonne, V e

2015

La première édition de cet ouvrage a été effectuée en 1952, sous le titre, *Pour connaître la pensée de Leibniz*, aux Éditions Bordas qui ont bien voulu nous permettre de le reprendre dans la présente collection : nous les en remercions.

Y.B.

Les numérotations portées en marge font référence aux pages de la deuxième édition parue en 1962 à la Librairie Vrin.

L'éditeur.

© *Librairie Philosophique J. VRIN*, 2005,
pour la présente édition
Imprimé en France
ISSN 0249-7980
ISBN 978-2-7116-1753-1

www.vrin.fr

Au sous-titre de cet ouvrage le terme d'*Initiation* n'est pas un mot, plus ou moins sincère, de modestie : s'il prévient, s'il doit prévenir que tout ne sera pas ici développé avec l'étendue désirable dans une recherche exhaustive, il ne promet pas, pour autant, quant aux questions traitées, les facilités complaisantes dont un maître se joue devant un auditoire naïf. Il s'agit véritablement d'une initiation, non d'un maître, mais d'un élève qui, la plume à la main, s'est efforcé à suivre le philosophe de Hanovre. J'ignore le travail sur fiches. Plus me plaît de tenter une compréhension continuée. La lecture n'y suffirait pas sans la plume. Cet ouvrage est l'Introduction au *Leibniz critique de Descartes* pour lequel je me préparais, et que j'espère compléter par de nouvelles *Études leibniziennes*.

Dans quel esprit, cette Initiation ? On peut vouloir interpréter un auteur ou, pour parler avec la mode, en procurer une « lecture ». Sans condamner ce genre d'entreprise, pourvu que l'on n'y confonde pas le libre avec l'arbitraire, tel n'a pas été mon projet. Bien entendu et comment l'oublier ? Leibniz le dit à chaque page – l'on a toujours un point de vue et l'on interprète toujours ce que l'on croit seulement constater. Néanmoins, les contraintes, pour qui choisit d'interpréter en constatant du mieux possible, ne sont pas celles que s'impose celui qui, fidèle au thème d'un penseur, préfère en composer des variations ou, si l'on aime mieux, préfère en réinventer la compréhension. Au cours de cette Initiation, j'ai voulu m'en tenir au plus près de l'histoire, au plus près du sens littéral ; je voulais d'abord déchiffrer, mettre la partition au propre pour que d'autres, peut-être, en fissent plus facilement valoir l'harmonie et les harmonies.

6 | L'avouerai-je ? Cet ouvrage, écrit voilà bientôt vingt ans, je n'avais jamais trouvé l'occasion de le lire d'un bout à l'autre. Je n'ai pas à le renier. À coup sûr, les exigences de la collection dans laquelle il a été primitivement publié, m'ont amené à borner à quelques remarques, dans l'exposé systématique, ce que j'avais analysé dans la genèse du système, et, réciproquement, à passer presque sous silence, dans cette genèse, des doctrines qui, rendues accessibles par cette première partie, devaient ensuite, pour ne pas fausser l'équilibre, prendre un certain poids dans l'exposé : il en résulte quelque disparate dans la vue d'ensemble du leibnizianisme, qui réclame parfois du lecteur un effort de mémoire. Il ne m'échappe pas non plus que l'explication que je donne du *Vinculum substantiale* n'aurait pas été proposée de la même manière par un théologien : cela ne m'empêche pas d'y tenir, parce que je la crois vraie aussi et, même, éclairante sur des points obscurs du système. Bref, mon projet artisanal de constater et de lier semble me permettre aujourd'hui de ne pas protester, comme on est généralement obligé de le faire, que si j'avais à récrire cet ouvrage, je le récrirais autrement ; et, s'il doit être complété par *Leibniz critique de Descartes*, inversement il le complète en suivant dans l'histoire la formation des principaux concepts du leibnizianisme.

La présente réédition corrige des erreurs de typographie qui m'avaient encore échappé dans la précédente, rectifie des lapsus, ajoute un complément de bibliographie, que le temps rendait nécessaire.

11 mars 1969

QUATRIÈME ÉDITION

À l'exception de quelques corrections typographiques, de deux notes et d'une mise au point bibliographique, rien n'est changé en cette quatrième édition. On trouvera des compléments dans nos prochaines *Études leibniziennes*.

14 septembre 1975

CINQUIÈME ÉDITION

Je n'ai rien à changer à cette cinquième édition : on trouvera d'ailleurs des compléments élaborés dans mes *Études leibniziennes*[1]. Mais la bibliographie ? Elle s'accroît partout : en Chine où l'on a traduit les *Nouveaux Essais*, aux USA où Nicolas Rescher a établi une nouvelle Société leibnizienne, – en Espagne, en Argentine... Celle de Kurt Müller (1969) se poursuit dans les *Studia leibnitiana* (de Hanovre) et, entre temps, 1981, Wilhelm Totok, au tome IV, de son *Handbuch des Geschichte der Philosophie* (Frankfort/Main), nous en a procuré une autre, dûment classée, de 84 pages. Le plus sage est de m'en tenir à mes Indications[2], pas si anciennes, et, en tout cas, proportionnées à l'*Initiation* que je m'étais proposé d'écrire.

1984

1. Paris, Gallimard, 1976.
2. Cf. Indications Bibliographiques, p. 343.

Aux difficultés bien connues de la compréhension d'un homme ou d'une doctrine – on ne compterait plus tous les « Systèmes de Descartes », dont chacun se donne pour vrai – la pensée de Leibniz ajoute ses difficultés particulières.

D'abord, l'œuvre est immense. Après, bientôt deux siècles et demi, quelque 350 éditeurs n'ont pu venir à bout de la masse de manuscrits laissée à la Bibliothèque de Hanovre. Les 27 volumes que constituent les éditions Gerhardt (Philosophie, Mathématiques) et Klopp (Histoire et Politique) n'offrent qu'une partie de l'édition complète entreprise, depuis 1923, par l'Académie Prussienne des Sciences, et dont aucun de nous ne verra l'achèvement. On ne cesse de publier de nouveaux inédits. *Scripsi innumera et de innumeris sed edidi pauca et de paucis*, confiait notre philosophe à Jacques Bernouilli. On peut affirmer que personne n'a lu intégralement ses écrits.

D'autre part, Leibniz déconcerte par l'étendue de son savoir. Il faudrait tout connaître pour le lire : théologie, métaphysique, logique, mathématique, physique, chimie, paléontologie, biologie, histoire religieuse, civile, politique, jurisprudence, linguistique, etc. Nulle science ne lui est étrangère. Il passe, en se jouant, du calcul différentiel au Slavon, de la syllogistique au poème latin, de la controverse juridique aux mines du Harz, des lois de choc à l'Histoire de la Maison de Brunschwick, de la casuistique à la machine à calculer, d'expé-

8 riences sur le phosphore à l'art militaire, de problèmes | moné-
taires au microscope du biologiste. Une activité inlassable. Il
rêve d'Encyclopédie. Il parcourt l'Europe en tous sens. Il voit
tout. Il écrit partout. Il a plus de six cents correspondants.

Si vaste son savoir, si multiples ses points de vue, qu'on
hésite où placer le centre. Son intuition centrale est-elle religieuse, comme le veulent Baruzi et Friedmann? Ne s'agit-il
pas plutôt d'un panlogisme, comme l'affirment Couturat et
Russell? Préférerons-nous parler, avec Brunschwicg, d'un
panmathématisme? Quoi encore? Les commentateurs le
répètent : rien de plus monadologique que ce système. Tous
les points de vue s'y répondent. La moindre phrase semble
l'exprimer tout entier. Nulle doctrine n'impose davantage le
sentiment de l'unité; en nulle le foyer de cette unité n'est plus
insaisissable. À quelque point de vue que l'on se place, les
textes aussitôt convergent.

Enfin, on suspecte la bonne foi de notre philosophe.
L'habileté, l'onction, la prudence de ce politique, toujours un
peu agent secret et toujours un peu courtisan, n'ont jamais
laissé d'inquiéter. *Leibniz glaubt nichts.* Les amis de Newton
l'accusèrent de larcin. Spinoza reste sur ses gardes. Les
Jésuites, à la Cour de Vienne, finissent par se méfier. Leibniz
meurt dans l'isolement. Lachelier le méprisera. V. Delbos
refusera de le faire figurer dans sa galerie des grands philosophes. Ses défenseurs les plus ardents, comme Foucher de
Careil, doivent pourtant, parfois, avouer sa duplicité.

Quelles leçons tirer de ces difficultés?

D'abord, qu'il importe particulièrement, pour mieux en
saisir la pensée, de connaître la vie, le caractère, le milieu de ce
philosophe « engagé ». Nous perdrions moins à ignorer tout
d'un Descartes ou à nous contenter de ce qu'il nous confie sur
ses années d'apprentissage dans le *Discours de la Méthode*,
qu'à ignorer tout d'un Leibniz, mêlé aux affaires publiques, ou
à nous contenter des autobiographies, quelque peu complai-

santes, par lesquelles il se présente à ses correspondants. Et, certes, le portrait d'un homme disparu, le récit d'événements passés, la reconstitution d'un milieu qui n'est plus le nôtre, restent abstraits et lacunaires : ils dépendent de documents que nous ne pouvons tous consulter, de l'intelligence des textes, de préjugés et d'*a priori* affectifs dont aucun soin ne | garde entiè- 9 rement. Toutefois, ce serait pécher contre la rigueur même dont on voudrait se réclamer, que d'exiger une certitude mathématique en un domaine qui ne la comporte pas. Pas plus que nous ne saurions repenser le leibnizianisme comme Leibniz lui-même le pensait, nous ne saurions revivre ce qu'il a vécu : mais le scepticisme a des bornes, la vraisemblance ne va pas sans vérité.

L'œuvre est immense ? Mais Leibniz répète beaucoup. Publiant peu, il est amené à reprendre ses exposés, et souvent dans les mêmes termes, pour maint nouveau correspondant. Les inédits n'ont toujours enrichi notre connaissance que par intégrations, par saturations successives, et non par brusques mutations : ils ont seulement obligé à reculer de plus en plus haut vers l'enfance l'apparition des grandes idées directrices. Aujourd'hui, nous avons assez de textes convergents pour ne plus craindre de surprise bouleversante, – assez de textes se répétant pour parler de Leibniz sans avoir lu jusqu'au dernier feuillet de la Bibliothèque de Hanovre.

De même, s'il n'est pas possible d'avoir lu tout ce qu'il a lu, Leibniz, le plus souvent fidèle aux habitudes scolastiques héritées d'Aristote, n'aborde guère une question sans en retracer l'historique et dégager ainsi pour nous l'essentiel. D'ailleurs, un auteur explique ses sources autant qu'elles l'expliquent. D'autre part, sans prétendre à l'universalité dont il se vantait à bon droit, sans être, comme lui, théologien, mathématicien, juriste, etc., ce qui arrête, en général, est moins la difficulté d'accéder à un certain savoir qu'un manque d'intérêt pour certains ordres de problèmes : la plupart de ses découvertes, passées dans notre enseignement, nous sont d'un abord plus aisé qu'à ses contemporains. Et puis, connaître la pensée d'un philosophe n'est pas totaliser ses connaissances, mais en retrouver la méthode, l'*Anschauung*, la vision d'ensemble.

Or, à coup sûr, cette vision d'ensemble est monadologique. Il se peut qu'on ne sache où fixer l'intuition centrale, que l'on dispute sur la part à accorder dans la genèse à telle ou telle discipline : toute grande philosophie soulève des débats semblables. Mais n'est-ce pas beaucoup que d'embrasser en même temps l'unité si systématique qui pousse les commentateurs à invoquer un panlogisme, un panmathématisme, un panpsychisme, etc., et la diversité des perspectives qui s'ouvrent de tout point de vue ? Même si l'on hésite sur le choix | des propositions premières d'où se déduirait la doctrine, on entre cependant dans l'esprit du leibnizianisme quand on en comprend la logique.

Quant à la mauvaise foi suspectée, les intentions d'un homme ne sont guère vérifiables. Admettons que Leibniz, engagé dans l'action, ait dû parfois se compromettre, afficher des idées utiles, en cacher d'autres qu'il croyait plus vraies. Reste, pour qui l'a un peu pratiqué, que sa vie, comme sa doctrine, présente une unité dont ne serait capable aucun opportunisme. Peu importe, d'ailleurs. Lorsqu'il s'agit de vérité, les intentions ne comptent guère. L'accusation de mauvaise foi portée contre un philosophe est, trop souvent, un alibi moral pour en refuser le système, parce qu'il heurte nos sentiments. Mais elle est elle-même un acte de mauvaise foi puisque, sous le prétexte de sauvegarder la dignité de la raison, elle cache un refus de ne suivre que la raison. Surtout, avant de critiquer, il faut comprendre : en face d'un auteur, la confiance *a priori* est une règle élémentaire de méthode.

PREMIÈRE PARTIE

LA FORMATION

L'ALLEMAGNE À LA NAISSANCE DE LEIBNIZ

À la naissance de Leibniz – 1er juillet 1646 – la guerre de Trente Ans n'est pas encore terminée.

L'Espagne, sous Philippe IV (1621-1665), malgré les efforts énergiques du comte-duc d'Olivarès, est désormais une puissance déclinante : le Portugal vient de se révolter contre elle (1640); si elle jugule toujours l'Italie, où le Pape soutient sa cause, elle y a de plus en plus à compter avec les intrigues de l'Autriche et de la France; si elle garde une main en Belgique et possède la Franche-Comté, elle a dû reconnaître, le 9 avril 1609, et devra confirmer au Traité de Westphalie, l'indépendance des sept Provinces-Unies qui atteindront leur apogée de 1650 à 1672. La Suède règne sur la Baltique, La Grande-Bretagne traverse la crise qui aboutit à l'exécution de Charles Ier (février 1649) : après l'intermède républicain (1649-1653), elle poursuivra, sous le Protectorat de Cromwell (1653-1660) le travail d'unification qui en fera la grande puissance du XVIIIe siècle. La France connaît, elle aussi, une période de troubles; mais les deux Frondes (1648-1649, 1656-1653) ne lui ôtent pas cependant le bénéfice des gouvernements de Richelieu et de Mazarin : elle devient l'arbitre de l'Europe.

En face de ces grands États, l'Empire romain de nation germanique apparaît comme un corps mal organisé et mal délimité : dans la pensée de Leibniz il comprendra toujours l'Alsace, la Lorraine, les Pays-Bas espagnols (FIV, 9, 91) et même Besançon, le Dauphiné et le royaume d'Arles (FIII, 119). | Groupant quelque 360 États souverains sous la présidence du Habsbourg de Vienne élu par les 7 princes Électeurs (dont trois ecclésiastiques : Mayence, Cologne, Trèves), il offre un terrain favorable aux rivalités politiques et religieuses. Allumée en Bohème (1618) à l'occasion d'un conflit local où les seigneurs protestants du royaume se sentaient menacés dans leurs libertés féodales et dans les privilèges religieux que leur avait assurés, en 1609, l'empereur-roi Rodolphe II, la guerre avait gagné la Moravie, la Haute-Hongrie ; elle avait paru s'arrêter après la bataille de la Montagne Blanche (8 novembre 1620), mais, reprenant, l'année suivante, en Allemagne même, elle engageait peu à peu toutes les puissances européennes, jusqu'à la paix de Westphalie (1648) qui, en face d'une France forte, maintiendra l'Empire dans une « anarchie constituée »[1]. Le résultat ? La population allemande tombe de 16 à 6 millions : certaines villes perdent jusqu'aux trois-quarts de leurs habitants (Aix-la-Chapelle) ; Cologne ne compte plus que 1200 maisons, Berlin n'atteint que 6000 âmes, Munich 9000, Augsbourg 18000 : seules, Francfort, Leipzig, Hambourg conservent quelque importance. « Le pays, écrira Leibniz, n'était quasi peuplé que de petits enfants, et si la guerre recommençait [...] il y avait bien lieu de craindre que ce germe d'une postérité naissante étant détruit, une grande partie de la pauvre Allemagne ne demeurât presque déserte » (FIV, xx). Le tiers du sol ne peut plus être cultivé ; les 5/6e des bêtes à cornes ont disparu en Thuringe, les paysans restent en demi

1. Ed. Préclin et V. L. Tapie, *Le XVIIe Siècle*, p. 100.

servage : «Il faudra plus d'un siècle pour que les villages allemands parviennent à réparer tous les maux de la guerre »[1].

Encore, pour les réparer, eût-il fallu s'unir. Cette union des peuples germaniques, la Réforme ne l'avait-elle pas ébauchée? «Enfin, observera Leibniz, la grande Réforme dans l'Occident changea extrêmement l'état des choses, et il se fit une scission, par laquelle la plus grande partie des peuples dont la langue est originairement teutonique fut détachée des peuples dont la langue est originairement latine » (FI, V, 331). On se rappelle quelles conditions avaient favorisé la Réforme en Allemagne : les infiltrations humanistes de la Renaissance; la politique trop italienne de la papauté; la féodalité du haut-clergé qui possédait le tiers du sol germanique; les mala-dresses | de Maximilien; l'appas, sans doute, pour les princes laïques, de la sécularisation des biens d'Église, quoique Leibniz le conteste (les Princes « s'étaient plutôt mis en danger de tout perdre. La plupart des acquisitions des princes protes-tants ont été postérieures de beaucoup à l'introduction de la Réforme », FI, 125); Luther, enfin, dont la forte personnalité emporte tout. Mais Luther et Calvin vont entrer en compéti-tion, et les sectes se multiplient. Tandis que le luthéranisme – au sein duquel les orthodoxes auront, dès le milieu du XVIIe siècle, à lutter contre le syncrétisme des Calixtins favorables à une union des Églises – envahit les États du nord et du centre de l'Allemagne, Strasbourg, des îlots dans le Wurtemberg, le calvinisme – qui donne naissance à la secte des Arminiens ou Remontrants, négateurs de la prédestination absolue, contre les Gomaristes – gagne la Hollande, pousse une pointe dans le Palatinat et conquiert des enclaves dans la Hesse-Nassau. Le catholicisme, pourtant, garde de fortes positions et, après le recul du XVIe siècle, contre-attaque avec les Jésuites. Il s'est maintenu en Autriche où l'Empereur reste le défenseur de

15

---

1. *Ibid.*, p. 393.

Rome, en Bavière, sur le Rhin avec les trois Électeurs-Archevêques, en Belgique où l'université de Louvain cède à l'influence de la Compagnie de Jésus. Il a triomphé en Pologne où les Jésuites fondent 50 collèges et s'assurent de l'appui de Sigismond III Vasa (1609-1648); en Bohème, où la Réforme est écrasée par la défaite de la Montagne Blanche. Il a quelques districts en Westphalie. Il parvient même à progresser en pays luthérien : à Hildesheim, aux portes du Hanovre, où les Jésuites installent un collège; à Halberstadt dans le Brunschwick. Dix-sept princes sont arrachés à la Réforme : et parmi eux – outre Christine de Suède – Jean-Frédéric de Hanovre, Ernest de Hesse-Rheinfels.

Dès lors, à la désunion politique, entretenue par l'Étranger, perpétuée par l'ambition des princes « la plupart du temps besogneux » qui « se donnent au plus offrant » (F V, 273), qui « pêchent en eau trouble » et « voient avec satisfaction la confusion dans toutes choses si favorables aux factions (F VI, 36) », s'ajoute la désunion religieuse. « En effet les parties ont été dans les extrémités contraires : on s'est poursuivi par le fer et par le feu, on s'est traité d'hérétiques, d'idolâtres, d'excommuniés, de damnés. L'Allemagne a été inondée de sang » (F I, 2).

16 Sans doute, le Traité de Westphalie allait | donner « au moins quelque espérance de tolération » (*ibid.*, 3) : il y est dit « que toutes les trois religions permises dans l'Empire ne seront aucunement traversées dans l'exercice de leur foi, culte, cérémonies et ordonnances, et que la juridiction ecclésiastique cessera entièrement à l'égard des Protestants » (F VI, 264); mais il ne s'agit là que d'une tolérance civile et le Pape maintient les décisions du concile de Trente : aussi, constatera Leibniz, « on a bientôt remarqué que dans le fond cette paix ressemblait à une espèce de trêve venue d'une lassitude commune; ce qui fait craindre que ce feu couvert sous les cendres ne reprenne un jour toute sa force, des étincelles et même des petites flammes paraissant déjà de temps en temps » (F I, 3).

Qui, sur cela, ne comprendrait les projets d'unions des États au sein de l'Empire et des Églises entre elles, auxquels Leibniz ne cessera de se consacrer ?

Il va sans dire que, dans cette Allemagne ruinée, divisée, les mœurs ne brillent guère par la « politesse », et que la philosophie, les sciences, les lettres et les arts trouvent un terrain difficile. Que de fois Leibniz s'en plaindra !

> En général, en Allemagne, on sent un défaut capital, qui consiste en ce que notre noblesse, nos gens distingués et même nos rentiers ne sont pas portés vers les sciences comme les Anglais, ou vers les conversations spirituelles ou les ouvrages d'esprit comme les Français, mais préfèrent la boisson et le jeu (F VII, 393).

On les corrompt avec l'argent et les femmes (F VI, 217). Les jeunes gens reçoivent une éducation indigne (*ibid.*, 24), s'abandonnent à la débauche (F VII, 52). On manque de patriotisme (F III, 25, 219 ; VI, 153). L'indifférentisme se répand comme une peste (F VI, 24). Et pourtant, l'esprit allemand le cède-t-il à celui des autres nations ? Il l'emporte sur tous dans les arts utiles : poudre à canon, imprimerie, horloges, travaux hydrauliques, machines pneumatiques, astronomie des Regiomontanus, Copernic, Kepler, meilleurs médicaments, transfusion du sang découverte par Robavius, etc. ; « presque partout nous avons posé les fondements ». Aussi n'est-il pas honorable « pour nous Allemands qui avons les premiers découvert les arts et les sciences mécaniques, naturelles et autres, que nous soyons maintenant les derniers à contribuer à leur accroissement et à leur progrès, | comme si la gloire de nos ancêtres 17 suffisait à conserver la nôtre » (F VII, 64 *sq.*).

La Réforme, bien entendu, avait agi sur la spéculation philosophique, sans en faire pourtant, comme l'a soutenu

Werner Elert, une sorte de « luthéranisme sécularisé »[1]. Luther
qui substitue le plus possible la Foi à la Raison – *diese Hure* –
s'oppose par là aussi bien aux scolastiques qu'aux humanistes
et à l'esprit du doute méthodique. Il vitupère Aristote dont il
supprimerait la *Physique*, la *Métaphysique*, le *Traité de l'Âme*
et l'*Éthique* : « Je peux bien le dire, un potier a des choses
naturelles plus de science que n'en contiennent ces livres. J'en
ai le cœur marri quand je pense qu'en sa malice et son orgueil
ce maudit païen a réussi à séduire avec ses paroles trompeuses
tant d'excellents chrétiens [...] ». Cependant, il conserverait la
Logique, la Rhétorique et la Poétique « mises sous une forme
nouvelle et abrégées », sans commentaires ni scolies[2]. Leibniz
sera donc fondé à écrire que Luther ne rejette pas toute philosophie et que, se radoucissant à l'égard d'Aristote dans l'Apo-
logie de la Confession d'Augsbourg, il a même souffert que
l'on parlât avantageusement de sa Morale[3]. Du reste, le luthéranisme ne pouvait se passer d'une philosophie, ne fût-ce que
pour l'enseignement dont, après les Dominicains, il devait
assumer la charge. Melanchton avait dû élaborer cette
philosophie. Esprit solide, dit Leibniz. Mais moins créateur
qu'éclectique, nourri de culture classique, admirateur
d'Érasme, il n'avait fait que concilier humanisme et Réforme ;
et, comme il trouvait les Épicuriens trop athées, les Stoïciens
trop fatalistes, Platon et les néo-platoniciens tantôt trop
nuageux, tantôt trop hérétiques, la Nouvelle Académie trop
sceptique, il ne lui était resté qu'à renouveler Aristote en le
simplifiant. En posant ainsi, pour trois siècles, la base des
études, l'éclectisme de Melanchton « eut pour résultat, à cause
de sa sagesse même, de prolonger, en Allemagne, l'empire

1. Spenlé, *La pensée allemande*, p. 8.
2. Luther, *Les grands écrits réformateurs*, trad. fr. M. Gravier, Paris,
Aubier, p. 215.
3. *Théodicée*, Discours préléminaire, § 12.

d'Aristote plus longtemps qu'en aucun autre pays d'Europe »[1].
À quoi il convient d'ajouter que l'orthodoxie luthérienne, en
quête d'une Métaphysique, l'empruntera de plus en plus aux
Jésuites espagnols – Pedro da Fonseca et, surtout, Suárez –
| dont Leibniz trouvera les œuvres dans la bibliothèque de   18
son père.

À côté du péripatétisme et de l'averroïsme (Pomponazzi,
Cardan, Cremonini, etc.), le platonisme renaissant remonte
d'Italie (Telesio, Giordano Bruno, Marcile Ficin, Campanella,
Bodin, Vanini) et, pénétré de plotinisme et de Kabbale, rejoint
le courant mystique qui ne s'était jamais tari en Allemagne
avec Albert le Grand (1193?-1280), Dietrich de Freiberg
(1250-1310), Eckhart (1260-1327), Ruysbrock (1294-1381),
Tauler (1300-1361), Nicolas de Cuse (1401-1464), Agrippa de
Nettesheim (1486-1535), Paracelse (1493-1541), J.-B. van
Helmont (1577-1644), Valentin Weigel (1531-1588), Jacob
Boehme (1575-1624), Scheffler, dit Angelus Silesius (1624-
1675), qui passe du protestantisme à l'Ordre des Jésuites, et
dont Leibniz admirera les «petits vers de dévotion»[2]. Au
mysticisme se rattache le mouvement des Rose-Croix – fondé,
suppose-t-on, en 1484, par Chrétien Rosenkreuz – que
propagent, entre 1613 et 1619, le Wurtembourgeois Valentin
Andreae (1586-1654) avec sa *Fama fraternitalis Rosae-
Crucis*, et l'anglais Robert Fludd (1554-1637) édité à
Oppenheim et à Francfort.

On étudie le Stoïcisme : sa Morale séduit le volontarisme
des premières générations du XVIIe siècle; on applique
l'exemple du cylindre de Chrysippe aux problèmes de la
prédestination; on en retient la thèse d'une harmonie universelle (Juste Lipse, 1547-1616, Gaspard Scioppus, 1576-1663).
Plus lentement, l'Épicurisme réussira à se faire écouter, vers le

1. F. Bouillier, *Histoire de la philosophie cartésienne*, I, 4.

2. *Théodicée*, Disccours préléminaire, § 9.

milieu du siècle, par l'entremise des Français Guillemets de
Berigard (*Circulus Pisanus*, 1643), Jean Magnien (*Democri-
tus reviviscens*, 1646), Gassendi (*De vita et moribus Epicuri*,
1647, *Animadversiones in Librum X Diogenis Laertii*, 1649,
Syntagma Philosophiae Epicuri, 1649); et Leibniz jugera
qu'on peut fort bien combiner ce qu'il y a de bon dans la
Philosophie corpusculaire « avec ce qu'il y a de solide dans
Platon et dans Aristote, et accorder l'un et l'autre avec la
véritable Théologie »[1].

Ramus (1515-1572) qui, voyageant en Allemagne de 1568
à 1570, y avait laissé une secte puissante et fort suivie parmi les
Protestants[2], Bacon dont l'action outre-Rhin est plus grande
qu'en France, pouvaient ouvrir la voie à la philosophie
nouvelle de Descartes. Les étudiants allemands fréquentent
les universités hollandaises. Dès 1636, Reneri (1593-1639)
19 | fait d'Utrecht, où Henri le Roy (1598-1679) lui succède en
1646, un centre de cartésianisme. À Leyde, c'est François du
Ban (1592-1643), Gollius (1596-1667), Frans van Schooten
(† 1646), Vorstius (1597-1663), van der Heiden (1597-1678),
Heerebord (1614-1659), etc. À Amsterdam, I. Beeckam,
Hortensius, Elichman. Un Allemand, Daniel Lipstorp,
professeur un temps à Lübeck, publie en 1653, à La Haye, des
Specimina philosophiae cartesianae. Mais, plus que tous,
Clauberg (1622-1665), initié par Tobie André à Groningue,
puis par de Raey à Leyde, complétant l'initiation par un voyage
en France où il rencontre Clerselier, de Roure, la Forge, ensei-
gnant ensuite (1650) à Herborn – où Alstedt avait eu comme
élève Comenius en 1612[3] – et à Duisbourg (1652-1665), plus
que tous Clauberg travaille à répandre, l'inclinant vers le
platonisme et l'occasionalisme, la philosophie de Descartes et

1. *Théodicée*, Discours préléminaire, § 11.

2. *Ibid.*, § 12.

3. Alstedt et Comenius auront une influence avouée sur Leibniz dans ses
projets de Langue universelle et d'Encyclopédie.

même – écrira Leibniz à Jacob Thomasius – avec plus de clarté que le maître (*Defensio Cartesiana*, Amsterdam 1652, *De cognitione Dei et nostri*, 1656, *Logica vetus et nova*, Duisbourg 1656). Cependant, le cartésianisme ne réussit pas à s'imposer en Allemagne. La différence des esprits français et germanique, le luthéranisme, la réforme de Melanchton qui prolonge le règne d'Aristote, la xénophobie éveillée au moins dans les Universités par la guerre, l'absence de société brillante et lettrée, autant d'obstacles à la propagande de Clauberg.

Vue d'ensemble vers le milieu du XVIIe siècle, l'Allemagne ruinée, divisée, presque sans langue nationale malgré les efforts de Luther, reste loin de rivaliser avec l'Angleterre, la France, les Pays-Bas ou l'Italie. On méprise les Allemands, s'attristera souvent Leibniz. On leur accorde la patience, l'érudition, mais aux dépens de la lourdeur, du fatras et du verbiage. Ils sont à peine décrassés. Ils n'ont ni gentillesse, ni subtilité, ni brillant, ni vivacité, ni ordre, ni méthode. On répète qu'ils ont l'esprit « non pas dans la cervelle comme les autres hommes, mais sur le dos; et que Minerve avait ses mulets dans les Écoles et les Académies de ce pays, comme la ville de Rome avait autrefois entretenu les mulets de Marius dans ses armées ». Tels demeureront les Jugements des Savants que recueillera encore Baillet en 1685 (t. I, 272 *sq.*).

L'AUTODIDACTE (1646-1661)

Sans doute d'ascendance slave lointaine[1], Frédéric Leibniz, professeur de Sciences morales, depuis 1640, et actuaire de l'Université, était respecté à Leipzig pour le zèle et l'habileté avec lesquels, en des temps difficiles et critiques (*in arduis et arctis temporibus*), il avait défendu la juridiction, les privilèges, les statuts de l'Université (K I, XXVII). Son fils nous le peindra frêle, bilieux, sanguin, souffrant de la pierre (F nl, 388). Il s'était marié trois fois : d'Anna Fritsche il avait eu Johann-Friedrich et Anna-Rosine (plus tard épouse Freissleben); Dorothea Vogtz ne lui avait pas donné d'enfant; enfin, de Catharina Schmuck (1621-1664) lui étaient nés Anna-Catharina (plus tard épouse Löffler) et Gottfried-Wilhelm. De 24 ans plus jeune que son mari, Catharina Schmuck était, elle aussi, de famille universitaire. Elle souffrait d'un catharre à la gorge et des bronches (F nl, 388). Son oraison funèbre nous la

---

1. Leibniz, Leibnitz, Leibnüzius, Leibnütz, Leubnutz, Lubeniecz, etc., autant d'orthographes, chez notre auteur même, à ce nom d'origine slave : « *Leibniziorum sive Lubeniecziorum nomen Slavonicum…* » (K I, XXXII). Et, au sujet d'un certain Lubiniszki : « Je me suis toujours imaginé que son nom est le même avec le mien, et il faut que je sache un jour ce que cela veut dire en slavonois » (K III, 235).

montre dans son veuvage, menant une vie chrétienne exem-
plaire, en paix avec ses voisins, patiente dans la douleur,
n'épargnant aucun soin pour élever ses enfants avec lesquels
elle priait et, chaque année, communiait (K I, XXXI-XXXII).

Leipzig était d'ailleurs une des places fortes du luthéranisme, et d'un luthéranisme assez intolérant si l'on en juge par
22 les | suspicions et les craintes qu'éveillera plus tard dans sa
famille la conduite de notre philosophe. Rien de plus significatif que les premières anecdotes. Au baptême de Gottfried-
Wilhelm, le 3 juillet 1646, les témoins émerveillés voient
l'enfant relever la tête et les yeux en arrière comme pour
s'offrir à l'eau baptismale ; et le père – dont nous tenons le
récit – de prévoir aussitôt et d'espérer

> que, dans le cours de sa vie, son fils, les yeux élevés vers Dieu,
> en reste tout pénétré, brûle d'amour divin et produise ainsi des
> prodiges dignes d'admiration qui tournent à l'honneur du Très-
> Haut, au salut et à l'accroissement de l'Église chrétienne, à son
> propre salut et au nôtre (K I, XXVII).

Autre signe du ciel, dont Leibniz se souviendra toujours
comme s'il s'était produit l'avant-veille (*nudiustertius*) : un
dimanche matin, dans la pièce chauffée d'un poêle, de la table
sur laquelle il folâtrait, il tombe sans le moindre mal à trois pas,
à une distance plus grande que ne pouvait d'un bond la franchir
un enfant de cet âge :

> Aussi, mon père, reconnaissant une faveur spéciale de Dieu,
> envoya sur le champ un billet au Temple où, après le service,
> selon l'usage, grâces seraient rendues à Dieu ; et cet événement
> fournit alors dans la ville matière à nombreuses, conversations.
> Or, mon père, tantôt de cet accident, tantôt de je ne sais quels
> autres songes ou présages, conçut de tels espoirs à mon sujet,
> que ses amis le moquaient souvent (K I, XXXIII).

Au poêle de Descartes, où une raison solitaire prétend à elle
seule, reconstruire la science et fonde une philosophie que

l'auteur de la *Théodicée* estimera toujours dangereuse pour la religion, il semble que Leibniz veuille opposer son propre poêle (*hypocaustum*) ou la Foi attire la Grâce. Il n'est pas douteux, en tout cas, que Leibniz ne liât ses souvenirs d'enfance à sa vocation irénique et qu'il n'y vit l'annonce de l'homme qui pourrait répondre, au moment où on le croirait plongé uniquement dans les mathématiques, « qu'on se trompait fort, qu'il avait bien d'autres vues, et que ses méditations principales étaient sur la Théologie » (K IV, 454). Et vraisemblablement ne songera-t-il pas seulement au métier de son père, lorsqu'il écrira à Arnauld, en novembre 1671 : « Ma propre origine familiale me recommande l'effort pour rétablir la morale, les bases du droit et de l'équité, avec un peu plus de clarté et de certitude qu'elles n'ont coutume d'en avoir » (Pr 33).

| De bonne heure (*mature*), son père lui apprend à lire, lui **23** donne le goût de l'histoire sacrée et profane, tantôt par des récits variés, tantôt en lui montrant un petit livre allemand (K I, XXXIII). Croissant en âge et en forces, « je prenais un plaisir extraordinaire à la lecture de l'Histoire et n'abandonnais les livres allemands sur lesquels je tombais, que je ne les eusse tous lus d'un bout à l'autre » (XXXIV). Parmi ces livres, une Histoire universelle allemande. Dans l'atmosphère de la guerre de Trente Ans qui s'achève à peine, Leibniz reçoit les premiers germes du patriotisme dont il fera une mission.

Peut-être avant même la mort du père (15 sept. 1652), on l'envoie à la Nicolaï-Schule[1]. Bientôt on l'y initie au latin. À 8 ans il le balbutie (E 91 a). Mais cet autodidacte-né devance l'enseignement qu'on lui donne. Ayant trouvé chez lui un Tite-Live et un *Thesaurus chronologicus*, de Sextus Calvisius, il s'emploie à les déchiffrer. Le Thesaurus ne l'embarrasse guère parce que notre déchiffreur peut s'aider de l'Histoire

1. Il semble que le cours des études primaires et secondaires de Leibniz puisse s'établir comme suit, en faisant commencer à Pâques l'année scolaire : *Grammaire* : 1652-1655 ; *Humanités* : 1655-1658 ; *Philosophie* : 1658-1661.

universelle, en allemand, qui rapporte souvent les mêmes faits.
Au contraire, de Tite-Live il ne réussit pas d'abord à entendre
une seule ligne; mais, comme l'édition est illustrée, il en
regarde attentivement les gravures, se reporte aux légendes,
traduit le peu qu'il en comprend et, d'induction en induction,
sans aucun dictionnaire (*sine ullo dictionario*), il arrive, de
proche en proche, à démêler le texte (K I, XXXIV). Ainsi, dans
toute sa précocité, éclate le génie de l'art combinatoire : définir, combiner les termes définis. Car nos erreurs de jugements
viennent, pour la plupart, d'une définition insuffisante des
termes employés (E 91 b).

Un précepteur s'alarme et, remontrant que Tite-Live
convient à un enfant d'à peine huit ans comme un cothurne à
un pygmée, convaincrait les parents de renvoyer l'élève aux
manuels scolaires, si, par chance, un chevalier, érudit du
voisinage ne les persuadait, au contraire, de ne pas étouffer les
germes de ce génie naissant. (K I, XXXV). Loin de confisquer le
Tite-Live, on rouvre pour Gottfried la Bibliothèque paternelle.
Il s'y retire des journées entières. À peine a-t-il 8 ans, à peine
balbutie-t-il le latin; mais, tantôt retenant, tantôt abandonnant
24 les livres qui lui tombent sous la main, grappillant | ça et là
selon la clarté de la langue ou le charme de la démonstration,
sans autre guide que le hasard, poussé par la voix qui lui
souffle : «Prends! Lis!», il découvre progressivement les
Anciens et, de même que se hâlent ceux qui s'affairent au
soleil, de même il s'imprègne d'une teinture de la langue et des
maximes de l'Antiquité. En regard des Anciens, combien les
auteurs plus récents lui semblent pauvres, ampoulés! Ceux-ci
parlent pour ne rien dire ou ne peuvent que reprendre les idées
des autres; ils restent sans nerfs et sans muscles; et, surtout,
leurs ouvrages, sans utilité pour la vie, paraissent s'adresser à
un autre monde. Quel abîme entre ces enflures prétentieuses et
les mâles pensées des Anciens, dominant toute chose, embras-
sant comme en un tableau l'entier déroulement de la vie

humaine, dans un style pourtant naturel, clair, coulant, égal à son objet! Contraste si frappant, que Leibniz, dès ce temps (*ex eo tempore*), en aurait tiré ses deux axiomes : chercher toujours dans les mots et autres signes conceptuels la clarté, dans les choses l'utilité. *In Worten die Klarheit, in Sachen den Nutzen.* Le premier de ces axiomes, Leibniz en prendra de plus en plus conscience, est la base du jugement; le second, de la découverte (E 91 a-b).

À cette liberté dans la Bibliothèque paternelle Leibniz ne doit pas seulement une meilleure connaissance du latin, de la culture classique, de l'Histoire, qui prépare le grand écrivain et l'historien qu'il sera; il doit le respect de l'érudition, le sens de la continuité historique, qui l'opposeront à Descartes et aux cartésiens, et surtout, il le dit lui-même, la liberté de jugement, l'éclectisme conciliateur. L'absence de direction dans ses études, écrira-t-il au duc Jean-Frédéric, l'a libéré des préjugés communs et fait tomber sur une foule de choses auxquelles, autrement, il n'eût jamais pensé (K III, 254, P I, 57). Et, à Malebranche :

> Comme j'ai commencé à méditer lorsque je n'étais pas encore imbu des opinions cartésiennes, cela m'a fait entrer dans l'intérieur des choses par une autre porte et découvrir de nouveaux pays, comme les étrangers qui font le tour de France suivant la trace de ceux qui les ont précédés, n'apprennent presque rien d'extraordinaire, à moins qu'ils soient fort exacts ou fort heureux; mais celui qui prend un chemin de traverse, même au hasard de s'égarer, pourra plus aisément rencontrer des choses inconnues aux autres voyageurs (P I, 332).

| À 12 ans il commence à balbutier le grec et entend si **25** bien le latin qu'il peut, l'année suivante, à Pentecôte 1659, composer en une matinée un poème de 300 hexamètres latins sans élision. Déjà, il rêve d'aborder Cicéron, Sénèque, Pline, Hérodote, Xénophon, Platon, les Pères de l'Église et même les

ouvrages de controverses. Il entre en classe de Logique, dont
ses compagnons « abhorraient les épines » (K I, XXXVI). Jusque
là, explique-t-il à Gabriel Wagner, « j'étais entièrement
plongé dans les historiens et les poètes » ; mais « aussitôt que je
commençai à entendre la logique, je fus extrêmement frappé
par la distribution et l'ordre des idées que j'y apercevais »
(P VII, 516). Bien qu'il n'ait qu'environ 13 ans – 14, dit-il
ailleurs (K I, XXXVI) – il se passionne pour les *Catégories*,
c'est-à-dire les classes de *notions simples.* Il y voit un réper-
toire de patrons, un catalogue de modèles (*eine Muster-Rolle*)
de toute chose ; il en collectionne les meilleurs tableaux dans
toutes sortes de Logiques, s'interroge, interroge ses cama-
rades sur le classement de ceci ou de cela. Qu'espère-t-il ?
Utiliser ses grilles pour la mnémotechnie : « de cette façon
Nabuchodonosor aurait pu retrouver peut-être son rêve
oublié » – pour l'invention : il emploiera divisions et subdivi-
visions « comme un filet ou des rets pour attraper le gibier
fugitif » (*die ich gleichsam als ein Nez oder Garn gebrauchet
das flüchtige Wild zu fangen*) ; – pour une systématique des
vertus, vices, sentiments ; – pour codifier la description, etc.
« Par bonheur, j'étais assez avancé en ce qu'on nomme des
disciplines plus humaines avant d'en venir à ces pensées,
autrement j'aurais pu difficilement me contraindre à reprendre
la route des choses aux mots » (P VII, 517, 126, 185, 292, B, VI, 7).

Des notions simples il passe aux *notions complexes* en
approfondissant les *Topiques.* Les prédicables de Porphyre
(genre, espèce, différence, propre, accident) ne donnent lieu
qu'à la qualification directe, par exemple : *animal raisonnable.* Si on leur adjoignait la définition et la division cela
rendrait possible la qualification oblique (par génitif, datif
ou ablatif) : *une figure de 4 côtés, l'épée d'Évandre, César
semblable à Alexandre,* etc. On aurait ainsi des relations
de tout à partie, de cause à effet, de substance à accident, de
possesseur à possession, etc. (P VII, B, II, 12). Les *Topiques* ne

serviraient plus seulement à établir une vérité reconnue, mais encore à résoudre une difficulté proposée : car, tels qu'ils sont, ils ne | se prêtent pas à l'analyse d'« épée d'Évandre » comme à 26 celle d'« animal raisonnable ». Par cette généralisation, loin de n'apprendre qu'à parler sans jugement, ils permettraient de mieux examiner les questions les plus sublimes. On verra que par ses recherches juvéniles (P VII, 518), s'annoncent les essais de Langue Universelle (P VII, B, III, 26 ; II, 12, 14) où Leibniz, s'efforçant de réduire la relation à l'inhérence, préparera son Algèbre de la pensée, sa Caractéristique.

Pressentiments plus nets encore, lorsque l'élève passe des *notions*, simples ou complexes, aux *propositions*. Il voudrait appliquer aux propositions le principe des Catégories.

> De même, pense-t-il, qu'il existe des Catégories, c'est-à-dire des classes de notions simples, de même il doit exister un nouveau genre de Catégories dans lequel les propositions elles-mêmes, c'est-à-dire les termes complexes seraient disposés dans un ordre naturel ; évidemment, mes rêveries ne m'avaient pas appris ce que sont les démonstrations et j'ignorais que cela même que je désirais, les géomètres le font, eux qui rangent les propositions dans l'ordre où elles se déduisent l'une de l'autre.

Les *Catégories* d'Aristote classent les concepts dans l'ordre où elles donnent matière aux propositions : substance (un homme), quantité (de deux coudées), qualité (blanc), etc. ; il s'agit pour Leibniz de trouver de nouvelles Catégories, qui classeraient les propositions elles-mêmes dans l'ordre où elles donneraient matière à syllogismes.

> En m'appliquant plus attentivement à cette étude, je tombai nécessairement sur cette considération admirable qu'on pourrait inventer un alphabet des pensées humaines, et que, par la combinaison des lettres de cet alphabet et par l'analyse des mots formés à partir de ces lettres, on pourrait et tout découvrir et tout soumettre à l'analyse du jugement.

Ces rêves, qui le font exulter d'une joie enfantine, le conduiront, en 1666, à l'art combinatoire (P VII, 185-186, 517 ; K I, XXXVI).

En même temps (*Interea*), Leibniz se plonge dans les Scolastiques et les controverses qu'il lit avec non moins de facilité que les fables milésiennes (K I, XXXVI-XXXVII).

> À peine avais-je appris à entendre passablement les livres latins, que j'eus la commodité de feuilleter dans une Bibliothèque : j'y voltigeais de livre en livre, et comme les matières de méditation me plaisaient autant que les Histoires et les fables, je fus charmé de l'ouvrage de Laurent Valla contre Boèce, et de | celui de Luther contre Érasme, quoique je visse bien qu'ils avaient besoin d'adoucissement. Je ne m'abstenais pas des Livres de Controverse, et entre autres écrits de cette nature, les Actes du Colloque de Montbeillard, qui avaient ranimé la dispute, me parurent instructifs. Je ne négligeais point les enseignements de nos Théologiens ; et la lecture de leurs adversaires, bien loin de me troubler, servait à me confirmer dans les sentiments modérés des Églises de la Confession d'Augsbourg (*Théod.* Pref., E 476 b).

27

Il lit le scolastique padouan Jacques Zarabella, les Jésuites Pedro da Fonseca, Suárez (K I, XXXVI)[1], des Arminiens, des thomistes, des jansénistes même (P VI, 3). « Mais Platon aussi dès lors avec Plotin me donnèrent quelque contentement sans parler d'autres Anciens que je consultai » (E 702 a). Tandis que la lecture des polémiques religieuses le prépare, comme il le souligne lui-même, à ses futures controverses avec Arnauld, Bossuet, tous ces protagonistes des tentatives iréniques, sans doute puise-t-il déjà dans Platon – qu'il étudiera plus soigneusement à Paris – et dans Plotin[2] les premières idées de la *Monadologie*.

---

1. Cf. l'hommage à Suárez, NE IV, VIII, § 5.
2. Cf. G. Rodier, « Plotin : Sur une origine de la philosophie de Leibniz », dans *Études de Philosophie grecque*, Paris, 1926, p. 338.

On conçoit que Leibniz passât pour un phénomène (*pro monstro*, E 91 b) dans son entourage et que, sans cesse distançant l'enseignement reçu, il puisse se flatter d'avoir été autodidacte (P VII, 185) dans la plupart des disciplines (K I, XLII). Déjà s'affirme dans ses traits essentiels le philosophe dont Fontenelle admirera que « pareil en quelque sorte aux Anciens qui avaient l'adresse de mener jusqu'à huit chevaux attelés de front, il mena de front toutes les sciences ». Déjà, le poète, le philologue, l'historien, le logicien qui, par l'art combinatoire, la Langue universelle, la Caractéristique, voudra dépasser l'*Organon* d'Aristote, le métaphysicien soucieux de tout concilier (à l'école de Porphyre ?), le théologien expert en controverses, se manifestent au cours de ces premières années d'apprentissage. Il n'y manque que le juriste, le physicien, le mathématicien, le politique : ils ne vont pas tarder à apparaître.

L'ÉTUDIANT(1661-1666)

À Pâques 1661, Leibniz entre à l'Université de Leipzig. Le voici Akademicus ! Il n'a pas encore 15 ans.

Il y découvre les Modernes, s'affranchit du joug d'Aristote, donne dans le vide et les atomes (E 92 a, 124 b, 702 a, 758 a). Mais il faut ici prendre garde et rappeler d'abord dans quel milieu, en quels temps et dans quel esprit se produit cette découverte. On y voit trop une rupture dans l'évolution leibnizienne. Il n'y a jamais de rupture. N'est-ce pas Leibniz qui écrit : lorsque la raison « détruit quelque thèse, elle édifie la thèse opposée. Et lorsqu'il semble qu'elle détruit en même temps les deux thèses opposées, c'est alors qu'elle nous promet quelque chose de profond, pourvu que nous la suivions aussi loin qu'elle peut aller [...] » (E 502 a) ? Ce développement presque dialectique reste toujours celui de notre philosophe. D'ailleurs, nous autres, lecteurs du XXᵉ siècle, nous avons trop tendance à séparer ce qui ne s'est séparé pour nous qu'avec le recul de l'Histoire à grand renfort de schématisations scolaires : c'est ainsi que nous ouvrons un abîme imaginaire entre les Modernes et le Moyen Âge dont le concept se précise avec Juste Lipse et son disciple J. A. Bose, le maître que Leibniz va

rencontrer à Iéna[1] ; ainsi encore que nous voyons dans la
Logique une science purement formelle, alors qu'elle était
inséparable de la Métaphysique :

> La quête d'un Arcane, d'une Clef qui, par le pouvoir de
> Symboles contenant l'avenir, | ouvre les voies de Dieu dans
> la Nature – d'une langue de la Nature qui, par ses signes
> spécifiques, livre le terme des sentiers cachés – d'une méthode
> universelle de penser, que l'on surprendrait, à son tour, à
> l'écoute de ce langage – tout cela joint, enfin, aux recherches
> des alchimistes pour la pierre philosophale et l'élixir de vie, est
> un trait général de l'époque de Leibniz ; et comment tout cela
> aurait-il pu ne pas s'emparer de l'âme réceptive d'un jeune
> garçon éveillé ? Or, l'un de ces chemins étrangers et mystérieux
> vers la certitude et la domination de l'avenir passe précisément
> par la Logique [...][2].

30

Que Leibniz, à l'Université, ne sorte pas brutalement
du monde scolastique, qu'il continue à l'explorer, fût-ce par
Cours et Manuels, il suffirait pour s'en convaincre de parcourir
la bibliographie de sa thèse : Pierre d'Auriol, Capreolus, Hervé
le Breton, Soncinas, Grégoire de Rimini, Gabriel Biel,
Durand, Ramoneda, Murcia, Suárez, Zimara, Bassol, Nicolas
Bonet, Calov, Occam, Denis de Ruckel, Fonseca, Eustache de
Saint-Paul, etc. En aucun texte il ne rejette, même alors, ni tous
les scolastiques (il se réclame, dans sa thèse, de Pierre d'Auriol,
de Durand, parle avec respect de Duns Scot), ni tout de la
scolastique (nulle part il n'en attaque la logique). Ses maîtres
sont d'ailleurs de bons scolastiques – d'une scolastique épurée
selon l'esprit de Melanchton – et de fidèles Péripatéticiens.
Nous ne savons à peu près rien de Kuhn qui lui enseigne les
Éléments d'Euclide ; mais Adam Scherzer oriente Leibniz vers
le nominalisme en professant que la distinction de l'essence et

---

1. L. Davillé, *Leibniz historien*, Paris, 1909, p. 5.
2. H. L. Matzat, « Die Gedankenwelt des jungen Leibniz », dans *Beitrage
zur Leibniz-Forschung*, S. 41, Reutlingen, 1848.

de l'existence ne vaut pas pour les êtres réels, et surtout il
convient d'insister sur Jacques Thomasius, dont l'étudiant suit
les cours en 1662 (Fnl, 386). De famille noble et fils d'un
jurisconsulte de mérite, Jacques Thomasius (1622-1684), père
du fameux Christian (1655-1728), après avoir étudié à Leipzig
et à Wittemberg, était revenu dans sa ville natale pour y enseigner la Morale, la Dialectique, puis l'éloquence, avant d'y
devenir recteur des écoles de saint Nicolas (1670) et de saint
Thomas (1676). Il avait succédé, en 1652, à Frédéric Leibniz.
Un article qui a pu être rédigé par notre philosophe, le peindra,
pareil à l'abeille empressée, goûtant à tout, entassant dans ses
alvéoles, dont il avait grand nombre, tout | ce qui semblait **31**
pouvoir un jour lui servir[1]. Et, en effet, sans même citer ses
ouvrages, les « Préfaces » aux 85 thèses qu'il aura présidées en
1681 le montrent informé de tout[2]. « Si cet homme, répétera
plus tard Leibniz, avait vécu en notre temps et vu les nouvelles
découvertes, il n'aurait pas eu son semblable » (Eckart, cit.
Baruzi, p. 200). Inversement, en préfaçant sa thèse, Thomasius
admirera son jeune et très savant élève (*doctissimo*) d'être déjà
à la hauteur des controverses les plus ardues et les plus vastes.

Que lui devra Leibniz? Même ceux qui, comme Baruzi
(p. 199), n'accordent qu'une influence médiocre à l'Université
de Leipzig, reconnaissent que l'enseignement de Thomasius
« aviva du moins » le sens du passé chez le disciple. D'ailleurs,
le disciple l'indique lui-même lorsqu'il félicite le maître
d'avoir donné l'Histoire, non des philosophes, mais de la
Philosophie (E 48 a). Thomasius reste, en effet, le fondateur en
Allemagne de l'Histoire de la Philosophie[3]. Et ce serait déjà

---

1. *Acta Eruditorum*, avril 1883, à propos de *Jacobi Thomasii Orationes
argumenti varii*, Lipsiae, 1683, in-8°.

2. *Praefationes sub auspicia Disputationum suarum in Academia Lip-
siensi recitatae, argumenti varii*, Lipsiae, 1681, apud. J. Fuhrmannum, in-8°.

3. *Schediasma historicum, quo occasione definitionis, qua philosophia
dicitur* γνῶσις τῶν ὄντων, *varia discutiuntur ad Historiam philosophicam*

beaucoup que, par l'Histoire des systèmes, en en montrant la vie, les liaisons, il ait développé chez son élève le sentiment de solidarité philosophique et favorisé l'éclectisme qui lui fera écrire que « la plupart des Sectes ont raison dans une bonne partie de ce qu'elles avancent, mais non pas tant en ce qu'elles nient » (E 702 a). Mais Leibniz lui doit davantage : peut-être même, comme le veut Trendelenburg (*Hist. Beitrag*. II, 293), le fondement de sa doctrine, par une meilleure vue d'Aristote. Car l'Aristote du XVIIᵉ n'est pas celui qu'une patiente critique des textes nous a restitué ; les Scolastiques l'avaient souvent adultéré (E 49 a, 67 b) : mais déjà un nouvel Aristote – que Leibniz ne désespère pas de concilier avec les Modernes – se dégage des travaux de Cornelius Martin, Jungius, J. de Felden pour la Logique ; de Soner, Dreier pour la Métaphysique ; d'Abdia Trew pour la Physique ; de Conring, Felden, Thomasius pour la Morale (E 69 a). L'année même où il a Leibniz pour élève, Thomasius publie un *Programma de intellectu agente* où il rapproche l'intellect agent | d'Aristote et d'Averroès de la pure substance intellectuelle de saint Augustin. Ses *Éclaircissements* sur les *Règles philosophiques* de Daniel Stahl (publiées à Iéna en 1657) soutenaient – thèse centrale du leibnizianisme – « qu'il n'est pas à propos d'aller tout à fait au delà de Dieu ; et qu'il ne faut point dire avec quelques Scotistes, que les vérités éternelles subsisteraient, quand il n'y aurait point d'Entendement, pas même celui de Dieu » (*Théod.*, § 184). Autre thèse centrale du leibnizianisme à laquelle Thomasius, grand connaisseur des Stoïciens[1] autant que d'Aristote, n'a pu qu'initier son élève : les futurs contin-

---

tum ecclesiasticam pertinentia, 1665, rééd. Halle, 1699, sous le titre *Origines Historiae philosophicae et ecclesiasticae*.

1. *De Stoïca mundi exustione, cum dissertationibus XX ad Historiam philosophiae Stoïcae*, 1674.

gents[1]; la *Théodicée*, qui en appelle (§ 332) aux corrections à Cicéron de Juste Lipse (dont Thomasius était, en grande partie, le disciple) pour mieux interpréter l'exemple du cylindre de Chrysippe, ne fait que transposer l'exemple – on ne sauve la liberté qu'en distinguant la cause adjuvante, à savoir l'impulsion imprimée au cylindre, de la cause principale, la forme même en vertu de laquelle il roule – en comparant l'action de Dieu au courant qui entraîne le bateau, tandis que la charge même du navire est cause de sa plus ou moins grande tardiveté (I, § 30). Et que d'autres thèses encore retiendra Leibniz d'Aristote, qu'il les exploite sur le champ ou qu'il les retrouve plus tard! La substance définie par l'action, l'affirmation qu'il y a pas de substance du général, le mouvement rattaché au premier Moteur, Dieu, l'assimilation des atomes à l'unité numérique, l'éternité région des possibles, la délibération fondant l'acte libre, la non-contradiction au cœur de la Logique, etc.[2]. Thomasius découvre un nouveau mode en Daropti de syllogisme. Ses *Tabulae philosophiae practicae* (1661) identifient la Morale avec la philosophie pratique et civile, selon la leçon d'Aristote (E 30 b, 51 a, 68 a). Il reproche à Hobbes de prendre, dans le *De Cive*, l'état légal pour l'état naturel, « c'est-à-dire, que l'état corrompu lui servait de mesure et de règle, au lieu que c'est l'état le plus convenable à la nature humaine, qu'Aristote avait eu en vue » (*Théod.*, § 220). Il se défie – comme Leibniz, plus tard – des « Enthousiastes » en faisant voir, par l'Histoire, le « mauvais | effet des prophéties **33** fausses ou mal entendues » (NE IV, XIX). Il ne sépare pas l'Histoire de la philosophie de celle des Églises et, par là, sans doute, prépare le Leibniz conciliateur qui se flattera de commencer en philosophe pour finir en théologien. Enfin,

---

1. Leibniz rappellera « une savante et judicieuse dissertation *de officio viri toni circa futura contingentia* » de Thomasius (NE IV, XIX).

2. Pour plus de détails, cf. D. Nolen, *Quid Leibnizius Aristoteli debuerit*, Paris, 1875.

l'auteur de la *Doctrina Imperii Romano-Germanici hodierni tabulis comprehensa* (1659) a dû nourrir aussi le patriotisme naissant de l'élève.

Ainsi, c'est par rapport au monde scolastique et péripatéticien qu'il faut comprendre la découverte des Modernes par le nouvel *Akademicus*. Les Modernes?: le *De Augmentis* de Bacon, les pensées les plus fortes de Cardan et de Campanella, et des échantillons de la meilleure philosophie de Kepler, de Galilée et de Descartes (E 92 a). Sauf pour Bacon, il ne paraît connaître surtout ces auteurs que de seconde main et par échantillons. Que trouve-t-il en eux? En même temps, avec Cardan, Campanella, Kepler, Galilée, qu'une méditation sur l'unité et l'harmonie du monde, une Logique, une Méthode bien différente de celle d'Aristote qui avait failli le conduire au verbalisme : le souci de l'expérience. Campanella frappe par ses essais de démonstrations rigoureuses. Il citera Cardan, qui lui enseigne « que la logique du probable a d'autres conséquences que la logique des vérités nécessaires » (NE IV, XVII, 5), parmi les précurseurs de sa Combinatoire (P IV, 38). Il ne lira vraiment Descartes qu'à Paris : pour l'instant, il l'aborde par la *Defensio cartesiana* de Clauberg, et cette *Defensio* – il suffit de s'y rapporter – est presque exclusivement consacrée à la Méthode. L'influence la plus profonde est alors celle de Bacon. Unie à celle du nominalisme – et l'étudiant entreprend la lecture de Hobbes – elle entraîne la conversion de Leibniz au mécanisme atomistique.

Qu'on ne conçoive point ce mécanisme dans un esprit positiviste hostile à la Métaphysique : à l'inverse, comme on verra, le fond en demeure mystique, et la première idée de la *Théodicée*, préparée par les ouvrages de Controverses, apparaît, vers 1662, au plus fort de la foi atomiste. Qu'on ne le ramène pas davantage au mécanisme cartésien, tout intellectuel et géomètre : l'imagination en est plus « riante » (E 758 a) et notre néophyte, qui n'est pas encore mathématicien, est plus près d'une arithmétique pythagoricienne que de la géométrie des Modernes. Qu'on pense avant tout à Bacon. | À la forme **34** substantielle, d'inspiration biologique, Bacon substitue, sous le même terme de Forme, la structure cachée des phénomènes, structure qu'il n'est plus nécessaire de rattacher à un principe vital et à laquelle suffit la considération de la grandeur et du mouvement, tout au moins pour le Physicien. Car il faut distinguer entre les formes complexes qui répondent aux formes scolastiques – l'eau, l'air, l'or, etc. bref, les espèces et les « formes de la première classe », c'est-à-dire le

> dense, rare, chaud, froid, pesant, léger, tangible, pneumatique, volatile, fixe, et autres semblables manières d'être, soit modifications de la matière, soit mouvements, qui, semblables en cela aux lettres de l'alphabet, ne sont pas en si grand nombre qu'on pourrait le penser, et qui ne laissent pas néanmoins de constituer les essences, les formes de toutes les substances, et de leur servir de base […] (*De Augmentis*, III, IV, II).

Comment ne pas rapprocher ces formes semblables aux lettres de l'alphabet du *quoddam Alphabetum cogitationum humanorum* dont Leibniz aurait déjà eu l'idée? L'expression elle-même ne viendrait-elle pas du *De Augmentis?* Le *De Augmentis* rêve d'une Grammaire universelle pour fonder une langue parfaite, comme Leibniz en a déjà rêvé à la Nicolaï-Schule et continuera, par l'Art combinatoire, à en rêver toute sa vie. Ce n'est pas tout. Le mécanisme baconien reste attaché à la Métaphysique : matérielles, les formes de première classe n'en sont pas moins immuables et éternelles, et relèvent, par là, de la Philosophie première. Or, « la physique ne suppose dans la nature que la simple existence, le mouvement et la nécessité naturelle; la métaphysique suppose *de plus l'intention et l'idée* » (III, IV, 2). Intention et idée (*mentem et ideam*) qui permettront à Leibniz de défendre le mécanisme contre l'athéisme.

Un corollaire du *De principio individui*, de 1663, nous aidera encore à situer le mécanisme leibnizien de cette époque. *Essentiae rerum sunt sicuti numeri* : les essences des choses sont comme des nombres (E 5 b). En effet, si la matière est, comme le veut Aristote avec lequel Leibniz prétend concilier les modernes (E 49 b), quantité pure, mais qu'on renonce aux formes substantielles, elle ne peut plus être déterminée que par le nombre. Le nombre, qui constitue l'essence des choses, ne doit pas être conçu comme un simple numéro d'ordre dans une série ordinale, mais comme une structure cardinale. Il | n'est pas seulement un être arithmétique, tel que nous le concevons dans une mathématique abstraite ; il est plutôt un être arithmologique, tel que le concevaient les Pythagoriciens. Ainsi, le nombre 1 devient un principe d'unité, il n'est pas simplement l'unité numérique ; le nombre 2, principe de disjonction ; le nombre 3, principe de réunion après la disjonction : et ainsi de suite. Par là les nombres engendrent les figures : leur structure invisible fonde les structures visibles qui les *expriment* (un mot dont nous aurons à parler longuement) : par exemple, 3 s'exprime dans le triangle, 4 dans le carré où les diagonales s'opposent, tandis que les côtés forment des liaisons bilatérales. Le nombre a, par conséquent, deux aspects : visible et invisible. Sous son aspect visible, il renvoie à la Physique et au mécanisme, et des mots comme « opposition », « réunion », etc. y ont leur sens visuel et sensible. Mais sous son aspect invisible, il renvoie à la Métaphysique, il est incorporel (E 8 b), et les mêmes mots y reçoivent leur sens logique. De là – qu'on se reporte à la figure octogonale imprimée en tête du *De Arte Combinatoria* – la considération des nombres nous amène-t-elle à opposer deux à deux les quatre éléments, selon les diagonales d'un carré dont les liaisons latérales montrent comment ils symbolisent, l'un avec l'autre, alors que les propriétés fondamentales qu'ils engendrent – le chaud, l'humide, le froid, le sec – donnent des combinaisons possibles (latéralement) ou impossibles (diagonalement). Après avoir cherché à *classer* toute chose dans une table de Catégories – effort qu'il poursuivra en ses projets d'Encyclopédie systématique – Leibniz cherche de plus en plus comment les *combiner*. Mais il ne rompt pas pour cela avec son passé scolastique. Aussi partira-t-il d'abord du mouvement, moins pour fonder une Physique, que pour définir la substance : *quicquid movet est movetur* (E 7 b) et remonter au Premier Moteur d'Aristote pour assurer le mécanisme sur la religion (E 45-47).

Un mécanisme atomistique. Pour un garçon de 15 ans, le vide et les atomes, « c'est ce qui remplit le mieux l'imagination » (P IV, 478) ; « L'imagination était riante. On borne là ses recherches ; on fixe la méditation comme avec un clou on croit avoir trouvé les premiers Éléments, un *non plus ultra* » (P VII, 377). D'ailleurs, le mécanisme atomistique est plus près de l'arithmétique qui fait concevoir les essences *sicut numeri*, | que le mécanisme du plein, plus conforme à la géométrie **36** analytique qu'ignore encore notre étudiant. Du reste, écrira Leibniz à Thomasius en se réclamant d'Aristote, la figure se définit par la limite du corps, et la limite par la discontinuité (E 49 b). Au surplus, la combinaison des nombres, qui introduit à la Combinatoire (E 8), ne fait que transposer la combinaison *veluti litterae alphabeti* des formes de première classe, à laquelle invite Bacon. Encore faut-il que ces formes ou essences soient contemporaines des phénomènes : et c'est enfin ce que soutient Leibniz en adoptant le nominalisme de son maître Scherzer.

Le *De principio individui*, la thèse que Leibniz présente, en mai 1663, pour obtenir son baccalauréat, opte pour le nominalisme. Les substances créées ne trouvent leur principe d'individuation ni dans la forme, ni dans la matière, mais dans leur entité totale (forme *et* matière) ; il n'y a entre la forme et la matière, l'essence et l'existence, le genre et la différence spécifique, qu'une distinction de raison ; la nature s'individue

elle même (§ 12), entendez que le mouvement de la matière
première suffit à engendrer – car les essences des choses ne
sont éternelles qu'en tant qu'elles sont en Dieu (coroll. IV) – les
figures particulières. Il faut que le principe d'individuation
soit l'entité totale, puisqu'un être n'est ce qu'il est que par tout
ce qu'il est : *ens et unum convertuntur*. Cette thèse s'oppose à
ceux qui prétendent fonder l'individualité sur une partie
seulement de sa totalité. Elle s'oppose, en premier lieu, à ceux
qui croient constituer l'individu par négations à partir de l'universel, à la manière dont Occam définit la surface : le volume
moins la profondeur, la ligne : la surface moins la largeur, le
point : la ligne moins la longueur (§ 11). En effet, ou bien cette
négation n'est qu'une abstraction de l'esprit, qui ne touche pas
à la chose, ou bien il y aurait – ce que Leibniz n'accepte pas –
plus de déterminations dans l'universel que dans le particulier
– dans l'homme que dans un homme – : et comment le négatif
produirait-il le positif (§ 11-12) ? En second, lieu, on ne peut
voir dans l'existence le principe de l'individuation, car séparer
l'essence de l'existence, ce n'est toujours qu'une abstraction ;
quant à considérer les essences comme des êtres en puissance,
ce serait les confondre dans la matière première, en sorte que
l'essence de l'animal ne différerait plus de celle de l'homme
37 (§ 13-14). | Reste la doctrine de Scot qui, entre la matière
(l'animalité) et la forme (l'humanité), introduit une eccéité (la
Socratité) pour expliquer l'individu : mais à cette distinction
formelle, ainsi qu'à la distinction de raison, Leibniz refuse une
portée ontologique ; et, du reste, le scotisme est incapable de
tirer de son eccéité les accidents individuels (§ 16-26).

On le voit, « s'affranchir du joug d'Aristote » signifie alors
pour Leibniz : renoncer aux formes substantielles. D'où trois
conséquences liées : le passage du conceptualisme au nominalisme, l'accent définitivement posé sur la substance individuelle, le souci méthodologique de ne pas multiplier les êtres
sans nécessité. Sans doute, Leibniz ne va pas au pur nomina-

lisme, moins encore au conventionnalisme de Hobbes : s'il n'y avait que des noms ou si les universaux n'étaient que des collections d'unités, écrira-t-il bientôt (E 70 b), il n'y aurait plus de science démonstrative. Il n'a pas oublié la leçon d'Aristote (par ex. *Méta.* B, 4, 999 b). Ni celle de Luther, favorable au nominalisme (E 69 a) : en Dieu les essences sont éternelles. Jamais il n'admettra que la vérité dépende de notre bon vouloir. Mais avec les nominalistes il met au premier plan la réalité des individus. Bien sûr, nous restons loin de la monade. En définissant la substance : *quicquid movet aut movetur*, Dieu étant la seule substance motrice, il supprime l'activité qui sera essentielle à la monade. Mais déjà, pour lui, la substance ne peut être constituée avec des négations, elle est un être positif : ce qui – du moins dans l'interprétation qu'il fera du spinozisme – l'opposera à Spinoza. Déjà, surtout, l'essence de l'individu doit pouvoir exprimer sa réalité tout entière : non pas la seule humanité, pas même la socratité, mais Socrate ; elle doit pouvoir rendre compte des accidents (§ 26). Et la monade contiendra en sa notion tout ce qui lui arrive. D'autre part, des Nominalistes, Leibniz retiendra toujours le principe : *Entia non esse multiplicanda praeter necessitatem*. Logeant partout des formes substantielles, les Scolastiques, en effet, multipliaient stérilement les êtres de raison – humanité, socratité, pétréité, etc. – pour expliquer les phénomènes. À rebours, le nominalisme des « Modernes » invite à remonter d'une manière graduelle, continue, ordonnée, des individus aux axiomes de plus en plus généraux, de l'existence aux essences, au lieu d'aller des genres aux espèces. Qui veut connaître le réel doit partir de l'expérience – donc, en | physique, des **38** grandeurs, figures, mouvements – et de l'expérience accéder aux principes. Comme Leibniz écarte le nominalisme radical, il sauve l'objectivité de ces principes : les individus sont liés par des lois réelles. Car ces lois sont fondées en Dieu. Par les méditations sur l'existence qui s'ébauchent dans le *De Princi-*

pio (§ 13-15) et dont Leibniz va nous faire le point au sortir de l'Université, la maxime *Entia non esse multiplicanda praeter necessitatem* conduit l'étudiant nourrissant déjà le projet d'une *Théodicée*, à l'idée d'un Dieu soutenant l'Harmonie universelle par les voies les plus simples (E 69 a).

Le voilà bachelier. Il passe à Iéna le semestre d'été 1663. Flakner l'y initie à la jurisprudence. Jean-Adrien Bose – qui l'introduit dans une société de professeurs et d'étudiants, la *Societas disquaerentium* – lui enseigne l'Histoire, l'éveille à l'intérêt qu'il manifestera toujours pour le moyen âge allemand. Surtout, Erhard Weigel (1625-1699) lui montre les Mathématiques. Du reste, sans parler de la surintendance des Bâtiments de la Cour dont il a la charge, ce Weigel, nommé à Iéna en 1653, s'occupe de tout : métaphysique, logique, mécanique, astronomie, morale, droit (Puffendorf, son disciple, lui doit ses *Éléments de Droit naturel* (NE IV, III, 19-20)) et même science héraldique[1]. Que d'idées chez cet homme, dont Leibniz peut tirer profit ! Il veut démontrer l'existence de Dieu par la nécessité de la création continuée (P VI, 12 e 12). Il médite sur l'existence et le temps (on voudrait pouvoir estimer la dette de l'élève sur ce sujet considérable). Il tâche à concilier Aristote avec les Modernes, comme Leibniz le tentera dans ses lettres à Thomasius. Il a « coutume de faire des parallèles entre compter et raisonner, témoin sa Morale arithmétique raisonnée » (*Théod.*, § 384) : ces parallèles, plus précis que le parallèle assez vague indiqué par Hobbes, mènent droit à la Combinatoire et resteront fondamentaux dans la logique leibnizienne. Pour perfectionner la Logique et expliquer en philosophe la morale « par le rapport à la doctrine de la sphère des Astro-

---

1. Quelques titres : *De Cometa anni 1652 ; De Existentia, de modo existentiae qui dicitur duratio. De tempore in genere* (1652) ; *Geoscopia Selinitarum* (1654) où il décrit une machine de son invention, le Pancosme, représentant le mouvement du soleil et de la lune ; *Arithmetische Beschreibung der Moral-Weis-Rechenschaftliches Prognosticum auf künftige Zeiten* (1698), etc.

nomes », Weigel invente des figures ingénieuses | « qui repré- **39**
sentaient des choses morales » « en manière d'allégorie » (P VI,
ibid. ; NE, *ibid.*) : par là, remarque Couturat (*Log*, 114), il attire
l'attention de Leibniz sur l'utilité des schèmes linéaires dans
les questions abstraites, lui ouvre une voie pour ramener en
quelque sorte la logique à la géométrie, représenter, avant
Euler, les modes du syllogisme par des cercles ou des segments
de droite, avancer sa Caractéristique. De Weigel encore
l'expression et, surtout, l'idée de *conatus* ou tendance, qui
ramènera Leibniz du mécanisme au dynamisme (cf. Guéroult,
24). En Mathématiques, Weigel s'efforce de développer une
numération à base 4, la Tetractys, mais ne publiera son
ouvrage qu'en 1673 ; et l'on ne saurait affirmer que Leibniz ne
lui doive pas sa propre numération dyadique du 15 mars 1679
(Grua 330)[1].

Néanmoins, au sortir de l'Université, Leibniz restera loin
de soupçonner sa vocation de mathématicien : Que connaît-il ?
Ses confessions ultérieures et le *De Arte combinatoria* nous en
donnent un aperçu. Au delà des *Eléments* d'Euclide (E 9 b) il a
quelques notions sur les Coniques d'Apollonius ; il énumère
Archimède, Hipparque, Diophante – auteur, lui aussi, d'une
dyadique – Buteo[2], Cardan (E 10 a) dont les recherches sur les
coefficients des binômes lui suggéreront des procédés combi-
natoires, Tartaglia, Campanella, Clavius, réorganisateur de
l'enseignement des mathématiques dans les collèges des
Jésuites, Galilée, enfin, Descartes, Schotten et Bartholinus qui
l'initient à l'*Analytica speciosa* (E 8 a), c'est-à-dire à l'Algè-

1. Pour plus de détails sur l'influence de Weigel, cf. W. Kabitz, *Die Philosophie des jungen Leibniz* (1909) § 9-11.

2. Buteo (1492-1572), chanoine et géomètre français qui comprit mal
Euclide, avait créé des instruments mathématiques, traité de la quadrature du
cercle, écrit (dans sa *Logistica*) sur les cadenas à combinaisons et soutenu que la
connaissance de la géométrie était nécessaire au jurisconsulte (*Geometriae
Cognitio Jureconsulto necessaria*).

bre. Cela fait bien des noms. En réalité, comme a bien voulu nous l'écrire un historien des Mathématiques, M. Itard, « les Coniques d'Apollonius, les divers mémoires d'Archimède, Diophante, Pappus, c'est-à-dire les grands mathématiciens antiques, qui ont si fortement influencé des hommes comme Fermat, Cavalieri, Newton, ont bien peu marqué un auto-didacte comme Leibniz ou un esprit orgueilleux comme Descartes ». Leibniz lui-même se plaindra de l'insuffisance de l'enseignement des Mathématiques en Allemagne : « Si j'avais | passé mon enfance à Paris, comme Pascal, il se peut que j'eusse augmenté plus tôt cette science » (P VII, 186). S'il ne doit pas aux mathématiques ses premières idées pour perfectionner la Logique d'Aristote, il s'apercevra bientôt que sans elles il fût resté dans une impasse (P VII, 522).

40 to the left of « j'avais »

Au retour d'Iéna – automne 1663 – il abandonne tout (*missis omnibus*) pour la Jurisprudence. Grâce à ses études d'Histoire et de Philosophie, il y trouve une telle facilité que, sans s'attarder à la théorie, il passe à la pratique. Un ami, conseiller assesseur, l'emmène au tribunal, lui donne des Actes à lire, fournit d'exemples les maximes. K. Fischer (Bd 2, S 43) observe que cette lecture des Actes a préparé le grand écrivain allemand qu'allait être Leibniz : car « le greffe saxon était alors encore l'école du style allemand ». Notre étudiant a tôt fait de pénétrer dans les profondeurs de la Jurisprudence. Il aime le métier de juge, mais méprise les arguties de l'avocat : « aussi n'ai-je jamais voulu plaider bien que, de l'avis général, j'écrivisse très suffisamment et harmonieusement aussi en allemand » (K I, XXXVII). Sa mère meurt, le 6 février 1664. Il se rend à Brunschwik, chez son oncle Johann Strauch, célèbre juriste, qui l'encourage et lui suggère le *De Conditionibus*[1]. Le 3 décembre, il est habilité maître-es-Philosophie, avec le *Specimen quaestionum philosophicarum ex jure collectarum*

---

1. Traduction P. Boucher, Paris, Vrin, 2002.

où il répète que, sans la Philosophie, entendez : la logique, les plus hautes questions de Droit seraient « un Labyrinthe sans issue » (Gu I, 36). En juillet 1665 ils soutient la *Disputatio juridica de conditionibu*s suivie, en août, d'une *Disputatio posterior* où il réclame en Droit des démonstrations d'une rigueur mathématique, entrevoyant, à propos des jugements hypothétiques, le calcul des probabilités et le calcul des jugements dont il représente numériquement le coefficient de certitude (Cout. *Log*, 552). En mars 1666, enfin, il soutient *pro loco* la *Disputatio arithmetica de complexionibus*, partie du *De Arte Combinatoria* qu'il publie la même année.

Nous avons vu Leibniz, à la Nicolaï-Schule, avoir déjà l'idée d'un alphabet des pensées humaines en méditant sur Aristote ; cette idée se fortifier par Bacon (les Formes de première classe semblables aux lettres de l'alphabet), Weigel et Hobbes (penser, c'est calculer), Buteo (les cadenas à combinaisons), Cardan (logique du probable, relations entre les coefficients et les racines | d'une équation), etc. et les Juristes. 41 À Strasbourg (1509), Lyon (1515), Paris (1616), Nuremberg (1546), Rouen (1651), Bruxelles (1665), partout on réédite Raymond Lulle : Cornelius Agrippa et Alstedt, précurseur de l'Encyclopédie, le commentent. Le P. J. Kircher (1601-1680) vient de publier une *Polygraphia nova et universalis ex combinataria detecta* (1663). Leibniz protestera plus tard que sa dissertation était telle que pouvait l'écrire un garçon ignorant des mathématiques (P VII, 186) et qu'il ne faut y voir qu' « un petit essai d'écolier » (P III, 620) où l'on sent « le jeune homme et l'apprenti » : mais il ajoutera toujours : « le fonds est bon et j'ai bâti depuis là-dessus » (P VI, 12 e). De fait, le *De Arte combinatoria* offre déjà des traits définitifs du leibnizianisme.

La thèse en est que nos concepts sont des composés d'idées simples qui, comme les lettres de l'alphabet ou les facteurs premiers, doivent être en petit nombre : on pourrait en dresser le tableau et les numéroter. Ces idées simples, primitives

– exemples : 1, le point ; 2, l'espace ; 3, le « situé entre »… ; 9, la partie ; 10, le tout… ; 14, le nombre ; 15, la pluralité… ; – constituent les termes de premier ordre. En les combinant deux à deux – ce que Leibniz écrit : *com2natio* – on obtient les termes de second ordre : par ex. la quantité est le nombre des parties, ce qu'on représentera par la formule : *Quantitas est* 14 τῶν 9 (15). En les combinant trois par trois – *con3natio* – on obtient les termes de troisième ordre : par ex. *Intervallum est* 2. 3. 10, c'est-à-dire : l'intervalle est l'espace (2) pris dans (3) un tout (10). Et ainsi de suite, en procédant, par *con4natio*, *con5natio*, etc. Dès lors, par un calcul analogue à la décomposition d'un nombre en facteurs premiers, on peut résoudre le problème : « Étant donné un sujet, trouver tous ses prédicats possibles ; étant donné un prédicat, trouver tous ses sujets possibles », puisque Leibniz croit – à tort selon nos logiciens – que tout jugement est réductible à la forme prédicative « S est P » : *Propositio componitur ex subjecto et praedicato, omnes igitur propositiones sunt com2nationes* (E 21 b). Il suffira de diviser un terme en ses facteurs premiers, puis de chercher les combinaisons de ces facteurs premiers, pour en avoir tous les prédicats possibles : par ex. les prédicats possibles d'*intervalle* sont 2 (l'espace), 3 (l'intersituation), 10 (le tout), d'abord pris un à un ; ensuite, par *com2natio*, 2. 3 (espace intersitué), 2. 10 (espace, total), 3. 10 | (intersituation dans l'espace) ; enfin, par **42** *con3natio*, le produit 2. 3. 10 qui constitue la définition de l'intervalle. Le problème inverse : trouver tous les sujets possibles d'*intervalle* – tous les sujets qui sont des intervalles – revient à trouver tous les termes dont les définitions contiennent les facteurs 2, 3, 10 ou, si l'on préfère, toutes les combinaisons où entrent 2, 3, 10. Bien entendu, ces combinaisons ne peuvent figurer que dans les classes de notions complexes d'un rang supérieur à celui d'intervalle, terme du 3e ordre. Ainsi, la *ligne*, qui est un intervalle de deux points, figure dans la classe de 4e ordre, car nous avons besoin pour la définir des 4 termes primitifs 2, 3, 10 et 1 (le point). D'une manière générale, si l'on prend n termes simples et que k $(n>k)$ soit le nombre des facteurs premiers constituant un prédicat, il y a, en comptant ce prédicat lui-même («un intervalle est un intervalle »), 2^{n-k} sujets possibles. Après avoir examiné les propositions universelle, particulière, affirmative et négative, Leibniz applique ses principes à chercher par quel nombre de syllogismes on peut démontrer une conclusion[1].

Et quel champ s'ouvrirait à la Combinatoire! Elle permet en arithmétique, en astronomie, en chimie, en médecine, en acoustique, en jurisprudence, de poser plus clairement et plus exhaustivement les problèmes. Grâce à elle on aurait des découvertes en Arithmétique, la création d'une écriture ou Caractéristique universelle, le calcul des combinaisons des lettres, des mots, des rythmes métriques, des couleurs, des sons, des invités autour d'une table, des parentés, des biens qui entrent dans le Bien suprême.

On notera encore dans le *De Arte* comment Leibniz, après avoir défini le tout collectif – plusieurs choses prises ensemble – s'efforce de légitimer la notion du tout distributif – application d'un même nom à chaque terme d'une collection – même si nous ne pouvons énumérer les termes : il y a là, déjà, l'affirmation, fondamentale dans le leibnizianisme et contraire à l'intuitionisme cartésien, des droits d'une pensée aveugle (*saepe caeca cogitatione simul apprenhendimus*, E 8 a 4). L'*Appendice* annexé au *De complexionibus* – et repris par Erdmann à la suite du *De Arte* – contient, lui aussi, des principes dont Leibniz ne se départira plus : qu'il faut distinguer | les vérités nécessaires, garanties par la non-contradiction, et 43 les vérités contingentes ou existentielles; qu'il faut, en toute discipline, avoir des démonstrations achevées; que l'ordre de la nature et l'ordre de la connaissance coïncident; que la syllo-

1. Cf. Couturat, *Logique de Leibniz*, chap. II et note VI.

gistique doit être dépassée; qu'un infini peut être supérieur à un autre.

Mais Leibniz va plus loin, si l'on éclaire ses travaux d'étudiant par le précieux fragment autobiographique que donne – et date de 1666 – Foucher de Careil[1]. « Je vis – écrit Leibniz – que celui qui aspire à trouver les principes des choses devait commencer par la considération de l'existence : je me fatiguai des jours entiers à méditer sur cette notion de l'existence ». Il s'aperçoit que l'existence, comme dira Kant, n'est pas un prédicat comme les autres, qu'elle ne se déduit pas mais se constate.

> Enfin, je trouvai que nous autres hommes, nous ne pouvions affirmer que ce que nous sentons (nous sentons aussi des choses dont nous ressentons les effets et les causes, comme quand on jette une pierre d'une élévation, et que cependant nous n'en voyons pas l'auteur). Les choses que nous avons ressenties auparavant, nous les concilions, ou du moins nous croyons pouvoir le faire. De là vient que nous ne croyons pas aux songes quand nous veillons[2].

Ainsi, les sensations présentes jointes au souvenir des sensations passées ne nous donnent que du probable, les consécutions empiriques ne garantissent pas de véritables lois, elles nous laissent enfermés dans le subjectivisme. Or, « je voyais cependant qu'il existait ou devait exister nécessairement quelque chose d'autre dans la nature. Car si j'étais seul au monde et que par supposition je vinsse à être enlevé de ce monde, les choses ne périraient pas pour cela avec moi » (*ibid.*). Leibniz le répétera contre Descartes (P IV, 357) : le solipsisme est impensable, même par hypothèse. Les raisons de douter, ne se rapportant jamais qu'à l'essence d'un être déjà *existant,* ne peuvent rendre compte de son existence. Impossible donc de

---

1. *Mémoire sur la Philosophie de Leibniz*, t. I.
2. *Mémoire sur la Philosophie de Leibniz*, p. 11.

« trouver aucune autre notion claire de l'existence que celle d'être sentie » (loc. cit., 11). Sentie par moi, elle resterait subjective. « J'en conclus : que l'existence des choses consiste à être sentie par un esprit infaillible dont nous ne sommes que les effluves (*cujus nos | tantum efflavla essemus*), c'est-à-dire par **44** Dieu » (*ibid.*). Puis, considérant

> pourquoi il en était nécessairement ainsi, je vis que nous sentons les choses beaucoup moins comme faites que comme à faire. On ne pourrait en effet trouver d'autre raison à ce que telles choses existent et non telles autres, c'est-à-dire soient perçues par l'intelligence première, si cette intelligence restait purement passive. Et alors je compris pourquoi l'intelligence perçoit l'une plutôt que l'autre, et pourquoi telles choses existent plutôt que telles autres. C'est qu'elle préfère les unes aux autres, et si elle les préfère la cause en est que les unes sont plus harmoniques que les autres (*alia aliis sint* ἁπμονικώτερα). Je trouvai donc que le principe intime des choses était l'harmonie universelle (11-12).

En Dieu, la sensation n'est point passive, mais active, et elle reste exempte de douleur parce qu'elle embrasse l'harmonie universelle : puissance, sagesse et bonté se confondent. De la définition de l'harmonie – « la diversité compensée par l'identité » – on dérive une idée plus claire du corps, de l'espace et du temps.

> Le corps est ce en quoi beaucoup de choses sont senties simultanément ou ce qui est étendu. L'esprit est un en plusieurs, c'est ce qui perçoit l'harmonie ou le plaisir, ou le manque d'harmonie (*anharmoniam*) ou douleur, qui est toujours partiel ; car il n'y a pas d'anharmonie universelle dans le monde (12).

Et enfin, l'harmonie universelle exige que le mouvement soit divers, qu'aucun corps ne s'arrête dans un parfait état de repos, que des « bulles » fassent la cohésion.

Ainsi, vers 1666, les bases du leibnizianisme sont posées. Nous remontons à Dieu de deux manières, soit à partir du mouvement – c'est l'argument du *De Arte* – soit à partir de l'existence. Si nous partons du mouvement, il implique un Premier Moteur; et comme Leibniz croit alors que Dieu est la seule substance qui meuve, que *Deus est substantia, Creatura accidens* (E 44 a), le mécanisme est la doctrine qui exprime le mieux la Puissance divine. Mais ce n'est pas assez. Il faut aussi partir de l'existence. Puisque nous ne pouvons en former aucune idée claire que celle d'être sentie, elle implique un Premier Sentant. Par là nous dépassons le mécanisme et c'est la Sagesse divine que nous mettons en évidence. Car la « sensation » en Dieu est Raison et cette Raison est active, en d'autres termes : créatrice. Telles choses n'existent, plutôt que

45 | d'autres, que parce que Dieu « préfère les unes aux autres » – en langage de mécaniste : préfère tel mouvement à tel autre. Et pourquoi ? En vertu de la nature harmonique de son Entendement. Ainsi, la Puissance suit la Sagesse dont elle est inséparable. Or, le Premier Sentant ne garantit pas seulement l'objectivité des existants, mais encore, par l'harmonie universelle, l'objectivité de leurs lois et de leurs ressemblances. De leurs lois : car une Raison harmonique ne peut créer que selon un ordre lié et les coexistants sont, du même coup, compossibles. De leurs ressemblances : car l'harmonie compense la diversité des individus d'une classe par l'unité du genre ou de l'espèce, et c'est pourquoi Leibniz oppose, dès le *De Arte* (E 7 b), la validité du tout distributif au rassemblement empirique du tout collectif auquel se tiennent les Nominalistes. Certes, nos propres sensations, limitées et faillibles, ne nous autoriseraient pas à dépasser les consécutions empiriques : mais, effluves de Dieu, doués d'une raison analogue à la sienne, il nous est souvent permis de lier ces consécutions dans la certitude des lois.

Voilà donc fondé l'Optimisme. Fondé sur la nature rationnelle du Premier Sentant, il fait du non-contradictoire le principe de tout possible. Fondé sur la nature raisonnable du Premier Sentant qui ne peut préférer le pire, il pose le meilleur au principe des existences. Fondé sur la possibilité d'un préférable, il porte le principe des indiscernables qui condamne l'identité sans diversité, ce qui amènera plus tard Leibniz à désubstantialiser l'espace et le temps et à concevoir la matière, non plus comme homogène, mais comme *monadique* selon le mot, déjà, du *De Arte* (*Monadica autem (res) quae non habet homogeneam*, E9b). Enfin, l'idée de préférence, en nous faisant passer de la quantité à la qualité, éclaire, sous le mécanisme, le spiritualisme de notre jeune philosophe.

Après la soutenance du *De Complexionibus* il ne manque plus à Leibniz que le grade de Docteur pour entrer à la Faculté de Droit, d'abord comme assesseur, puis comme professeur. Mais une cabale se forme contre les jeunes promotions (K I, XXXVIII). Dépité, à l'étroit dans sa ville natale, brûlant de voyager, il va se faire graduer à Altdorf, le 15 novembre 1666, avec le *De casibus perplexis in jure*, qu'il reprendra, en 1669, dans ses *Specimina juris*. Développant les indications | du *De* **46** *Arte* (§ 40), contre l'empirisme qui livre la juridiction aux coutumes locales, au tirage au sort, à l'avis d'arbitres plus ou moins éclairés qui restent souvent sans réponse, Leibniz proclame l'urgence d'un Droit rationnel, démonstratif et rigoureux : pour respecter le droit naturel des personnes et le droit des gens, il ne faut, même dans les cas douteux, recourir qu'à la raison. Cette thèse, il la soutient en prose et en vers avec tant de facilité et de clarté, sans notes, que ceux qui l'applaudissent ont peine à croire qu'il n'ait pas appris son exposé par cœur. On lui propose un poste de professeur. Il refuse (K I, XXXVIII-XXXIX). Il nourrit plus grandes ambitions.

L'INITIATION À LA POLITIQUE (1666-1672)

Recommandé au pasteur Dilher (K I, XXXIX), Leibniz se rend à Nüremberg où il a, d'ailleurs, un parent ecclésiastique : Juste-Jacques Leibniz.

À peine y est-il arrivé qu'il s'affilie aux Rose-Croix dont il sera, pendant deux ans, le secrétaire. Pour être admis, il aurait composé un galimatias dans lequel le Maître, Wülfser, aurait perçu des profondeurs. Dans une lettre à Gottfried Thomasius de 1691, Leibniz parlera de son passage dans la confrérie sur le ton de la plaisanterie ; dès 1669, il parle d'un « doux rêve » (P I, a 7). Qu'espérait-il ? À coup sûr, des renseignements pour sa Combinatoire : le *De Arte* cite la *Fama fraternitatis Rosae-Crucis* de Valentin Andreae (1613), parce qu'elle promettait un grand ouvrage, *Les Roues du Monde,* qui contiendrait – selon le vœu de Lulle dans son *Ars Magna*, ou d'Alstedt dans ses questions-réponses disposées sur des cercles mobiles – tout ce qu'on peut savoir (E 28 b). Qu'on n'oublie pas que la Logique est pour Leibniz la Clef de la Nature : *neque enim aliud est Naturae quam Ars quaedam Magna*, souligne-t-il dans l'*Appendice* du *De Complexionibus* (Dutens II, 209). Il est déçu. Toutefois son expérience n'aura pas été sans profit. Sans doute, l'alchimie est-elle « la plus trompeuse des recherches »

(F VII, 315), mais, en contre-partie, – et Leibniz, de toute évidence, se rappelle les Rose-Croix,

> les *laborantes*, charlatans, alchimistes et autres ardélions et bohèmes sont ordinairement des gens d'un grand talent et même d'expérience, seulement dont le jugement et | le talent sont disproportionnés, et les désirs qu'ils ont de se voir réussir dans leurs entreprises les ruinent et leur font perdre toute considération. Certainement quelquefois un tel homme sait plus par expérience et par la Nature prise dans sa réalité que maint autre qui dans le monde passe pour savant et qui, ayant appris ce qu'il sait dans les livres, sait le reproduire avec éloquence, adresse et autres ruses politiques, tandis que l'autre, par son extravagance, se fait haïr (*ibid.*, 85).

D'autre part, il se peut, remarque Baruzi (*op. cit.*, 212), que Leibniz ait entrevu en ses rêves d'alchimiste l'explication de la résurrection des corps, selon laquelle chaque corps conserve un noyau d'une telle subtilité qu'aucune puissance matérielle ne saurait le détruire : et ainsi la survivance de l'animal deviendrait conciliable avec l'immortalité de l'âme (K III, 247).

C'est vraisemblablement à Nüremberg qu'au printemps 1667 Leibniz rencontre par hasard, dans une auberge, ou par l'intermédiaire des alchimistes, le baron Jean-Christian de Boinebourg. Protestant converti au catholicisme, ancien premier ministre – en disgrâce depuis janvier 1664 – du Prince-Électeur de Mayence, Boinebourg, un des plus célèbres hommes d'État de son temps (K V, 40), joignait à la plus rare prudence politique la plus haute érudition acquise à l'Université d'Helmstaedt, élargie par les voyages, nourrie par le commerce avec les érudits (K I, XVII). Vivant tantôt à Francfort, tantôt à Mayence, il se consacrait à la piété et au projet d'une Histoire de la Littérature universelle sous forme de biographies (Davillé 10). Il prend Leibniz à son service, l'emmène avec lui, à Francfort dans sa riche bibliothèque où, le traitant un peu en bon à tout faire, il le surcharge de travaux (Gu I, 58).

Cependant, il le sert. Il lui fait connaître Spener, fondateur du piétisme, le P. Garnars, « Jésuite fort versé clans les manuscrits » sur l'Histoire de l'Allemagne, surtout Conring (1606-1681), promoteur de l'Histoire du Droit en Allemagne, fondateur de la statistique, médecin, bibliothécaire[1], théologien, bref versé en tout. Par ailleurs, Boinebourg se relève de sa disgrâce. Il introduit son protégé à la Cour de | Mayence en 1668. D'abord collaborateur à la réforme du *Corpus Juris*, Leibniz sera nommé, en juin 1670, Conseiller de révision à la chancellerie. Pour poser sa candidature, il écrit (automne 1667) sa *Nova methodus discendae docendaeque jurisprudentiae*. Il y ajoutera, l'année suivante, la *Ratio corporis juris reconcinnandi* et, en 1661, les *Specimina juris*, ne cessant d'accumuler des notes pour forger de bonnes définitions.

La *Nova methodus* s'efforce de dresser le tableau d'ensemble de la Jurisprudence, dans l'esprit où l'autodidacte de la Nicolaï-Schule s'appliquait aux Catégories et aux Topiques. Quatre parties dans ce tableau : Didactique, Historique, Exégétique, Polémique. La Didactique, dont le but est de substituer un ordre logique au chaos des lois existantes, se divise, à son tour, en Mnémonique, Topique, Analytique, selon la tripartition baconienne : mémoire, invention, jugement. À propos de l'Analytique, Leibniz rejette la règle d'évidence de Descartes et lui préfère les règles pascaliennes : tout définir, tout démontrer. L'Historique doit suivre les progrès du Droit, non seulement depuis Rome et le Moyen-Âge, mais partout où l'on peut user de méthodes comparatives. L'Exégétique a pour tâche d'interpréter les lois et de résoudre les antinomies. Cependant, l'étude du Droit positif exige au préalable l'étude du Droit naturel. Quel en sera le fondement ? La volonté des

----

1. Il avait publié en 1661 un « Traité sur tout ce qui regarde la composition d'une Bibliothèque, par rapport à celle du château de Wolfenbutel » (*Jugements des Savants*, t. 2. p. 274). On sait que, justement, Leibniz est appelé à devenir le bibliothécaire du château de Wolfenbutel.

souverains ? Non : ce serait fonder le droit sur la force et revenir à Hobbes. La sociabilité ? Non plus, car le bien de la société
ne peut être la fin dernière : il ne faut y voir qu'un moyen pour
s'élever à Dieu. Sera-ce donc la volonté divine ? Oui, mais pas
une volonté toute nue : Dieu se soumet à son entendement et au
principe du meilleur : son Amour et sa Sagesse, voilà le fondement du droit naturel. Par là, Droit et Morale se complètent et
ne sauraient se contredire.

Leibniz ne perdra jamais ce souci de logifier le Droit et
toute science morale. Il va lui inspirer les notes où se manifeste,
vers 1671-1672, l'idée de l'*Encyclopédie* et d'une Logique du
probable. Dans les fragments sur la définition de la Justice –
charité du Sage – le juste (ou licite) sera assimilé au possible,
l'injuste (ou illicite) à l'impossible, l'équitable (ou dû) au
nécessaire, l'indifférent au contingent ; et, à leur tour, le possi-
50 ble, l'impossible, le nécessaire, le contingent | trouveront leur
expression respective dans les jugements particulier affirmatif, universel négatif, universel affirmatif, particulier négatif.

On pourra croire que Leibniz, perdu dans la Jurisprudence,
n'a d'autre horizon que les livres. Loin de là ! Il devient un
ardent patriote – *ein getreüer wohlgesinnter Patriot*, lui-même
crée le terme (F IV, LXII). Et, à jamais, un patriote francophobe.
Il convient d'autant plus d'insister sur ce point qu'on le passe
trop sous silence. On reprend les déclarations où Leibniz se
place au dessus des frontières :

> car je ne suis pas de ces hommes passionnés pour leur pays, ou
> encore pour une nation quelconque, mais je travaille pour le
> bien-être du genre humain tout entier, car je considère le ciel
> comme la patrie, et les hommes bien nés comme des compa-
> triotes, et je préfère rendre beaucoup de services, aux Russes
> que peu aux Allemands ou à d'autres Européen (F VII, 514).

Mais c'est au Tzar qu'il écrit. C'est à un Français qu'il écrit
(P VII, 456). Qu'il s'adresse à des Allemands – à Strauch (K III,

XXIX), à son frère (*ibid.*, XXVI), à Geyer (K IV, XXV), etc. – il
proteste, au contraire, de son patriotisme. Du moins subor-
donne-t-il les intérêts d'une nation à ceux de la chrétienté?
Mais c'est aussi, observe Foucher de Careil (IV, XXX), que cette
idée de chrétienté – avec, pour chef temporel l'Empereur, pour
chef spirituel le Pape – est alors une idée allemande opposée
aux idées françaises. D'ailleurs, les actes de Leibniz jusqu'à
son dernier jour témoigneront assez de son patriotisme.

Qu'on pense à la situation de l'Empire! L'Allemagne,
« noyau de l'Europe », est « la balle que se sont lancée ceux qui
jouaient à la monarchie universelle […], l'arène on l'on s'est
disputé la souveraineté de l'Europe » (SP I, 87)[1]. Elle demeure
théoriquement sous la présidence du Habsbourg de Vienne
qui, par son titre d'Empereur, y conserve un certain prestige
sur lequel on pourrait jouer. Mais Léopold est faible : s'il a
jugulé la Bohême (avec ses annexes de Moravie et de Silésie),
lui imposant le catholicisme des Jésuites et la langue allemande, les deux tiers de la Hongrie sont occupés par les Turcs,
les Roumains, les Saxons. Menacé constamment à l'Est, | sans   **51**
doute l'Empereur peut-il s'appuyer sur le Pape qui renouvelle
les appels à la Croisade contre l'Infidèle. Mais la plupart des
plus puissants princes d'Allemagne lui sont suspects, soit,
comme l'Électeur du Brandebourg, Frédéric-Guillaume, pour
leur calvinisme, soit, comme Jean-Georges II de Saxe, la
branche aînée de Bavière (qui règne sur le Bas-Palatinat et le
Neckar) pour leur luthéranisme, ou bien, comme les princes
rhénans, ils sont sous la dépendance de la France. Dès 1658, à
Francfort, Mazarin avait groupé contre l'Empereur, dans la
Ligue Rhénane, les princes ecclésiastiques du Rhin, les ducs
de Hesse-Cassel, de Brunschwick, de Pfalz-Neubourg, et le
roi de Suède, dont le royaume s'étendait sur la Livonie et la

---

1. *Securitas Publica interna et externa*, 1re partie, § 87. Nous citons
d'après l'éd. Foucher de Careil (t. VI). Cf. O. Klopp, II.

Poméranie occidentale. De cette Ligue, Jean-Philippe de Schönborn, Électeur-Archevêque de Mayence, avait été alors le plus ardent propagandiste : « Je veux croire [se plaindra Leibniz] qu'il ne s'est pas imaginé alors que l'équilibre des deux grandes puissances de l'Europe serait si aisément changé ni que la France prendrait si tôt le dessus » (K I, XIX). Depuis la mort de Mazarin (9 mars 1661), Louis XIV exerce personnellement le pouvoir et songe, dès l'année suivante, à envahir les Pays-Bas espagnols en avance d'hoirie sur la Succession d'Espagne que l'autorise à convoiter son mariage avec Marie-Thérèse. Aussi, car il prévoit qu'il aura à boucher les passages du Rhin aux troupes que l'Empereur voudrait envoyer au secours des Pays-Bas, ne ménage-t-il pas ses efforts pour s'attacher, outre les associés de la Ligue Rhénane, « ceux qui habitent le cœur de l'Allemagne » (SP II, 50) : et il se les attache par des complaisances, des titres, des munificences, l'argent surtout et le monde féminin, ces deux instruments avec lesquels « on ouvre toutes les serrures, toutes les portes, sans pétards ; ce sont eux qui fouillent, qui éventent, même sans l'anneau de Gygès, les secrets les plus cachés de tous les cabinets » (*ibid.*, 448). Comme l'on doit renouveler la Ligue, Louis XIV accepte, en tant que chef de cette Ligue et non en tant que roi de France, de contribuer à la lutte contre les Turcs, les Tatars et les Cosaques qui marchent sur Presbourg (juin 1663). Mais cela ne l'empêche pas en août d'attaquer un prince d'Empire, le duc de Lorraine. Boinebourg, qui voit le danger et le proclame à la Diète de Ratisbonne, s'attire l'animosité de Lionne et tombe en disgrâce. Au renouvellement de la Ligue, **52** le roi de Suède, l'Électeur Palatin, l'Électeur de | Bavière refusent d'en faire partie, tandis que le Danemark, la Saxe, le Mecklembourg se bornent à de prudentes promesses : en revanche, le Brandebourg adhère, le 27 avril 1664. Philippe IV meurt le 17 septembre 1665. Profitant de la guerre anglo-hollandaise qui a commencé en mars, Louis XIV se joint aux

Provinces-Unies et envahit les Pays-Bas espagnols. De l'Est, son allié, le Brandebourg, l'appuie en menaçant le duo de Neubourg et l'Évêque de Munster qui se portent contre la Hollande (avril 1666). L'année suivante, cependant, Louis XIV conclut des alliances secrètes avec ce même duc de Neubourg, dont il promet de soutenir la candidature au trône de Pologne, et ce même Évêque de Munster. Le conflit anglo-hollandais se termine par la paix de Bréda (juillet 1667). Les ambitions du jeune roi suscitent de plus en plus d'inquiétude. Janvier 1668 voit naître la Triple-Alliance où les ennemis réconciliés, Angleterre et Provinces-Unies, se joignent à la Suède. En 15 jours (février), Louis XIV s'empare de la Franche-Comté, mais l'abandonne, le 2 mai, au Traité d'Aix-la-Chapelle où il conserve néanmoins ses conquêtes aux Pays-Bas. Fausse paix qui n'est qu'une trêve : ce Traité porte en lui la guerre de Hollande.

L'attaque des Pays-Bas a ouvert les yeux de Jean-Philippe de Schönborn qui devient en secret un adversaire de la France et un partisan de l'Empereur. Boinebourg rentre en grâce. Sa fille aînée épouse en 1668 le neveu du Prince-Électeur, le baron de Schönborn. Ainsi, Leibniz arrive à Mayence au moment où il semble qu'« on veut enfin se réveiller » (SP 1, 3), et où le prince revient de l'erreur qui l'avait fait propagandiste de la Ligue Rhénane (K I, 163-166) :

> [...] chef du Collège électoral et directeur des affaires de l'Empire, prince des plus clairvoyants que l'Allemagne ait jamais eus. C'était un génie élevé et qui n'agitait rien moins dans son esprit que les affaires générales de la Chrétienté. Au reste bien intentionné, et cherchant le fondement de sa gloire dans l'assurance du repos de sa patrie, croyant de pouvoir accommoder son intérêt avec celui de l'Empire (K I, XVIII).

Sous ce prince et sous Boinebourg, Leibniz va faire son apprentissage politique.

Dès 1668, grâce à l'impulsion et aux conseils de Boinebourg (FV, XVI), il forme le *Projet de conquête de l'Égypte* par lequel il espérera détourner les armes de Louis **53** XIV « contre | les barbares seulement » (FV, 44, 45), car « il est plus facile de s'emparer de l'Égypte que de la Belgique espagnole, et de tout l'Orient que de la seule Allemagne » (*ibid.*, 57). En 1669, il développe le plan des *Semestria litteraria* qui feraient concurrence au *Journal des Savants* (fondé en 1665 par Colbert) et stimuleraient le progrès des Arts et des Sciences en Allemagne. Le but est vaste : ranimer les génies allemands (FVII, 49), permettre aux pauvres d'entreprendre et de poursuivre des études (*ibid.*, 51), orienter la jeunesse vers les sciences concrètes, Histoire, Mathématiques, Géographie, Physique, Droit (*ibid.*, 52), relever la noblesse allemande (*ibid.*, 53), améliorer la médecine et la chirurgie (*ibid.*, 53-55), les manufactures (*ibid.*, 55-56), le commerce (56-57) et, pour cela, avoir les juifs à sa dévotion, attirer les étrangers, les errants, leur donner du travail, etc. (58) : Leibniz semble bien avoir pour modèle la politique de l'Électeur de Brandebourg. Les Allemands seraient-ils inférieurs aux autres peuples ? Loin de là ! Dans les *Réflexions sur l'établissement en Allemagne d'une Académie ou Société des Sciences*, à peu près à la même époque, Leibniz énumère avec complaisance les découvertes allemandes, surtout dans les sciences expérimentales : « Ce que les autres nations ont déjà fait sous ce rapport est véritablement un enfantillage […] » (FVII, 68), « presque partout nous avons posé les fondements » (*ibid.*, 78). Malheureusement, les Allemands manquent de méthode (*ibid.*, 76) et ne protègent pas leurs grands hommes : aussi,

> ceux qui ont la raison s'en vont et laissent l'Allemagne avec ses mendiants, et un politique judicieux voit quel dommage irréparable en résulte. Car le génie peut plutôt être considéré comme contrebande que l'or, des armures de fer et autres choses

pareilles qu'il est cependant défendu d'exporter ou de faire passer à l'ennemi (*ibid.*, 84).

En même temps (1669-1672), Leibniz a le projet d'une Société Philadelphique, calquée sur l'Ordre des Jésuites (*ibid.*, 59, 97), mais impériale et allemande, pour faire avancer les sciences : doux rêve comme la Société des Rose-Croix (PI, 27). Le *De stilo Nizolii* (1670) soutient qu'il n'est pas de langue plus dense, plus parfaite, moins propre aux chimères et au mensonge, plus pure, plus près du réel, liant davantage la vie à la culture, que la langue allemande [1].

| La succession au trône de Pologne qu'ouvre l'abdication **54** de Jean-Casimir (septembre 1668) donne l'occasion à Leibniz de faire valoir ses talents. À Louis XIV qui, tout eu patronnant officiellement le duc de Neubourg, pousse en réalité la candidature de Condé, l'Empereur oppose le duc de Lorraine. Leibniz, qui lit Machiavel (Bar 50) – il en retiendra la maxime : « Les princes ont peu d'amitiés vraies et ne sauraient en avoir. Il leur faut une âme dégagée de la passion, pour pouvoir veiller uniquement à la raison d'État » (F VI, 12) – Leibniz qui rêve d'introduire dans le Droit une logique rigoureuse, Leibniz le luthérien essaie de démontrer en 40 propositions, avec remarques et épilogues[2], que les Polonais doivent voter contre Condé en faveur de Neubourg : il faut élire un catholique romain, car « le schismatique est en dehors de l'union de charité, donc en état de péché mortel […] » (F VI, 8) ; tel est « le vœu du clergé de Pologne, c'est aussi le vœu du Saint Siège » (*ibid.*). Le clergé de Pologne ? Entendez : les Jésuites. En fait, la Diète polonaise choisit un Polonais, Michel Korybut Wisniowiecki ; mais comme celui-ci épousera (1670) la sœur

---

1. Cf. notre article « Leibniz et la langue allemande », dans les *Études germaniques*, avril-juin 1947.

2. *Specimen demonstrationum politicarum pro eligendo rege Polonorum. Novo scribendi genere ad claram certitudinem exactum, Auctore Georgio Ulicovio Lithuano*, Vilnae, 1669.

aînée de l'Empereur, cette élection est un échec pour la diplomatie française. Préoccupé par les Turcs qui viennent de prendre Candie (sept. 1669) et les Hongrois qui vont se soulever, l'Empereur ne demande pour le moment qu'à s'entendre avec Louis XIV; de son côté, Louis XIV, impatient d'achever la conquête des Pays-Bas, n'en travaille que plus les princes allemands. Il sent que la Ligue du Rhin lui échappe et qu'une union des Électeurs se prépare. Il corrompt Frédéric-Guillaume et signe un traité secret avec lui (4 janvier 1670), gagne par des subsides le duc-électeur de Bavière (17 février). Puis, le duc de Lorraine refusant de licencier son armée, en août les troupes de Créqui occupent le duché. En Allemagne, l'émotion est vive. D'autant plus vive chez les Électeurs de Trêves et de Mayence que, liés au duc de Lorraine par le traité de Limbourg, leur allié les voulait entraîner dans la Triple-Alliance, solution pleine de périls. En trois jours, Leibniz compose pour combattre ce projet la première partie de ses *Réflexions sur la sécurité publique intérieure et extérieure* et

55 les expose, devant Boinebourg, aux Princes-Électeurs | de Trêves et de Mayence. Après l'envahissement du duché, il les complète, en novembre, par une deuxième partie.

L'Allemagne, constate-t-il, « ou ce que je prends maintenant pour la même chose, l'empire romain » (I, 2), sans parler des ruines de la guerre, souffre d'une mauvaise organisation du commerce et des manufactures, d'une monnaie corrompue, de l'incertitude des Droits, de l'indifférentisme, des discordes religieuses (I, 5), de l'imitation des modes françaises qui lui enlève le dixième de ses ressources (II, 63). Qu'on la compare avec la France dont les forces sont bien unies, qui tire de son sol l'or en abondance (II, 26), et qui, sous l'impulsion d'un roi intelligent (II, 17) et des grands ministres Lionne, Louvois, Colbert (II, 30), reçoit, bon an mal an,

> plus de numéraire qu'elle n'en dépense, comparable en cela à
> l'if qui, de son ombre toujours croissante, étouffe les arbres
> voisins; il est notoire qu'elle ramasse des richesses immenses,
> qu'elle subjugue tous les autres pays par leurs propres armes;
> qu'elle pénètre, par la voie de la corruption, tous les secrets
> politiques, qu'elle attire vers elle le plus grand nombre de
> génies […] (II, 32).

Est-il possible, dans ces conditions, de soutenir ouvertement la
Lorraine? Non (I, 51-55). Il est trop dangereux, surtout pour des
princes rhénans, d'avoir la France pour ennemie (I, 46); il faut
feindre, au contraire, de s'entendre avec elle (I, 47), cacher son
jeu, car « il convient surtout aux faibles de donner tous leurs
soins à ne point paraître s'apercevoir des desseins même
hostiles des gens plus puissants qu'eux : ils ne feraient qu'en
hâter l'exécution » (I, 57). Que faire donc? S'unir, regrouper
en secret l'Empire. L'Empire doit être une personne civile
(I, 13) comprenant un conseil permanent sous la présidence
de l'Empereur, et une armée permanente de 20.000 hommes
(I, 85). Encore faut-il éviter que le Chef ne devienne un dictateur (I, 16). On l'évitera par le fédéralisme (I, 24). Car plus
d'un trublion, invoquant des motifs religieux ou politiques,
craint la suprématie de l'Empereur (I, 19). Cologne, Bavière,
Brandebourg sont opposés à l'alliance, mais l'on pourrait
gagner les ducs de Neubourg, de Juliers, de Brunschwick-
Lunebourg, de Hesse, de Wurtemberg (I, 66). L'Empereur en
ferait partie en secret (I, 28) comme le duc de Lorraine (I, 56).
L'Union, alors, se joindrait à la Suède et aux Hollandais (I, 42,
44). Elle aurait encore pour elle l'Espagne et l'Angleterre
(I, 26). La France serait arrêtée. | L'Europe, rendue au repos, **56**
pourrait entreprendre la lutte contre l'Infidèle et mettre la main
sur l'Égypte, « cette contrée l'une des mieux situées de l'Univers » (I, 90). Et, justement, la France n'est-elle pas destinée
« par la providence divine à être l'avant-garde des armes
chrétiennes dans le Levant? » (*ibid.*). Alors, l'Empire affermi

veillerait « à ce que le chef séculier de la chrétienté ne fasse plus qu'un avec son chef spirituel », le Pape (I, 94).

On voit dans quel esprit se prépare, à Mayence, le *Consilium Ægyptiarum*. En même temps qu'on envisage une entente avec la Hollande, on rassemble les arguments pour convaincre Louis XIV que le plus sûr moyen d'abattre la Hollande est de couper, par la conquête de l'Égypte, ses voies de communication avec l'Inde. Il s'agit de sauver l'Empire. Les Turcs sont à Candie. Le Pape pourrait prêcher la Croisade dont rêvent toujours les Jésuites (dans cet espoir, ils avaient sauvé Ivan le Terrible d'Etienne Bathori (1580) et soutenu le faux Démétrius). En tout cas,

> il est clair que des armements français aussi considérables doivent finalement éclater; que, s'ils éclatent en Europe, il faut craindre une longue guerre universelle et la ruine pitoyable de plusieurs centaines de milliers d'hommes; que, par suite, non seulement tous les catholiques, mais tous les chrétiens doivent désirer d'utiliser ces armements dans le Levant contre l'ennemi traditionnel (K III, 261).

D'ailleurs, Leibniz prévient Louis XIV :

> Les conquêtes qui peuvent résulter de la guerre entre les États chrétiens se bornent nécessairement à des fractions de territoire sans importance [...]: car c'est une vérité d'expérience élémentaire que toute puissance qui s'agrandit éveille les soupçons des autres et les réunit toutes contre elle-même. [...] marcher par cette route à la domination c'est s'assigner à soi-même des limites, se marquer d'avance un inflexible *nec plus ultra*, et jouer contre un mince résultat les espérances les plus hautes et les plus solidement fondées » (F IV, 44).

La France, dans son jeu contre les chrétiens, risque même sa suprématie commerciale, car elle gardera « la faveur pour ses travaux de manufactures, si, par une avidité malencontreuse, elle ne force pas les autres à conspirer contre elle, non seulement par des alliances, mais par des règlements de commerce » (*ibid.*, 46).

Le problème politique est donc étroitement lié au problème | religieux. En Allemagne même, les factions se déchirent (F VII, 2). Sans doute, cette diversité de religions, jointe à celle des nationalités et des idiomes, formerait une résistance invincible aux tentatives de domination de l'étranger : « […] le prolétaire se ferait brigand, tandis que les familles riches se retireraient en Hollande […] » (F VI, 156). Elle n'en constitue pas moins un obstacle à l'organisation intérieure et interdit la fédération de l'Empire en opposant les calvinistes et les luthériens au catholicisme de Vienne. De plus, la France affecte un zèle de religion convenable à ses intérêts qui lui attire la faveur des Ecclésiastiques allemands et peut lui fournir un prétexte pour intervenir contre les États réformés. Aussi, répétera Leibniz, il n'y a rien de plus important « pour la chrétienté et pour la patrie que le rétablissement de l'unité de l'Église et la réconciliation des protestants où l'Empire est intéressé particulièrement » (F I, 1). Même une Société des Arts et des Sciences n'est possible en Allemagne que si l'on parvient avant tout « à concilier avec l'Église romaine tous les protestants de cette Société, au moins comme les Grecs sont conciliés avec Rome et Venise » (F VII, 60). Leibniz ne cessera de poursuivre ce rêve d'une union des Églises [1].

Le projet n'est pas neuf. Depuis le début du siècle, les Colloques s'étaient succédé – à Thorn, 1645, à Cassel, 1661, par exemple – mais n'avaient réussi, du côté protestant, qu'à augmenter les divisions et laissaient face à face orthodoxes et syncrétistes ou calixtins : les chef les plus en vue du syncrétisme étaient pour le moment Frédéric-Ulric Calixte, fils de Georges, le fondateur du mouvement, et Hermann Conring, l'ami de Boinebourg. Du côté catholique, les Jésuites avaient

---

1. J. Baruzi, *Leibniz et l'organisation religieuse de la terre*, Paris, 1907.

provoqué, par le roi de Pologne, le Colloque de Thorn pour chercher une conciliation entre catholiques, luthériens et calvinistes. En 1662, le P. J. Messen soumettait au Pape un nouveau projet d'union, et, la même année, « quelques princes protestants s'abouchèrent avec l'Électeur de Mayence et d'autres, pour parler de la réunion » (F I, CXXIV). Depuis 1660, Spinola, moine franciscain, évêque de Tina, multiplie des missions en Allemagne, reste en contact avec Mayence. Leibniz se trouve dans un foyer d'irénisme. Guidé par Boinebourg, il s'applique

58 à accorder les thèses en présence : « et je fus souvent | obligé de coucher mes pensées par écrit, et de faire des projets qui ne furent pas mal reçus, quoique la diversité de religion selon les apparences me devait être contraire dans une Cour comme celle-là » (K V, 58).

Un avant-goût de ces pensées nous est donné par la *Confessio Naturae contra Atheistas* (fin 1667, début 1668) où nous voyons Leibniz passer de l'atomisme (1661-1668) qui suivait l'aristotélisme de la Nicolaï-Schule, à la philosophie corpusculaire (1668-1672). Elles devaient s'organiser en un grand ouvrage, les *Demonstrationes catholicae*. L'ouvrage ne fut pas écrit, mais il nous en reste le plan, concerté avec Boinebourg en 1668-1669, et une série de petits écrits qui s'échelonnent entre 1668 et 1671 (R VI, 494-559, Kab 135 *sq.*), sur la possibilité de la Grâce, sur la Toute-Puissance, l'Omniscience de Dieu et la liberté humaine (*Von der Allmacht und Allwissenheit Gottes und der Freiheit des Menschen*, R VI, 537-546), sur la Transsubstantiation, etc. En 1671, Leibniz résume les pensées qu'il couchait par écrit, dans ses Lettres à Jean-Frédéric de Hanovre. Elles transparaissent encore dans la Lettre à J. Thomasius de 1669. Enfin, elles l'amènent, toujours par Boinebourg, à entrer en correspondance avec Arnauld (1671) qui, dans sa controverse avec Claude, n'ose pas se risquer dans le problème de la Transsubstantiation (R VI, 516-517, K 111, 261).

Les *Demonstrationes catholicae* eussent compris quatre parties : I. Les preuves de l'existence de Dieu ; II. La démonstration de l'immortalité et de l'immatérialité de l'âme ; III. La possibilité des Mystères chrétiens ; IV. La démonstration de l'autorité de l'Église Catholique et des Ecritures. La dernière partie est, pour notre propos, de moindre intérêt que les autres. Entendant par Église l'ensemble des chrétiens, Leibniz y eût défini les limites de la puissance séculière des princes et de la puissance spirituelle de l'Église :

> dont la différence est : que tous les hommes et les ecclésias-tiques même doivent obéissance extérieure et passive [...] suivant la pratique des premiers chrétiens qui n'obéissaient pas aux ordres impies de l'Empereur, mais qui en souffraient tout. En échange, tous les hommes et même les souverains doivent à l'Église une obéissance intérieure et active, c'est-à-dire, ils doivent faire tout ce que l'Église commande et croire tout ce | qu'elle enseigne ; mais elle ne commandera jamais de résister **59** aux souverains et n'enseignera jamais ce qui implique contra-diction, car il n'y a que ces deux points exceptés (K IV, 141 *sq.*).

Il ne suffit pas de combattre les raisonnements faux d'un athée comme Vanini : Descartes même tombe dans le paralo-gisme (R VI, 494) lorsque, de l'idée du parfait, il croit tirer l'existence de Dieu, ne s'apercevant pas qu'il a déjà mis l'existence dans l'idée du parfait (Kab 143). Ainsi s'ébauche la critique de l'argument ontologique sur laquelle Leibniz reviendra en la précisant. Des cinq preuves qu'il veut soutenir, la première part du principe *quod nihil sine ratione* ; la der-nière, qui ne conclut qu'à une probabilité infinie, une certitude morale, invoque la finalité dont la beauté du monde manifeste l'intelligence ; les trois autres s'appuient sur l'exigence d'un Premier Moteur : il n'y aurait pas de mouvement sans création continuée, et l'on ne trouve dans les corps ni l'origine du mouvement, ni l'origine de la consistance (R VI, 494). Écou-tons la *Confessio Naturae contra Atheistas*. Tout en restant fidèle au mécanisme, Leibniz y veut montrer qu'on ne peut rendre raison des phénomènes corporels sans un principe incorporel, Dieu. Pourquoi un corps serait-il carré plutôt que rond ? La détermination de la figure ne saurait s'expliquer ni par l'action d'un autre corps – la question se poserait à nouveau pour cet autre corps et nous serions lancés dans une régression à l'infini – ni par l'espace, en lui-même indéterminé et qui n'implique pas le mouvement. Des seuls principes mécanistes – grandeur, figure et mouvement – on ne tirerait d'ailleurs pas, non plus, la consistance d'où dérivent la résistance, la cohésion et la réflexion des corps. Si l'on invoque des crochets, ces crochets doivent être déjà résistants : « supposerons-nous des crochets de crochets à l'infini ? ». Dans les atomes on ne trouve pas la raison de la cohésion ou de l'insécabilité, même en faisant intervenir le vide. La raison ne peut s'en trouver que dans l'unité d'un Être incorporel qui harmonise toutes choses et, par là, qui les lie entre elles. Cet Être choisit les figures des corps, ce qui exige qu'il soit intelligent et sage quant à la beauté des choses, tout-puissant quant à leur obéissance absolue.

D'autre part, l'acte de penser (*cogitatio*), dont nous avons la conscience immédiate, est irréductible à l'image, n'est pas 60 | composé de parties. Or, là où il n'y a point de parties, l'action n'est pas un mouvement, car le mouvement a besoin de pluralité spatiale. Donc l'âme n'est pas corporelle. Par suite, elle est incorruptible, immortelle. À cette preuve de la *Confessio*, les *Demonstrationes catholicae* devaient en ajouter cinq autres tirées de l'infini pouvoir de se replier sur soi de la réflexion, de l'admirable agencement des songes, de la connaissance des incorporels, du mouvement volontaire, d'un Traité de Digby (R VI, 494-495). Ce qui importe, c'est que ces réflexions sur la nature de Dieu et de l'âme amènent peu à peu Leibniz à dégager une notion qui soutiendra la théorie de l'expression dans la

Monadologie future : celle du *point de vue*[1]. Ces réflexions, écrira-t-il à Jean-Philippe de Hanovre, s'appuient sur la difficile doctrine du point, de l'instant, des indivisibles et du *conatus*, c'est-à-dire du minimum indivisible de mouvement. Une âme occupe un point : un corps occupe un espace. En effet, l'âme doit être au point de concours de tous les mouvements dont nous affectent les objets sensibles. Ai-je de l'or devant moi ? J'en saisis en un tout les qualités sensibles : éclat, son, poids. L'âme se situe donc au point de convergence de ces perspectives (*Linien*) : vision, audition, tact.

> Si nous attribuons à l'âme plus de place qu'un point, alors elle se trouvera être un corps, aura *partes extra partes*, par conséquent ne sera plus présente intimement à elle-même et ne pourra plus ainsi réfléchir tous ses points et actions. En quoi, pourtant, consiste comme l'essence de l'âme (K III, 246-247).

Ou encore :

> De même que tous les rayons convergent au centre, de même toutes les impressions des sensibles concourent dans l'âme par l'intermédiaire des nerfs. L'âme est donc un petit monde réuni en un point (*und also ist mens eine kleine in einem punkt begriffene welt*) d'où émanent les idées, comme le centre d'où se déploient les angles, car l'angle est une partie du centre quoique le centre soit indivisible. Toute | la nature de l'âme **61** pourra ainsi être expliquée géométriquement (K III, 259).

---

1. Il semble que Leibniz ait précisé cette notion à la lecture du *De Visu* de Joh. Michaël (R. VI. 495). Toujours est-il qu'il s'occupe d'Optique et écrira ce propos à Spinoza, le 5 mai 1671. Il publie en 1671, à Francfort, une *Notitia Opticae Promotae*. Il invente un modèle de lunettes à lentilles qui, sous grande ouverture, rassemble distinctement les rayons ; des tubes catodioptriques combinant miroir et perspective ; une méthode de mesure par les perspectives (K II, 256-257). D'autre part, les méditations sur le point et les indivisibles préparent la « lumière subite » qui frappera Leibniz dans les manuscrits de Pascal, c'est-à-dire la découverte du calcul infinitésimal.

Déjà, dans la lettre à Thomasius d'avril 1669, la comparaison de la ville à son géométral aidait à distinguer la connaissance sensible de la connaissance rationnelle :

> Car de même qu'une ville se présente avec une physionomie si on la considère, au centre, d'une tour au pied de laquelle elle s'étale (*in Grund gelegt*) – ce qui correspond à l'intuition de l'essence –, elle apparaît différemment si l'on y accède du dehors – ce qui correspond à la perception des qualités d'un corps ; et de même que l'aspect externe de la ville varie lui-même selon qu'on l'aborde par l'est ou par l'ouest, ainsi, par analogie, varient les qualités, suivant la diversité des organes (P I, 19-20).

Immatérielle, c'est-à-dire non composée de parties, l'âme humaine – car les animaux n'ont pas d'âme (R VI, 482) – est un point de vue, un centre de perception. Immortelle, elle dure : à la différence des corps, elle se souvient des états antérieurs. Elle est douée de réflexion. En effet, Dieu a créé le monde pour manifester sa gloire : comme on peut le voir en tout sage, l'exigence de l'harmonie entraîne celle de la gloire qui en est

> comme un écho, une réflexion, une réfraction. Si Dieu n'avait pas mis dans le monde des créatures raisonnables, il aurait la même harmonie, mais l'écho en moins, la même beauté, mais la réflexion, la réfraction, la multiplication en moins. Par suite, la sagesse de Dieu exigeait des créatures raisonnables en lesquelles les choses se multiplieraient ;

en sorte qu'un esprit est comme un monde dans un miroir, une lentille, le point où se rassemblent les rayons visuels (R VI, 438). Enfin, l'âme est une substance ; et, puisque la substance est l'être subsistant par soi (*Substantia est ens per se subsistans*), elle a en elle son principe d'action (R VI, 508). En d'autres termes, elle est spontanée et libre : *hinc in solas mentes cadit libertas et spontaneum* (P I, 22).

Cependant, comment concilier la liberté humaine avec la Toute-Puissance et l'Omniscience divines ? Dans les *Demonstrationes* de 1668-1669 (III, 3), dans *Von der Allmacht* de 1670-1671, Leibniz prélude aux distinctions entre nécessité absolue et nécessité hypothétique qu'il mettra au point en 1673. Dieu prévoit tout, et tout ce que Dieu prévoit doit être. Mais que signifie : doit être (*es muss seyn*) ? Ce qui n'est pas possible autrement. Et possible ? Il faut dépasser l'existant pour savoir ce qu'est le possible : ainsi prouve-t-on la possibilité | d'un être idéal, par exemple du nombre 3. Le possible a **62** la raison pour fondement (*Vernunft-gründe*) (R VI, 39). Donc la raison de Dieu est la racine du possible. Interrogeons notre raison, et nous trouvons que le possible est ce qu'on peut expliciter clairement sans confusion ni contradiction interne (*ibid.*, 540). D'autre part, les maîtres d'école s'appliquent à bon droit à distinguer entre nécessité absolue et hypothétique. Dès lors, nous comprenons que nous étions tombés dans un embarras du langage. Ce qui doit être, ce n'est pas *es muss seyn* – nécessité absolue, brute – mais *es soll seyn*, nécessité hypothétique : car Dieu ne peut vouloir l'absurde, ce qui ne rime à rien (*ungereimt*) (*ibid.*, 541). Certes, il prévoit mon péché. S'il le permet, il a ses raisons pour cela. Mais je suis libre. Et il faut bien que la sanction soit la conséquence de ma volonté, sinon je ne serais pas responsable : « il se trouve toujours une cause du vouloir de celui qui veut, et c'est cependant le vouloir qui fait de nous des hommes, des personnes, des pécheurs, des bienheureux, des damnés » (*ibid.*, 542). Reprendra-t-on que Dieu me donne l'occasion du mal ? Le criminel ne tuerait point s'il ne rencontrait sa victime ; c'est faire tomber un enfant que d'ouvrir une chausse-trappe sur le passage de sa course ; enivrer quelqu'un c'est en provoquer les méfaits ; et sans la pomme… Dieu veut donc le péché. Il le veut, en effet, mais seulement au sens où il veut le meilleur et les moyens indispensables pour le réaliser. Le péché disparaîtrait si cela était le meilleur. Du reste, en vertu du principe que rien n'est sans raison, mon acte, jusqu'à Dieu, est rattaché à la série des causes : l'acte libre même a des causes. Mais Dieu n'est cause que du positif : aussi ne peut-il faire le péché qui est un défaut, un manque de perfection. Dieu n'est la cause du péché que comme, en produisant le nombre 3, on est la cause de l'imparité. Accuser Dieu est aussi déraisonnable que si un père de trois enfants s'irritait qu'ils ne puissent aller par couples. En fait, le Créateur a produit l'œuvre la plus harmonieuse possible : les dissonances s'y résolvent, selon les règles musicales, en une harmonie supérieure (R VI, 537) et y sont aussi nécessaires que les ombres à un tableau (*ibid.*, 485).

　　Il suffit « de démontrer non pas la vérité (elle découle de la Révélation) mais la possibilité des Mystères contre les insultes des Infidèles et des athées, et je montrerai qu'ils n'impliquent **63** pas contradiction » (K III, 259-260). Entre ces Mystères, | ceux de la présence réelle et de la Transsubstantiation – « dont Arnauld a peur de parler » (K III, 261) – sont rendus encore plus difficiles par la philosophie de Descartes qui fait de l'étendue l'essence des corps : aussi – Leibniz s'empresse de le souligner à Arnauld (P I, 70) – cette philosophie est-elle considérée comme la peste de la religion par les Jésuites, et la plupart des autres Ordres. Pour y répondre et démontrer la possibilité des Mystères, il faut évidemment partir d'une autre notion de la substance que de la notion cartésienne : il faut prouver que la substance peut « exister simultanément en plusieurs lieux et sous des espèces très distinctes » (K III, 261). À quoi Leibniz espère parvenir par une double distinction : du sensible qui ne nous donne que l'aspect extérieur des choses – c'est la ville abordée de l'extérieur – et de l'intelligible – la ville saisie en son centre ; de l'espace – lieu des possibles et, par conséquent, objet d'entendement – et de l'étendue – inséparable de l'existant corporel, par conséquent objet des sens.

　　Qu'est-ce que l'espace, en effet ? Un étendu par soi, dont les parties sont ensemble, un quantum pris avec position de parties coexistantes. En cela, ce quantum diffère du nombre « qui est la quantité sans position (c'est-à-dire sans supposition de l'existence) des parties », la « quantité rapportée à l'intellect » (Kab 146). L'espace existe donc, il est réel : c'est une substance (PI, 21). Il n'en tombe pas sous les sens pour autant, ainsi que l'étendue qui est « la quantité rapporté aux sens » (*ibid.*). Tous les philosophes accordent que la substance d'une chose ne tombe pas sous les sens (R VI, 512). Nous ne percevons que des corps, et ils changent, ils se déplacent, ce que nous ne pouvons pas penser de l'espace (*Spatium ergo est extensum aliquid quod sentimus nos mutari cogitare non posse*, Kab 142).

> Or, est-ce qu'on ne peut pas penser l'espace sans aucun corps ? On le peut, mais de même qu'on pense Dieu, l'âme (*mens*), l'infini. On en a connaissance, et, par suite, on les pense, mais sans image. Nous pensons l'espace dans le corps, mais puisque nous pensons le même espace sous la substitution des corps, par cela même nous pensons que l'espace et le corps diffèrent (Kab 142).

Ainsi, l'espace est une réalité absolue, conçue mais non perçue. Support du mouvement auquel il donne des repères, il n'est pas lui-même mobile. | De sa définition on tire analytiquement la grandeur – affection de la quantité – et la figure – qui suppose l'existence de parties prises ensemble (Kab 146). L'espace est donc une possibilité permanente de grandeurs et de figures.

Comment cette possibilité se réalise-t-elle ? L'idée de corps ne se ramène pas à l'étendue, comme le croit Descartes (Kab 141). Sans doute voyons-nous les corps étendus, puisque l'étendue est la quantité relative aux sens (*extensio est quantias relata ad sensum*, Kab 146) ; et nous ne pouvons pas concevoir un corps inétendu, puisqu'il suppose grandeur et figure. Mais c'est que nous ne pouvons pas penser l'étendu par accident (*per accidens extensum*) qu'est un corps, sans l'étendu par soi (*per se extensum*) qu'est l'espace (*ibid.*). Le corps est une chose qui est située dans l'espace. Sa notion renferme : grandeur, figure, localisation. La localisation implique la mobilité. Et, comme l'exercice de la mobilité est le mouvement, toute action du corps est mouvement (Kab 147). Le repos n'est donc qu'apparence, car supprimer le mouvement serait supprimer l'action et, par suite, la résistance : donc toute résistance est mouvement, ce que n'ont vu ni les Épicuriens qui parlent d'atomes, ni les Cartésiens qui parlent de ramosités (Kab 138-139). Un corps véritablement en repos ne se distinguerait plus de l'espace vide. Il est donc clair, contre Descartes (PI, 72), que l'essence du corps consiste davantage dans le mouvement que dans l'étendue.

Maintenant, il serait contraire au principe d'inertie que le corps pût de lui-même changer son mouvement (Kab 148) : un corps n'agit sur un autre que par impulsion (*ibid.*) ; et comme il ne peut lui-même tenir cette impulsion que d'un autre corps, il nous faut, hors des corps, chercher l'origine du mouvement. Le principe du mouvement est donc incorporel : il ne peut se trouver que dans une âme ou esprit (*mens*). Aucun corps, si on le considère à part de l'esprit qui le meut, n'est une substance, puisqu'il ne contient pas le principe d'action qui en ferait un *ens per se subsistens* (R VI, 508) :

> Tout ce qui, pris avec l'âme jointe à lui, est une substance, n'est qu'accident si on l'en sépare. La substance consiste dans l'union avec une âme. Ainsi, la substance du corps-humain est union avec l'âme humaine ; la substance des corps privés de raison est l'union avec l'esprit universel, c'est-à-dire Dieu (*ibid.*, 509).

L'esprit de Dieu, Premier Moteur, engendre, par le mouve-
65   ment, la | figure et les propriétés des corps. Point n'est besoin, par conséquent, de supposer des formes substantielles qui

seraient comme autant de petits dieux (*deunculos*): poly-
théisme bon pour des Gentils (P I, 25). Si tout se fait *mecanice*,
c'est que Dieu agit en géomètre. La figure est une substance
ou, plus exactement – car elle ne se meut pas d'elle-même
– un certain être substantiel (*quiddam substantiale*, P I, 21)
puisqu'elle est engendrée dans la substance de l'espace, qui
en constitue la Matière, par le mouvement qui en constitue
la Forme, Matière et Forme étant pris au sens d'Aristote.
D'ailleurs si la forme (cette fois au sens de dessin) participe de
la substance par l'indivisibilité, sa production ou génération
n'est achevée qu'au dernier instant du mouvement qui la
produit; l'instant avant, elle n'est pas; quand elle est, elle est
tout entière, d'une façon indivisible, et ne comporte pas du
plus ou du moins; par exemple, quelle qu'en soit la grandeur,
un cercle n'est pas plus circulaire qu'un autre (P I, 20). Les
figures répondent à des Idées divines. Elles ne se réalisent dans
les corps que par l'action de Dieu. Ainsi, l'Idée est l'union de
Dieu avec la créature : *Idea est unio Dei cum creatura* (R VI,
509). Seule cette union fait la réalité des choses. C'est pourquoi
la substance de toute chose n'est pas tant l'esprit que l'Idée de
l'esprit qui s'unit à elle : l'Idée de Dieu ne se sépare pas de la
chose créée, comme une essence, mais reste présente à la
chose : « Il y a en Dieu une infinité d'Idées réellement diverses,
et cependant Dieu est indivisible. Les Idées de Dieu sont la
substance des choses, non toutefois l'essence des choses.
L'Idée de Dieu est la substance des choses qui sont mues par
l'esprit » (R VI, 512). Dès lors, nous comprenons la possibilité
de la Transsubstantiation : « L'esprit peut penser simultanément plusieurs choses. – L'esprit peut donc par son opération
être simultanément en plusieurs lieux » (*ibid.*, 510).

Il fallait insister sur ces méditations qui préparent à longue
échéance les lettres au P. J. des Bosses sur le *Vinculum substantiale*, et, dans l'année 1670, l'*Hypothesis physica nova*,
dont les deux Traités, la *Théorie du mouvement abstrait* et la

Théorie du mouvement concret doivent servir d'introduction auprès des Sociétés savantes de Paris et de Londres.

Si tout – même les qualités sensibles (P I, 19-20) – se fait *mecanice*, les lois du mouvement concret doivent être sous-tendues | par les lois du mouvement abstrait, telles que les peut concevoir *a priori* le géomètre. La théorie du mouvement abstrait va donc considérer espace, temps et mouvement à la façon des géomètres : continus. Ces continus sont composés d'indivisibles : pour l'espace, le point ; pour le temps, l'instant ; pour le mouvement, le *conatus*. Le point est inétendu, l'instant ne dure pas : autrement, ils deviendraient divisibles. Les instants sont égaux. Le *conatus*, qui est métaphysiquement la tendance de la puissance à l'acte, se définit ici, phoronomi-quement, comme le point parcouru dans l'instant : « le mouve-ment, dit un fragment contemporain, dans un temps moindre que tout temps donné, à l'intérieur d'un espace moindre que tout espace donné, c'est le *conatus* » (Kab 149). Mais, puisque les instants sont égaux, l'inégalité des vitesses entraîne l'inégalité des *conatus*, donc l'inégalité des points indivisibles de l'espace. Posant, en outre, le principe que les *conatus* s'additionnent algébriquement, Leibniz s'efforce d'expliquer la composition du mouvement et le choc : l'addition algébri-que a lieu dans l'instant pour le choc, dans la durée pour le mouvement. Enfin, le mouvement – car il n'existe pas, avons-nous vu, de repos absolu – doit rendre compte de la cohésion et de l'impénétrabilité.

Pour faire intervenir la masse, il faut passer au mouve-ment. La *Theoria motus concreti* veut retrouver les phéno-mènes observables. Mais elle n'y parvient qu'en introduisant la discontinuité dans la matière. La raison nous en est fournie dans un fragment très significatif de 1669 où Leibniz met en discussion les règles du mouvement de Huyghens :

66

> Si le vide n'est pas donné aucun mouvement rectiligne ou autre revenant sur soi ne peut exister. Et par conséquent si le vide implique contradiction, la ligne droite aussi impliquera contradiction et, avec elle, toute la géométrie. Cependant, aucune raison, que je sache, n'est assez nécessaire pour pouvoir démontrer la nécessité du vide (Kab 140).

Qu'on note cette hésitation de Leibniz : en fait, il ne s'appuiera pas sur la nécessité logique, mais sur la nécessité morale pour combattre le vide, plus tard ; il le réfutera comme un défaut de création contraire au principe du meilleur. Pour l'instant, il soutient l'hypothèse des corpuscules, et, pour remplir les vides, l'hypothèse d'un éther. L'éther frappe la terre de ses particules, la pénètre, sépare les quatre éléments, confère à tous les corps la capacité | de reprendre leur forme primitive – d'où 67 l'élasticité –, vers le centre de la terre – d'où leur pesanteur. Et comme un corps est composé d'éléments discontinus, ayant chacun son *conatus*, il absorbera d'autant plus le *conatus* total du corps qui le choque, par une soustraction en chaîne, que ses propres éléments seront plus nombreux : d'où sa masse [1].

Leibniz critiquera son *Hypothesis physica nova* : « les lois du mouvement abstrait que j'avais données alors devraient avoir lieu effectivement si, dans le corps, il n'y avait autre chose que ce qu'on y conçoit selon Descartes et même selon Gassendi » (P I, 415) ; et il encourt encore avec Descartes le reproche de n'avoir pas utilisé les causes finales en Physique (P VII, 280). Est-ce à dire que Leibniz ait été alors cartésien ? Non, je ne suis rien moins que cartésien, affirme-t-il à juste titre à son maître Thomasius (P I, l6). Son milieu, son tempérament, ses projets l'opposent au cartésianisme avant même de bien le connaître : il ne lira sérieusement Descartes qu'à Paris.

---

1. Sur l'*Hypothesis*, outre la thèse d'A. Hannequin, *Quae fuerit prior Leibnitii philosophia, seu de Motu, de mente, de Deo doctrina ante annum 1672* (Masson, 1895), cf. M. Guéroult, *Dynamique et Métaphysique leibniziennes* (1934).

Il n'est pas loin d'y voir la peste de la religion, ainsi que disent les Jésuites et la plupart des autres Ordres. Les Jésuites, surtout, qu'il faut mettre du bon côté dans les négociations iréniques, amis de Boinebourg, puissants à Mayence, à Hanovre, partout. Les Jésuites dont il faut suivre l'exemple pour organiser une Société Philadelphique, et les suggestions sur la possibilité des Mystères[1]. Si, en ne considérant que la grandeur, la figure et le mouvement, l'*Hypothesis* est carté-sienne, ce n'est guère qu'en adoptant le mécanisme des Modernes : l'« autre chose » qu'on doit concevoir dans le corps, et que Leibniz n'a pas encore découverte, c'est la force vive – mais, déjà, dans le *conatus* l'esprit du dynamisme est en puissance. Si Descartes, après une impulsion divine, aban-donne la matière à elle-même, Leibniz, dès qu'il ne pense plus

68 le mouvement | en physicien mais en théologien, y voit la présence actuelle et constante de Dieu. Si Descartes s'arrête à l'étendue pour saisir l'essence des corps, Leibniz remonte au mouvement : il fait plus, il distingue entre l'espace et l'étendue ; l'espace, objet d'entendement, lieu des possibles ; substance qui porte en puissance la grandeur et les figures ; l'étendue, phénomène fondé, certes, sur la double réalité de l'espace et du mouvement, mais phénomène tout de même, donc moins essence qu'apparence. Où Descartes professe un tranchant dualisme, on voit déjà Leibniz tendre vers un monisme spiritualiste lorsque sa théorie du *conatus* lui permet de définir le corps comme un esprit momentané :

> Nul *conatus* sans le mouvement ne dure au delà du moment excepté dans les esprits [...] ; tout corps est un esprit momen-

---

1. Par ex. Digby, Guill. Paris (Kab 79), etc. Le leibnizianisme – et serait-ce hasard ? – ne se développera que dans le sens où il échappe aux critiques anti-cartésiennes de l'Ordre, telles qu'elles se cristallisent, par exemple, en 1706, dans le Programme d'Enseignement adopté par la XVe Congrégation (cf. G. Sortais, « Le Cartésianisme chez les Jésuites aux XVIIe et XVIIIe siècles », *Archives de Philosophie*, vol. VI, cahier III, Paris, 1929, p. 37-40).

tané, c'est-à-dire sans souvenance, parce qu'il ne retient pas au
delà du moment son propre *conatus* en même temps que celui
des corps qui le choque ; il manque donc de mémoire, il manque
de la conscience de ses actions et passions, il manque de pensée
(P IV, 236).

À bon droit, Leibniz se réclame plutôt d'Aristote qu'il
voudrait concilier avec les Modernes : la substance, chez lui,
est toujours l'union d'une matière et d'une forme.

Aussi son mécanisme spiritualiste est-il profondément
finaliste. Sans doute, revenant sur son *Hypothesis*, Leibniz
s'accusera-t-il de n'avoir pas fait intervenir la considération
des causes finales en Physique. Mais « en Physique » signifie
seulement « dans le physique » : il lui faudra découvrir la force
vive pour rendre la finalité immanente. Replacé dans son
contexte métaphysique, le mécanisme leibnizien est sus-
pendu à une finalité transcendante. Le monde est l'horloge
de Dieu : *Horologium Dei* (P I, 25), et d'un Dieu géomètre :
Dei geometrisantis (P IV, 216).

> Tout être sentant – lisons-nous dans les *Elementa Juris Natu-*
> *ralis* – tantôt représente l'objet à la manière d'un miroir, tantôt
> agit d'une façon réglée et ordonnée vers une fin à la manière
> d'une horloge. Si quelqu'un voyait pour la première fois un
> miroir sans explication doctorale, il s'imaginerait en lui, je
> crois, une certaine connaissance (comme les Indiens attri-
> buaient une sagesse tenant du mystère aux messages écrits des
> Espagnols). S'il voyait une horloge, il la douerait de volonté
> (R VI, 482).

Seuls, les esprits ont volonté et connaissance. Les animaux et
les choses en sont privés. Dieu, en ingénieur, manie ces auto-
mates. Mais | déjà, dans le *conatus* – *mens momentanea* – se   **69**
manifeste une exigence d'harmonie qui exprime le finalisme :
à l'*Harmonia, id est conatus* de la Nouvelle Hypothèse physique fait écho l'*harmonia universalis, id est Deus* de la lettre à

Jean-Frédéric (K III, 259). Les corps doivent leur cohésion à
l'Unité de l'Être incorporel qui lie leurs mouvements. Il faut
l'esprit – et les esprits – pour maintenir dans le monde la
quantité du mouvement et empêcher, grâce à la mémoire qui
les conserve, la destruction progressive des *conatus* par la
sommation algébrique. Dieu institue la plus grande harmonie
et la plus grande beauté en soumettant sa création à une *Économie* (P IV, 187-188), première forme du principe de raison
suffisante (*ibid.*, 232) qui deviendra, vers 1677, le cœur du
leibnizianisme.

Sur un autre point capital Leibniz s'oppose au cartésianisme : il rejette, nous l'avons vu, la règle d'évidence, règle
suspecte à la religion parce qu'elle conduit au doute méthodique (P I, 70). L'évidence n'est plus chez lui le critère du vrai
et, par conséquent, du réel, mais seulement le critère du possible : *possibilem, id est clare distincteque intelligibilem* (R VI,
515). Montrer la possibilité suffit lorsqu'on est assuré par
ailleurs de détenir la vérité : mais cela n'a lieu que pour les
vérités révélées. Dans les autres domaines de l'investigation,
l'évidence ne suffit plus pour passer légitimement du possible
au réel. Dès l'instant qu'on n'accepte plus l'intuition rationnelle pour donner le vrai noir sur blanc, dès l'instant qu'on
défend les droits d'une pensée aveugle plus ou moins claire,
d'une pensée qui enveloppera bientôt l'infini de l'inconscient
– thèse annoncée et préparée par les recherches sur les indivisibles du mouvement et par la négation du repos absolu –,
alors, entre le vrai et le faux, l'estimation du probable – à la
manière des juristes – et, s'il se peut, avec les mathématiciens,
le calcul des probabilités méritent plus de soins que Descartes
ne leur en a consacrés. L'auteur de l'*Art combinatoire* ne
cessera de s'attacher à la logique du probable et à la métaphysique du possible. Et l'on comprend que l'art combinatoire,
cette algèbre de la pensée, s'efforce de réduire le raisonnement

à une manipulation réglée de signes. Si l'on refuse à l'intuition rationnelle la vision immédiate de l'absolu, il ne reste pour « arrêter » notre pensée que l'intuition empirique. | Le symbole 70 concret, écrit, est perçu sans contestation. Il n'a de sens, bien entendu, que par l'ensemble des opérations dans lesquelles on le fait entrer ; mais ces opérations suivent les lois nécessaires de la raison. L'intuition rationnelle s'applique aux idées chez Descartes ; elle s'applique aux rapports chez Leibniz. D'où résulte que la déduction est plus « constructive » chez Descartes, plus « formelle » chez Leibniz : l'un dédaigne la syllogistique, l'autre y verra toujours le cœur de la Logique. Et comme, dans le syllogisme, la conclusion est *contenue dans* les prémisses, l'implication du prédicat dans le sujet restera toujours pour Leibniz le signe du jugement vrai. Mais venons-en à l'induction. Ici encore, l'intuition empirique est critère de vérité : au symbole conventionnel se substitue un phénomène naturel ; dans les deux cas, il faut que je perçoive.

> Cette énonciation : Rome est située sur le Tibre, est vraie par cette raison que, pour percevoir ce qu'elle dit, il n'est besoin que d'une disposition convenable du percevant et du milieu : que, bien entendu, celui qui perçoit ne soit ni aveugle ni sourd, que le milieu ou intervalle ne soit pas trop grand. Cela posé, si je me trouve à Rome ou dans le voisinage de Rome, il se fera que je verrai d'un seul regard la ville et le fleuve, et, ainsi, que cette ville est sur ce fleuve, et même j'entendrai que l'on appelle Rome cette ville, Tibre ce fleuve (*De stilo philosophico Nizolii*, § VI).

Que l'on ne parle pas trop vite, avec Kabitz (*op. cit.*, p. 40-41), d'un sensualisme naïf mal raccroché encore à un rationalisme : la constatation empirique est garantie par la raison, la cohérence nous permet de distinguer d'un songe une perception véritable (Kab 154). La raison lie les perceptions présentes en les rattachant au passé ; par cela seul elle est capable de les rattacher au futur. Du coup, nous dépassons maintenant le nominalisme. Car le nominalisme radical, celui de Nizolius par exemple, devrait s'en tenir au perçu, ne faire que collectionner des faits, et renverserait la science. Or, la certitude morale que tout feu brûle n'est pas fondée sur la seule habitude : elle est fondée sur la raison qui ne saurait concevoir que des feux, tenus pratiquement comme en tout semblables, pussent avoir des effets dissemblables (Niz., § XXXII). Cette correspondance entre les lois causales et les lois rationnelles définit le rationalisme et ce qu'on a appelé le panlogisme leibnizien.

71 | Nous restons loin d'avoir suivi Leibniz dans toutes ses activités. En même temps qu'il approfondit son système, collabore à la constitution d'un Corpus juridique, médite sur l'Eucharistie, se mêle aux controverses religieuses, s'initie à la politique, prépare le projet d'une expédition en Égypte, il élargit sans cesse le cercle de ses relations, augmente infatigablement le nombre de ses correspondants. Il écrit partout en Europe : à l'Empereur, à Jean-Frédéric de Hanovre, à Hobbes, à Arnauld, à Otto de Guericke, etc. – et à Spinoza, mais en cachette, et après avoir fait chorus contre lui et avant même de le lire, lors de la parution du *Traité théologico-politique*, au début de 1670. Au milieu de tous ces travaux, Leibniz prend encore le temps d'inventer une machine arithmétique, compteur vivant (*eine lebendige Rechenbanck*) capable d'opérer l'addition, la soustraction, la multiplication, la division, l'extraction de la racine carrée et cubique (K III, 255) ; un instrument qu'il nomme une géométrie vivante (*eine lebendige Geometriam*), capable de trouver mécaniquement toutes les lignes et toutes les figures ; des lunettes ; un procédé pour faire le point en mer ; des sous-marins ; des pompes à air dont la puissance serait telle qu'elles permettraient de naviguer contre le vent (*ibid.*, 256-257). Partout, et toujours stimulé par le désir de servir sa patrie, s'affirme son souci d'applications pratiques.

C'est donc un philosophe déjà original et un patriote formé que l'Électeur de Mayence envoie en mission à Paris en 1672 : un homme – écrit Boinebourg à Arnauld de Pomponne – « qui, quoique l'apparence n'y soit pas, pourra fort bien effectuer ce qu'il promet » (K II, 125), « un trésor inépuisable de toutes les belles sciences dont un esprit solide jamais a été capable » (K II, 140).

LE SÉJOUR À PARIS (1672-1676)

Leibniz arrive à Paris fin mars, bientôt suivi du baron de Schönborn et du fils de Boinebourg dont on lui a confié la charge – il dresse pour lui un programme d'études (K III, 24 ; 30) – et auquel il a pour mission de faire obtenir le versement d'une rente héréditaire de mille écus plus une « gratification » accordées en 1659 à Boinebourg pour avoir refusé les offres des Espagnols. Sa deuxième mission concerne le projet d'une expédition en Égypte.

Il est on ne peut mieux placé pour suivre les événements et observer la France. S'il semble que le roi ne lui ait pas accordé audience, il a pour protecteur le gendre de Colbert, le duc de Chevreuse. Il est recommandé à Arnauld de Pomponne à la fois par Boinebourg et par le grand Arnauld, oncle du ministre. Dans l'entourage du Dauphin, il voit le duc de Montausier. Il connaît Condé qui s'intéressera à la réunion des Églises (F II, 206). Il est lié avec Justel, conseiller et secrétaire du roi, et Morell, autre conseiller. En outre, il ne perd pas contact avec le reste de l'Europe. Il reste en relation avec l'abbé Gravel, envoyé extraordinaire à Mayence ; il correspond avec Linker de Lützenwick, conseiller de l'électeur de Trêves, avec Hanovre, Mecklembourg, Vienne, etc.

Et c'est en patriote qu'il observe. Lui qui notait, deux ans avant, combien l'Allemagne et la France « si différentes sous le rapport de la langue et des mœurs, sont antipathiques » (F VI, 154), lui qui répètera que les Français n'ont que mépris pour l'Allemagne (F III, 25), traitent les Allemands « en esclaves », en « misérables », en « gens grossiers » et disent là-dessus **74** « tous les jours bien des impertinences même dans les | livres publics » (*ibid.,* 210), il nourrit son hostilité contre « une couronne qui alarme à présent toute l'Europe et se charge de la haine universelle » (K III, 83). Il voit Louis XIV dans « l'humeur bouillante de sa jeunesse, qui lui fit faire la faute d'attaquer les Hollandais, par une pure animosité, ce qui a pensé le perdre, si ses ennemis avaient su en profiter » (F IV, 190). Il en reconnaît la grandeur : au lieu qu'en Allemagne, il y a peu de liaison, en France « *mens agitat molem* » (F I, 310). Aussi prend-il en note tout ce qui peut servir sa nation. Il découvre dans la Bibliothèque du roi, riche de 35000 volumes et de 10000 manuscrits, les ordonnances royales, depuis François I er jusqu'à Louis XIII inclusivement (K III, 6) et il en tire des copies avec, déjà, l'idée de s'en inspirer pour organiser une levée en masse de la nation allemande (F IV, 39). Très attentif à l'œuvre de Colbert, il espionne et soudoie pour attirer les connaissances « qui ne peuvent être que profitables au pays » : « il serait important de pêcher d'ici le fin et le délicat de leurs secrets, ce qu'on peut faire quelquefois avec adresse mêlée de quelque petite libéralité » (K III, 227-229) ; « Je trouverai même quelques adresses chez ces gens de Monsieur Colbert pour apprendre des particularités de ce grand dessein du commerce et de la police. Et j'aurai soin de ramasser des ordonnances qui ont du rapport à cela » (K, III, 275). À peine arrivé à Hanovre, il recevra des renseignements sur la fonte du fer (K IV, 383). D'ailleurs, loin de se laisser éblouir par l'éclat de la Cour, il épie les maux de la France :

Paris est florissant, les provinces sont épuisées. Le Roi est trompé par les intendants du fisc. En superficie, tout est sain ; en profondeur tout est difforme et tourmenté. Deux ou trois signes manifestes de pauvreté : 1) en province, le crédit ne s'obtient qu'avec peine, fût-ce à 5 % d'intérêt. Le Roi lui-même, par édit public, a garanti l'écu-18[1] de créance ; 2) partout des terres à vendre : peu d'acheteurs ; 3) ou bien les fermiers, métayers des domaines, répugnent à conclure des contrats, ou bien ils s'en acquittent mal, non seulement par mauvais vouloir et paresse, mais par suite de la stagnation des affaires et de la baisse des prix du blé, du sel, du vin. Aussi, au bout de quelques années, faut-il chasser ces malheureux, les entasser | dans les prisons, **75** leurs biens ne pouvant suffire au propriétaire ; 4) le vil prix des marchandises, non point par excès d'abondance du sol, mais parce qu'elles sont trop parcimonieusement consommées aussi bien par les habitants que par les étrangers. Par les étrangers que détournent en partie la guerre, en partie l'augmentation excessive des droits de circulation, situation que la conspiration de l'Europe contre la France aggrave de plus en plus ; par les habitants eux-mêmes, car la pauvreté les rend plus regardants à la dépense. La plus grande partie du peuple ne mange qu'une fois par jour ; les nobles, qui n'ont de faste qu'à Paris, reconnaissent que, réduits à une table modeste et à une faible domesticité, ils mènent chez eux une vie bien différente de ceux qui sont au-dessus d'eux et bien éloignée de leur magnificence. Ainsi, le Roi, certains ministres, les secrétaires du Trésor s'enrichissent, mais les princes eux-mêmes, toute la noblesse, jusqu'aux gouverneurs, on peut le dire, et le reste, la masse de la population, se consument à petit feu. Les étrangers qui n'entrent guère que dans les hôtels et n'y parlent que de bagatelles, ne s'en aperçoivent pas. Les hôtels restent florissants, bien que tout le royaume dépérisse. Les hôtels, dis-je, non les hôteliers, car ils se plaignent, eux aussi. Ainsi le Roi rend ses Français frugaux par force. Exactement comme Jupiter a retiré

1. L'écu-18 – comme on disait : le denier-15 – représente le 1/18 de l'écu en intérêt, soit, à peu près 5,55 %.

le feu et le miel partout ruisselant pour contraindre par le besoin les divers arts à se manifester[1]. Mais cela est pourtant dangereux : des pères de famille, hommes probes, d'un loyalisme ardent pour le roi et son peuple, m'ont dit que si une seule année décevait l'espoir de la récolte, une grande partie des hommes mourrait de faim (K III, 78-79).

1672 ! Que de fois Leibniz se souviendra de cette année avec tristesse ! Il arrive à peine à Paris que, le 6 mai, Louis XIV déclare la guerre à la Hollande. Que pouvait encore valoir un projet d'expédition en Égypte ? Le 21 juin, Pomponne répond que, depuis saint Louis, les Croisades sont passées de mode (F V, 359). « Dès l'année 1672, répétera Leibniz, il a été résolu en France que le Roi n'aurait plus besoin à l'avenir de rendre raison de ses entreprises, comme ses ancêtres et les autres Potentats avaient toujours tâché de faire en publiant des manifestes superflus » (F III, 2) ; « Car on s'était déjà mis en | France sur le pied de n'alléguer que la mauvaise satisfaction de Sa Majesté très-chrétienne » (*ibid.*, 83, 50, 77). Du temps de M. de Lionne

76

on traitait alors les princes de l'Allemagne avec assez de civilité, on gardait les apparences du droit commun, et on faisait parade de la conservation de la paix de Westphalie et de la liberté germanique. Mais Lionne étant mort, Monsieur de Louvois remontra au Roi que l'alliance du Rhin avait fait plus de mal que de bien à la France, qu'on ne devait plus se mettre en peine des princes d'Allemagne, qu'il n'y avait pas d'argent plus mal employé que celui qu'on leur donnait, que l'Empire était un nom sans effet, qu'on le pouvait vexer impunément et qu'on ne manquerait pas néanmoins d'approbateurs dans l'Allemagne même… (*ibid.*, 7-8).

On doit se souvenir « des insolences, des barbaries, cruautés et infamies des Français et de leurs adhérents pratiquées en 1672

---

1. Allusion aux *Géorgiques* I, 131-132.

et 1673 […] » (*ibid.*, IV, 11). L'année 1672 a brisé l'essor de
la science après l'intervalle entre la paix de Westphalie et la
guerre de Hollande, « j'en puis parler, comme ayant commencé à paraître dans le monde quand cet heureux intervalle
allait finir » (F VII, 314). La même année, en décembre, Leibniz
va perdre Boinebourg dont la mort est suivie, trois mois plus
tard, au début de 1673, par celle du Prince-Électeur.

En vain, en mai 1672, le Prince-Électeur de Mayence
avait-il proposé sa médiation (F V, 354, 361). Louis XIV
repousse les offres de paix : « On fit surtout valoir la religion
catholique en quelques Cours, comme si la guerre avait été
entreprise pour la favoriser ; mais le Pape d'alors donna ordre
à son nonce à Cologne d'en désabuser le monde, et l'événement justifie le jugement de Sa Sainteté » (F III, 90, 17-19). Les
Hollandais inondent leur territoire (15-20 juin) et portent au
stathouderat Guillaume d'Orange (2-8 juillet) qui, par une
sortie audacieuse, parvient jusqu'à Charleroi, tandis que les
troupes de Brandebourg et de l'Empereur avancent vers le
Rhin. En plein hiver, Turenne les repousse. À Paris, Leibniz
fait parler les soldats qui ont participé à l'expédition. Louis
XIV, sur la défensive, ravage le Palatinat.

Leibniz part pour Londres où il séjourne pendant le
premier trimestre 1673. Il y assiste à la lutte des antipapistes
contre le roi Charles II, allié de Louis XIV, observe la *Cabale*,
défavorable à la France, écrit longuement au conseiller de
Trèves, Linckers, sur les possibilités militaires de l'Allemagne
(K III, 62 *sq.*) : | il quitte Londres au moment où le *Bill of Test* **77**
exclut du gouvernement, de l'administration et de l'armée les
non-conformistes. Louis XIV n'en garde pas moins l'avantage. En juin, Brandebourg demande la paix. Maestricht est
prise. Mais, fin août, l'Empereur, s'alliant à l'Espagne et au
duc de Lorraine, déclare la nation allemande en danger.

En janvier 1674, Charles II, qui a contre lui l'opinion, doit
se retirer du conflit. Les forces allemandes se regroupent : si la

Bavière reste neutre, le nouvel Électeur de Mayence, le Palatin du Rhin, l'Électeur de Trèves, les princes de Brunschwick – sauf Jean-Philippe de Hanovre – se joignent à l'Empereur : le Brandebourg, qui renoue avec les Provinces-Unies, entrera à son tour dans la coalition avec le Danemark. Louis XIV n'a plus pour lui, en Allemagne, que Munster, et Cologne dont il veut donner l'archevêché à Egon de Fürstenberg, évêque de Strasbourg. Egon est enlevé, le 16 février, par les Impériaux et conduit à Vienne, enlèvement que Leibniz juge inopportun et condamnable (K III, 84 sq.). De février à juillet, Louis XIV conquiert la Franche-Comté. Le 11 août, par la victoire de Seneffe – dont Leibniz copie une relation, le 19[1] – Condé arrête la marche des Impériaux dans les Pays-Bas. Turenne attaque sur le Rhin, incendie le Palatinat. Cependant, l'ennemi envahit l'Alsace (1er Octobre)[2].

Battu une fois de plus par Turenne, il repasse le Rhin, le 4 janvier 1675. En juin, le grand Électeur, qui l'emporte sur la Suède, entre en Poméranie : gaspillage de forces que la France aurait pu avoir « sur les bras dans la campagne qui vient », regrette Leibniz (K III, 51). En septembre un espoir : le duc de Lorraine reprend Trèves. Hélas, il ne sait pas profiter de son avantage :

> Si l'armée qui a pris Trèves et défait celle de Mons, de Créqui avait poussé sa pointe, nous aurions vu un changement dans les affaires. Mais j'ai peur qu'une si belle occasion ne revienne

---

1. Davillé, *Le séjour de Leibniz à Paris*, p. 21 (*Archiv für Geschichte der Phil.* 1922, vol. 47).

2. Entre temps, Leibniz, qui a besoin d'argent, écrit une dissertation juridique pour fonder la validité du premier mariage protestant du Prince de Meklembourg : converti après coup au catholicisme et remarié avec une catholique, ce Prince voulait revenir à sa première femme. Tout en réclamant âprement ses honoraires, Leibniz souligne l'importance d'« une consultation sur un point d'État comme celui-ci où tant de princes d'Allemage sont intéressés » (K III, 127).

jamais. Je ne comprends pas les | raisons de la séparation d'une **78**
armée qui était seule capable de faire incliner la balance : car on
ne l'avait pas prévu ici, et elle était venue comme les grenouil-
les qui tombent avec la pluie au printemps. Mais on en a été
quitte pour la peur, et on mettra bon ordre pour l'avenir (*ibid.*).

L'avenir? Lorsque Leibniz quittera Paris en octobre 1676, la
lutte ne sera pas achevée.

Louis XIV se couvre trop du prétexte de religion pour que
Leibniz puisse perdre de vue l'intérêt des négociations iréniques. Au vrai, les morts de Boinebourg et de Jean-Philippe le
privent de l'appui indispensable. Mais, prudemment, asso-
ciant toujours son entreprise à l'anticartésianisme, il sonde les
esprits. Il se lie au P. J. Berthet. Celui-ci le présente au P. de la
Chaise dont il admire « l'intelligence de la nouvelle philosophie peu ordinaire à un homme de son Ordre » et le bon sens
qui l'empêche de « s'attacher trop aux opinions qui règnent
dans les écoles » (K IX, 310). Ils parlent de médailles et de
mathématiques. Et, sans doute, avec précautions, Leibniz
présente-t-il au Confesseur du Roi (1675) son projet : « pour
montrer comment un Ordre tel que le leur (et en effet je n'en
vois pas de plus propre) pourrait rendre un très grand service
au genre humain [...]. J'avais ajouté en même temps le projet
d'une nouvelle philosophie qui aurait effacé absolument celle
de Descartes [...] » (Bar 66).

Mais c'est d'Arnauld – le 12 septembre 1672, il l'a déjà
rencontré trois ou quatre fois (K II, 139) – que notre philosophe
semble attendre le plus. Arnauld n'avait-il pas réussi, en 1668,
une première réconciliation des sectes? Par son action sur les
évêques jansénistes et avec l'aide du nonce Bargellini, il
n'avait pas peu contribué alors à la « paix de l'Église »,
menacée par les querelles du gallicanisme. Il était alors
apparu comme le chef moral de l'Église de France, capable,
selon le roi même, d'unir les Églises d'Orient et d'Occident.
Reçu à la Cour, oncle de Pomponne, il représentait une force.

Boinebourg ne l'ignorait pas, « et lorsque je fis le voyage en France, il me donna des lettres à M. Arnauld ; car il croyait que son sentiment pouvait être d'un grand poids » (K IV, 441). Sans attendre d'être à Paris, dès 1671, Leibniz avait d'ailleurs écrit au chef du jansénisme : fort de ses *Démonstrations catholiques*, il promettait de prouver la possibilité des Mystères, ce **79** | qui réduirait au silence des opposants, comme Claude, qui y trouvent contradictions, et les défenseurs maladroits « qui s'en rapportent à ces notions ténébreuses sur lesquelles les Scolastiques veulent appuyer l'Eucharistie » ; en outre, ses démonstrations rendraient possible l'accord entre la foi et la philosophie moderne (K III, 260). Le voici maintenant en présence d'Arnauld. Son admiration est très vive.

> Le réputé M. Arnauld – écrit-il à Jean-Frédéric, le 26 mars 1673 – est un homme de la plus profonde et exhaustive pensée que puisse avoir un vrai philosophe ; son but est non seulement d'illuminer les cœurs des clartés de la religion, mais encore de ranimer la flamme de la raison, éclipsée par les passions humaines ; non seulement de convertir les hérétiques, mais encore ceux qui sont aujourd'hui le plus gros de l'hérésie, les athées et les libertins ; non seulement de vaincre ses contradicteurs, mais encore d'améliorer ceux de son bord. Ses pensées en viennent ainsi à chercher comment, lorsque cela est possible, une réforme des abus ouvertement répandus des dissidents supprimerait la cause de la division : dans ce dessein, sur divers points d'importance, il fait alors le premier pas et, en homme avisé, va par degrés. Je suis navré que nous ayons perdu feu M. de Boinebourg au moment où je liai connaissance avec M. Arnauld ; car j'avais espéré amener ces deux esprits, si semblables par leur intègre solidité, sur la voie d'un accord plus étroit. L'Église aussi bien que la patrie ont éprouvé indiscutablement une grande perte avec cet homme : au demeurant, son Altesse Princière Électorale peut le savoir mieux que je ne l'écris (K III, 265).

Leibniz peut bien, au cours d'une réunion, proposer la formule d'un *Pater Noster*, valable pour l'Église universelle, mais que refuse Arnauld parce qu'aucune mention n'y est faite de Jésus-Christ (Bar 37); il peut bien, « environ l'an 1673 », communiquer au même Arnauld que va bientôt effaroucher l'optimisme de Malebranche, un Dialogue latin sur le problème du mal et de la prédestination – sans doute la *Confessio philosophi*[1], nouvelle étape, après les *Demonstrationes catholicae*, vers la *Théodicée* – « où je mettais déjà en fait que Dieu avait choisi le plus parfait de tous les mondes possibles » (*Théod.* Préf.), sans que l'illustre théologien parût « s'en effaroucher » (*ibid.*, II, § 211): il n'ose guère, toutefois, aborder les points controversés entre Rome et Augsbourg, comme il | en avait l'intention. Il **80** doit, pour se risquer, attendre un nouveau protecteur et déjà il se tourne vers Jean-Frédéric de Hanovre :

> Mais comme j'allais avec toute la circonspection possible, pour ne pas me découvrir mal à propos, la mort du Baron survint qui m'ôta l'espérance de réussir par cette voie; ainsi je ne m'expliquai pas à M. Arnauld, et dès lors je songeai à V. A. S., d'autant que je savais que M. de Boinebourg avait eu dessein de lui en parler pour des raisons encore plus particulières que je dirai en son lieu (K IV, 441 ; Grua 288).

Ces raisons, la suite l'indique, portent sur l'accord avec les Jésuites.

S'il faut suspendre les conversations, Leibniz n'abandonne pas, loin de là! le projet religieux et patriotique d'une Réunion des Églises. En. apparence, il abandonne : « Je ne songeais ici ni à la jurisprudence, ni aux belles-lettres, ni aux controverses (choses qui m'occupaient principalement en Allemagne), et en échange j'avais commencé un étude tout nouveau pour entendre les mathématiques » (K III, 272-273). Mais, en le

---

1. Voir notre édition, Paris, Vrin, 1969.

faisant « passer pour un mathématicien de profession, parce qu'il n'avait presque fait autre chose à Paris », il est sûr

> qu'on se trompait fort, qu'il avait bien d'autres vues, et que ses méditations principales étaient sur la Théologie, qu'il s'était appliqué aux mathématiques comme à la Scholastique, c'est-à-dire seulement pour la perfection de son esprit, et pour apprendre l'art d'inventer et de démontrer qu'il croyait d'y être allé à présent aussi loin qu'aucun autre (K IV, 454).

Par la supériorité de sa méthode, en particulier sur celle de Descartes, il veut se frayer accès « chez les Jésuites et autres Théologiens » : « Je n'ai donc pas étudié les sciences mathématiques pour elles-mêmes, mais à fin d'en faire un jour un bon usage pour me donner du crédit, en avançant la piété » (K IV, 444). Qu'on ne perde jamais de vue ces perspectives leibniziennes.

Par Arnauld, qui est aussi « l'excellent auteur des Nouveaux Essais de Géométrie » (Cout *Op*, 575), Leibniz, entre en relation avec le milieu janséniste : Nicole, Saint-Amour, la sœur de Pascal, Roannez (*ibid.*) qui le renseigne sur les problèmes de probabilités proposés par le chevalier de Méré à Pascal (P IV, 570) : c'est par Billettes (P VII, 450) et par Perier (P III, 613) que lui sont communiqués les manuscrits de Pascal **81** | où il trouve « le trait de lumière » (M V, 399) qui semble avoir précipité la découverte du calcul infinitésimal. Des *Pensées*, publiées en 1670, Leibniz a déjà parlé à Jean-Frédéric en mai 1671. Nul doute que les méditations de notre philosophe sur l'infini ne doivent beaucoup au solitaire de Port-Royal (cf. Baruzi, *op. cit.*) : mais nous manquons encore du travail d'ensemble qui mesurerait l'influence de Pascal sur le leibnizianisme.

Annoncé au monde savant par l'*Hypothesis physica nova* adressée aux Académies des Sciences de Paris et de Londres, Leibniz s'insinue dans tous les milieux. Il compte beaucoup

sur sa machine arithmétique qu'il présente à l'Académie des
Sciences en 1673, après l'avoir modifiée en prenant connaissance de celle de Pascal ; il la transformera, en décembre 1674,
en machine algébrique pour résoudre les équations. En janvier-
mars 1673, au cours de son premier voyage en Angleterre – la
Société Royale l'élit membre en avril – il pratique Boyle, Pell
qui lui fait lire les travaux de Mercator, Oldenbourg : il ne
rencontrera, *semble-t-il*, Collins, l'ami de Newton, qu'à son
second voyage (1676). Ce « semble-t-il » est, comme on sait,
gros d'une polémique où l'on opposera Leibniz à Newton sur
la priorité de l'invention du calcul infinitésimal ; polémique
faussée par des susceptibilités nationales, les Anglais accusant
Leibniz, les Allemands le défendant, tandis que Fontenelle
conclura, dans son *Éloge*, que si larcin il y eut, c'est un larcin
que Leibniz seul pouvait faire.

À Paris, par le duc de Chevreuse, lui-même très féru de
machines et mécaniques, lié à Arnauld, Leibniz est introduit
auprès de Malebranche qui compose alors pour le duc ses
Conversations Chrétiennes (1676). Malebranche auquel il
expose ses doutes sur la réduction de la matière à l'étendue (P I,
321-327) le reçoit assez fraîchement : du reste, Leibniz ne lira
avec soin la *Recherche de la Vérité* (1674, 1675) qu'à son
retour en Allemagne. Rohault meurt en décembre 1672 : si
Leibniz qui, dès l'année de la publication (1671), a lu le *Traité
de Physique*, n'assiste pas aux fameux mercredis, du moins
entend-il vanter les expériences commentées que l'on y faisait,
et il citera toujours « les petits tuyaux de M. Rohault » – pour
étudier ce qu'on appellera la capillarité et la tension superfi-
cielle – comme la seule découverte d'un | cartésien (P II, 534). **82**
Chez le duc de Chevreuse, il rencontre aussi Cordemoy, cartésien atomiste, promoteur de la théorie des causes occasion-
nelles. Chez Delancé, en présence de Mariotte, il assiste à
des expériences du chanoine Foucher sur le mouvement des
eaux (P I, 393). À la Bibliothèque du Roi, il se lie à Huet,

encore cartésien. Il connaît deux correspondants de Spinoza : Oldenbourg, à Londres ; Tschirnhaus, à Paris, et même l'ancien maître de Spinoza, Franz van den Ende. Clerselier lui confie des manuscrits de Descartes.

Il faudrait citer tous les noms. Gallois, directeur du *Journal des Savants* ; Carcavi, bibliothécaire du roi ; Cassini, directeur de l'Observatoire que vient d'achever Perrault en 1669 et dont le méridien servira aux calculs de Newton ; Thévenot, grand voyageur, membre de l'Académie des Sciences, etc. Il s'attache surtout aux anticartésiens : au P. J. Pardies, mathématicien, à Roberval qui lui raconte « que M. des Cartes paraissait écolier auprès de lui », qu'il « affectait de se trouver aux compagnies où M. des Cartes venait, pour avoir l'occasion de le harceler, et ce fut une des raisons qui fit quitter Paris à M. des Cartes [...] » (P IV, 317). Mais un nom importe entre tous : celui de Christian Huygens (1629-1695). Dès son arrivée à Paris, Leibniz place Huygens – constructeur d'horloges astronomiques, inventeur d'une nouvelle manière de baromètres – au premier rang (K III, 3-10). Descartes, qui pressentait le génie de Christian, l'avouait déjà « de son sang » (AT XII, 116). Mais les *Principes* de Descartes n'étaient plus aux yeux de Huygens qu'un roman de physique : dès 1652, il en critiquait les lois du choc, et il lui opposait, en 1656, un *De Motu corporum ex percussione* qui prépare la mécanique moderne. Dans une lettre à Bernouilli, Leibniz reconnaîtra sa dette :

> C'est alors que Huygens qui, je crois, voyait en moi plus qu'il n'y avait, m'apporta par gentillesse un exemplaire récemment édité de son livre des pendules (*Horologium oscillatorium*, 1673). Ce fut pour moi le commencement et l'occasion d'une étude plus approfondie des mathématiques. Tout en causant, il s'aperçut que je n'avais pas une connaissance exacte du centre de gravité[1]. Il me la donna brièvement et il ajouta que

---

1. On cherchait le centre de gravité par la méthode d'exhaustion.

Dettonville (= Pascal) en avait remarquablement traité (M III, 71, *ibid.*, V, 398).

Huygens dirigera sa formation mathématique.

| Ni Newton ni Leibniz n'ont inventé de toutes pièces le **83** calcul infinitésimal. La notion d'infinitésimale apparaît dès l'Antiquité avec les Éléates, Eudoxe, introducteur de la méthode d'exhaustion développée par Archimède. Et que de noms au XVIIᵉ siècle ! Au moins citons Kepler, lorsqu'il applique la loi de continuité aux infiniment petits (1604), Cavalieri dont la méthode des indivisibles ébauche le calcul intégral, Fermat utilisant le principe du calcul différentiel, Descartes qui définit la tangente comme position-limite d'une sécante tandis que Roberval préfère la considérer comme le vecteur vitesse, dans l'instant, d'un point mobile sur la courbe, Pascal, dont on consulte en manuscrit jusqu'en 1679 la *Géométrie des Coniques*. Barrow, enfin, qui vient de publier avec son élève Newton, les *Lectiones opticae et geometricae* (1669) où l'on traite du triangle différentiel. Mais il restait à découvrir : 1) que le problème de la quadrature, c'est-à-dire de l'évaluation des aires, revenait au problème inverse des tangentes ; 2) un algorithme spécial qui fût d'un maniement commode et qui généralisât le calcul. La gloire de Leibniz s'appuie sur cette double découverte, celle, surtout, d'un algorithme et d'une notation bien supérieurs à ceux de Newton, et auxquels – écrira Poisson en 1833 – « l'analyse infinitésimale est redevable de tous ses progrès »[1].

Suivons brièvement la marche de ces découvertes.

Nul ne pouvait s'être mieux préparé que Leibniz à l'invention d'un algorithme. L'alphabet des pensées humaines, dont il

---

1. Ce que remarque, dès 1696, la *Préface à l'Analyse des infiniment petits* du Marquis de l'Hospital. Cette *Préface* non signée serait due, d'après Condorcet, à Fontenelle. On l'attribue plutôt à Malebranche. – Newton a aussi trouvé son calcul infinitésimal : « Mais la caractéristique de M. Leibniz rend le sien beaucoup plus facile et plus expéditif… ».

rêvait sur les bancs de la Nicolaï-Schule, l'avait conduit, à 18
ans (P VII, 12), au projet d'une Caractéristique et, deux ans plus
tard, dans le *De Arte*, à une technique pour la combinaison des
idées simples. L'emploi de « caractères » symbolisant les
notions simples pour transformer le raisonnement en calcul,
rendrait inattaquables les *Démonstrations catholiques* (K IV,
445). Bien des pensées confuses qui impliquent contradiction –
par exemple, celle du « nombre de tous les nombres » – et qui,
par là, jettent des doutes sur les notions d'infini, de minimum,
de maximum, de suprêmement parfait, d'Omnitude, ne résis-
teraient pas à l'épreuve de la Caractéristique combinatoire
84   (*combinatoriam caracteristicam*, P VII, 10). | La Caractéris-
tique éliminerait le critère psychologique et, par conséquent,
subjectif, de l'évidence cartésienne en lui substituant la mani-
pulation de signes qui peindraient toutes nos pensées pour les
enseigner à autrui, les fixeraient en nous pour que nous ne les
oubliions plus, en abrégeraient l'expression et permettraient
ainsi d'ordonner plus facilement l'ensemble d'une méditation
(M IV, 460). Elle est difficile à fonder, car, outre une Encyclopédie des connaissances humaines, sa réalisation présuppose
la constitution d'une langue universelle qui serait l'expression
de la logique universelle ; d'autre part, une symbolique universelle qui supprimerait les différences idiomatiques. Mais
quelles perspectives ! Elle serait la Science Générale qui, des
autres sciences, renferme

> les principes et la manière de les utiliser, en sorte que chacun,
> ne fût-il doué que d'un esprit médiocre, lorsqu'il descendrait
> à n'importe quelle science particulière, pourrait, avec une
> méditation aisée et un bref apprentissage, comprendre même
> les sujets les plus difficiles, découvrir les plus belles vérités et
> les applications les plus utiles, autant qu'à partir de données
> cela est possible à un homme (P VII, 3).

Celui qui apprendrait cette langue ou écriture – et ce serait sans mal – apprendrait du même coup l'Encyclopédie, porte d'accès à la nature ; pour lui, le nom de chaque chose serait la clef de tout ce qui doit en être dit, pensé, fait avec raison, du moins humainement parlant car à Dieu seul il appartient d'imposer à première vue aux choses le nom qui en révèle toute la nature : par exemple, du nom de l'or nous ne pouvons déduire les propriétés de l'or, nous ne pouvons en faire que le signe de nos connaissances. En progressant, la Caractéristique deviendrait la « pierre de touche » de nos vérités, le fil de la méditation (*filum meditandi*) – le parapet de pont, le télescope ou microscope de l'intelligence (P VII, 11-15). Depuis 1670, la Correspondance avec Oldenbourg (P VII, Einleitung) roule sur les projets de Caractéristique : Leibniz y cite Dalgarno (*Ars signorum, vulgo Character universalis et lingua philosophica*, 1661), Wilkins (*An Essay towards a Real Character and a Philosophical language*, 1668), Kircher (*Ars magna sciendi seu nova porta scientiarum – sive Combinatoria*, 1669), etc. Il songe, pour sa symbolique, tantôt à des idéogrammes, tantôt à des chiffres, tantôt à des lettres : « les hiéroglyphes des Égyptiens, des Chinois et, chez nous, les symboles | des chimistes **85** sont des exemples de caractéristique réelle » ; il se tourne plus volontiers du côté des arithméticiens et des algébristes (P VII, 12). En présentant, dans le *Journal des Sçavans* du 25 mars 1675, une horloge portative de son invention – qu'il date « de quelques années » – il notera : le principe appliqué aux horloges par Huygens « dépend d'une observation physique, au lieu que le mien n'est fondé que sur une *réflexion purement mécanique* [...] à laquelle on n'a pas pris garde faute de l'*art des Combinaisons* dont l'usage est bien plus général que celui de l'Algèbre » ; et, sa description achevée, conclura : « Ainsi le principe d'égalité est assuré ici par une espèce de *démonstration* toute *géométrique* et toute rigoureuse, mais aussi tout évidente aux capacités même les plus médiocres ». À ses efforts pour réaliser la Caractéristique, Leibniz rattache expressément ses inventions mathématiques; « Une partie du secret de l'analyse consiste dans la caractéristique, c'est-à-dire dans l'art de bien employer les notes dont on se sert » (M II, 540, IV, 460, VII, 17 – P VII, B, III, 24).

D'autre part, dès le *De Arte*, il s'était exercé à la combinaison des nombres. N'acceptant comme postulats de son analyse que les définitions et le principe d'identité (A est A) sous sa forme quantitative ($A=A$), il avait aussitôt : $A-A+B-B+C-C+\dots-Z=0$. Soit, en posant : $B-A=L$, $C-B=M$, etc. : $A+L+M+N+\dots-Z=0$. Et, si A, B, C, … Z constitue une série décroissante jusqu'à $Z=0$, on a : $A=L+M+N+\dots$ Mais rien n'empêche de poursuivre et de former, à partir de ces différences de premier ordre, une série de différences de second ordre, de troisième ordre, etc. jusqu'à annulation. En écrivant : $L-M=L'$, $M-N=M'$, etc., on obtient : $L=L'+M'+\dots$ Leibniz construisait de la sorte des séries – qu'il allait retrouver dans le triangle de Pascal – dont l'une était la différentielle ou l'intégrale de l'autre (M V, 395-398). Il était assez exercé pour pouvoir calculer, dès 1672, sur l'invitation de Huygens (*ibid.*, 404), la somme de la série continue décroissante :

$$\tfrac{1}{1}+\tfrac{1}{3}+\tfrac{1}{6}+\tfrac{1}{10}+\tfrac{1}{15}+\tfrac{1}{21}\dots=2$$

À peine allait-il se flatter de ses combinaisons, qu'il apprend, an cours de son voyage en Angleterre de 1673, qu'elles sont fort connues et qu'il doit lire Mercator (*ibid.*, 399).

86 | Le voici rentré à Paris. Si la mort de Boinebourg et celle du Prince Électeur lui enlèvent ses meilleurs appuis, en revanche elles lui permettent plus de liberté d'action : *hortante Hugenio*, il peut enfin se consacrer sérieusement à l'Analyse de Descartes, aux travaux du P. J. Fabri, du P. J. Grégoire de Saint-Vincent, de Pascal et s'initier aux recherches d'Archimède.

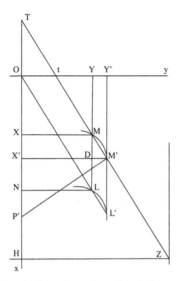

Une figure de Pascal va être l'occasion, en 1674, du premier pas dans l'invention du calcul infinitésimal. Soit, sur la courbe C, les deux points voisins M, M' : traçons leurs ordonnées MX=y, M'X'=y', et leurs abscisses MY (prolongée jusqu'à sa rencontre, D, avec M'X')=x, M'Y'=x' : prolongeons la sécante MM' d'une part jusqu'en T, son point de rencontre avec l'axe des x, d'autre part jusqu'en Z, son point de rencontre avec une parallèle à l'axe des x menée à la distance arbitraire ZH ; enfin, de M' tirons la perpendiculaire M'P' à la sécante MM'. Il est clair que le triangle DMM' – *c'est le triangle caractéristique* – et le triangle X'M'P' sont semblables. Ils ne cesseront pas de l'être quand nous ferons pivoter la sécante autour de M, jusqu'à ce que M' se confonde avec M, que TM soit la tangente et XP la sous-normale [1]. Ainsi

1. Pour ne pas surcharger la figure, nous ne dessinons ni la droite MP, limite de M'P', ni les points U, D', ou le lieu V, dont il va être question et qui s'imaginent aisément.

Leibniz découvrait-il la possibilité d'associer une grandeur
inassignable (le triangle ponctuel M) à une grandeur assignable
(le triangle XMP qui, lui, reste bien apparent). Mais Leibniz ne
se borne pas à cette règle générale. Il aperçoit bientôt dans la
figure, par une méditation très aisée (*facillima meditatione*),
trois conséquences remarquables. 1) La réduction aux quadra-
87   tures | planes des superficies engendrées par rotation. En effet,
les triangles DMM', X'M'P' étant semblables,

$$P'M'.\,MD = M'X'.\,MM'.$$

Ce qui signifie que si nous portons sur X'M' la longueur
P'U = P'M' (P' coïncidant avec X') et, en U, perpendiculai-
rement à P'U, la longueur UD' = MD, la surface latérale du
cylindre de rayon P'U et de hauteur UD', lorsque nous faisons
tourner la figure autour de l'axe des x, est égale à l'aire
engendrée par MM', soit, en passant à la limite, à l'aire curviligne engendrée par l'arc correspondant $\overset{\frown}{MM'}$. – 2) Deuxième
conséquence : elle a trait aux rectifications des courbes. Recti-
fier une courbe, c'est en évaluer la longueur. De la similitude
des triangles MDM' et THZ, il vient : HZ. MM' = T Z. DM', où
HZ est constant – soit : k – et où la sécante MM' est assimilable
à l'arc $\overset{\frown}{MM'}$. Construisons le lieu des points V obtenus en
portant, parallèlement à l'axe des x, les longueurs YV = TZ. En
traduisant l'équation qui exprime la similitude des triangles,
nous avons : la longueur de l'arc plan considéré $\overset{\frown}{MM'}$ s'obtient
en divisant par la constante k = HZ l'aire curviligne comprise
entre YY' et le lieu de V. Mais comment mesurer une aire
curviligne ? – 3) Troisième conséquence : la quadrature des
figures courbes se ramène au problème inverse des tangentes.
Par la similitude des triangles M'DM et P'X'M', on a :
X'P'. MD = X'M'. DM'. En désignant par n, n'… la sous-
normale (XP, X'P'…) correspondant à M, M'… : n. dx = y. dy
[équation (I)]. Ce que nous désirons connaître est l'aire sous la
courbe (C), dont chaque rectangle XMDX' représente une aire
différentielle, en sorte que l'aire cherchée est $S = \int_0^x y.\,dx$, ou

$\int_0^x f(x)\,dx$. Prolongeons YM jusqu'à sa rencontre au point L avec la parallèle OL à la tangente TM. Le lieu des points L sera une courbe (L) associée à (C). La similitude des triangles OYL et XMP montre que $\frac{XP}{XM} = \frac{OY}{YL}$. Partons d'abord du cas particulier où OY=YL. Alors, n = y et – équation (1) – : y. dx = y. dy. Cela signifie : d'une part, que l'aire sous la courbe (L) est égale à l'aire sous la courbe (C), soit, en posant ON=q, que $\int_0^q$ y. dx (courbe L) = $\int_0^x$ y. dx (courbe C); d'autre part, pour la courbe (L), que $\int_0^q$ y. dx = $\int_0^y$ y. dy. Il en résulte que l'aire cherchée, $S = \int_0^x$ y. dx sous la courbe (C) sera égale à la sommation $\int_0^y$ y. dy de la courbe (L). Opérer cette sommation revient à calculer la somme | triangulaire : dy + (dy)² + (dy)³ + (dy)⁴ …; elle **88** engendre l'aire comprise, entre les OL et l'axe des y; et, puisqu'on a toujours OY=YL, elle est égale au triangle rectangle isocèle OYL, moitié du carré OYLN, donc à $\frac{1}{2}$ y². Dans le cas particulier considéré, l'aire comprise sous la courbe (C) définie par y=f(x) est égale à $\frac{1}{2}$ y². *Cas général*: une manière de calculer $\int_a^b f(x)\,dx$ consiste à trouver une courbe dont la sous-normale n=f(x). L'intégrale[1] cherchée sera : $I = \int_a^b$ y. dx = $[\frac{1}{2}$ y² $]_a^b$. Mais ce pas décisif ne touche pas encore au but : reste à forger un algorithme. Depuis on retour, d'Angleterre, Leibniz étudié les auteurs sous la direction de Huygens : Saint-Vincent, Mercator, Barrow, Pascal; il s'initie enfin à l'Analyse de Descartes (M V, 405). Il voit qu'une valeur, numérique ou linéaire, s'exprime *analytiquement* par une *quantité* (nombre rationnel, irrationnel ou algébrique) ou *arithmétiquement* par une *progression continue* (M V, 96). En outre, l'analyse est double : *algébrique*, lorsque ses équations sont résolubles par des radicaux; *transcendante*, lorsque les équations sont de degré indéfini, par exemple : $x^x + x = n$ (*ibid.*, 120). Mais, d'une part, l'analyse de Descartes est uniquement algébrique; on ne peut traiter des courbes transcendantes ou

---

1. Le terme d'intégrale est dû à Bernouilli (M V, 408).

mécaniques. D'autre part, on n'a encore que des procédés spéciaux pour aborder certains problèmes d'analyse transcendante : par de tels procédés, G. de Saint-Vincent avait trouvé le développement $\frac{x}{1+x}=1+x+x^2+x^3+x^4+\ldots$ et Mercator le développement de $\frac{1}{1+x}=1-x+x^2-x^3+x^4-x^5+\ldots$ (*ibid.*, 383). On devine par là le projet de Leibniz : fonder une méthode *générale* d'analyse qui 1) l'emporte sur la méthode cartésienne en abordant aussi les transcendantes, 2) et donne une règle unique pour tous les cas de l'Analytique transcendante.

C'est à son retour d'Angleterre (MV, 404) qu'il voit le triangle arithmétique de Pascal. Il s'en inspire pour construire **89** un triangle harmonique, dont la série fondamentale est | celle de la progression harmonique : $\frac{1}{1}, \frac{1}{2}, \frac{1}{3}, \frac{1}{4}, \frac{1}{5}, \frac{1}{6}, \ldots$ Tandis que, dans le triangle arithmétique, une série donnée est sommatrice de la série immédiatement précédente et différentielle de la série immédiatement suivante, c'est l'inverse qui se produit dans le triangle harmonique. En combinant les deux triangles, Leibniz obtient les sommations de séries fractionnaires ayant 1 pour numérateur et, pour dénominateur, les séries du triangle arithmétique (*ibid.*, 405). Fin 1673, début 1674, il fait sa première découverte mathématique au sujet de *la quadrature du cercle, de l'ellipse et de l'hyperbole*. Il y parvient, d'abord en appliquant les remarques sur le problème inverse des tangentes (l'intégration) dont la figure de Pascal a été l'occasion. Prenons pour axe des x le diamètre AA' = 2 du cercle C, et, pour axe des y, la tangente au point A. Soit Z – coordonnées : z, x – le point obtenu en menant, du point t, intersection de l'axe des y avec la tangente en M (y, x), la parallèle à l'axe des x jusqu'à l'ordonnée MX. Le point M est choisi sur le premier quadrant. L'aire comprise sous le lieu des Z – courbe (Z) – est égale au double de l'aire limitée par arc circulaire $\overset{\frown}{AM}$ et $\overline{MA}$[1]. Il reste donc à calculer $\int z\,dx$, ou son complément $\int x\,dz$. On voit facilement par le théorème de Pythagore et la similitude de triangles que : $z^2 = x^2 + (y-z)^2$ et $y = \frac{x}{z}$, d'où l'on tire : $x = \frac{2z^2}{1+z^2}$, ou $\frac{x}{2} = z^2\frac{1}{1+z^2}$. Leibniz s'inspire alors de Mercator, remplaçant x par x^2 dans le développement de $\frac{x}{1+x}$ et parvient de la sorte à exprimer la valeur de π par l'expression arithmétique $\frac{\pi}{4} = \frac{1}{1} - \frac{1}{3} + \frac{1}{5} - \frac{1}{7} + \ldots$ Poursuivant la recherche d'un algorithme et retenant visiblement la leçon | de Descartes, il remplace les nombres par des symboles : un **90** nombre entier de la série naturelle sera symbolisé par x, un nombre carré par x^2, un nombre cubique par x^3, un nombre triangulaire – 0, 1, 3, 6, 10 … par $\frac{x(x+1)}{1.2}$, un nombre pyramidal – 0, 1, 4, 10, 20 – par $\frac{x(x+1)(x+2)}{1.2.3}$, et ainsi de suite. Par cette *généralisation* du calcul *numérique*, une série étant donnée, il en trouve la série différentielle ou sommatrice (*ibid.*, 405). Il la trouve aisément tant que x lui même n'est pas en dénominateur ou en exposant, comme dans une progression géométrique (*ibid.*, 406-407). Cette difficulté vaincue, il est à même d'appliquer son calcul aux figures. Il passe ainsi du calcul des différences et des sommes au calcul différentiel et intégral proprement dit. Or, le calcul différentiel lui apparaît étonnamment (*mirum in modum*) plus aisé que celui qu'on fait sur les nombres, parce que les différences infiniment petites *dx* et les variables *x* sont *incomparables*, dans le sens, expliquera-t-il en 1701, que la terre n'est qu'un point comparée à la distance des fixes (M V, 350). Or, chaque fois que l'on associe par addition ou soustraction des valeurs incomparables entre elles, les plus petites s'évanouissent en comparaison des plus grandes ; et, de là, il devient aussi facile de différentier les quantités irrationnelles (comme *e*) que les sourdes (les racines), puis, par les

---

1. Il suffit, pour le voir, de considérer le triangle caractéristique MM'D et de mener Ah, hauteur du triangle AMM'. La similitude des triangles MM'D et Ath donne : z. dx (élément d'aire sous la courbe Z) = 2. MM'. AH, c'est-à-dire 2 fois le triangle AMM', élément de l'aire $\overset{\frown}{AM}$, $\overline{MA}$.

logarithmes, les exponentielles. Leibniz observe que les lignes qui deviennent infiniment petites ne sont que des différences momentanées des lignes variables (*ibid.*, 407-408). Cette remarque lui suggère sa notation dx, d^2x, d^3x, ... en regard de x, x^2, x^3 ... Dès lors, les courbes que Descartes excluait de la Géométrie, comme mécaniques, peuvent se mettre en équation, être soumises au calcul, et voilà l'esprit libéré d'une attention soutenue aux figures. $\sqrt{d^2x + d^2y}$ représentera un élément de courbe ; ydx un élément d'aire ; $\int ydx$ et $\int xdy$ seront complémentaires, d'où $xy = \int ydx + \int xdy$, etc. Le 29 octobre 1675 et le 11 novembre, Leibniz a mis au point l'algorithme intégral et différentiel [1].

91		| Ces recherches de Mathématiques nourrissent naturellement les réflexions sur l'infini et Leibniz fixe à ce propos ses conceptions définitives. Première conclusion : il y a *un faux infini, c'est l'infini quantitatif*, qu'il se présente sous sa forme géométrique ou sa forme arithmétique. Les infinitésimales ont un rôle heuristique, ce sont des auxiliaires de l'invention des abrégés d'énonciations (Jag 62) qui disparaissent dans le résultat et doivent en disparaître pour que le calcul garde son entière rigueur : « J'admettrais bien ces espaces et temps infiniment petits en Géométrie pour faciliter l'invention, bien qu'ils soient imaginaires » (Cout *Op*, 621). À juger autrement, on aboutit à des concepts contradictoires : le plus grand nombre, la plus grande vitesse, etc. (Jag 8, 96, 122, 124). On se heurte à des paradoxes (*ibid.*, 84-92) : par exemple, que l'on confonde les infinitésimales avec des minima arrêtés, il faudra dire que la diagonale d'un carré est égale au côté (*ibid.*, 24). D'ailleurs., un infini quantitatif serait inconciliable avec le mouvement, une ligne infinie ne pouvant être qu'immobile : soit A, B deux sécantes interminées ; B a une portion interminée au dessus de

1. Les *Réflexions sur la Métaphysique du Calcul infinitésimal*, de Lazare Carnot (1797), constituent un des meilleurs commentaires de l'invention leibnizienne.

A ; faisons tourner B jusqu'au parallélisme avec A ; à l'instant du parallélisme, la droite B devrait ou bien ne pas avoir franchi l'espace entre parallèles, ou bien être et ne pas être en même temps dans cet intervalle : hypothèses contradictoires (Cout *Op,* 149). Enfin, nous le savons, les infinis mathématiques sont des incomparables, en ce sens que le diamètre d'un grain de sable est incomparable à celui du globe terrestre : ils ne sauraient donc, relatifs aux termes de comparaison, avoir de valeur absolue. Il résulte de tout cela que le véritable infini sera qualitatif.

Or, en Mathématiques mêmes, on dépasse la quantité. Elle y est support de rapports. Le vrai et le faux infini s'y pénètrent intimement. Sans doute : les rapports ne sont pas des êtres réels : *Numeri modi, relationes non sunt Entia* (Jag 8). Mais l'esprit qui les pose y fait l'expérience d'un infini pouvoir de les reproduire et de les multiplier. Lorsque l'on définit *dx* comme quantité plus petite que toute quantité assignable, contrairement aux apparences du langage, ce n'est point la petitesse quantitative de *dx* qui nous intéresse, allons plus loin : on ne la considère même pas, puisqu'elle doit pouvoir varier sans rien changer aux quantités dont on cherche la relation. La définition de *dx* revient à affirmer qu'on peut toujours | situer **92** une valeur entre zéro et une valeur assignable. Il n'y a là qu'un rapport d'ordre ; rapport qualitatif où s'exprime à la fois la nature de la Raison et son pouvoir illimité de récurrence. Par là s'exprime encore sa fécondité : s'il y a la relation *c* entre *a* et *b*, on pourra former d la relation entre *a* et *c*, et ainsi de suite à l'infini (Grua 266). Certes, tous les possibles ne sont pas compossibles et le possible est plus large que le réel (Jag 28) : mais le pouvoir combinatoire témoigne d'une inépuisable puissance et ouvre sur le réel même l'infinité des points de vue.

Néanmoins, il est clair que nous n'avons pas atteint l'infini et qu'en prolongeant une ligne, en divisant des intervalles en intervalles, en comptant, nous ne dépassons pas l'indéfini.

C'est qu'il serait contradictoire de rejoindre l'illimité par des limites : même pour Dieu il n'y a pas le plus grand de tous les nombres (Cout *Op,* 612). Limiter, c'est modifier et jamais la modification ne donne le modifié total : le mouvement le plus rapide est impossible parce que le mouvement est une modification, et qu'il ne peut y avoir un mouvement de la totalité (Jag 124). Limiter, c'est instituer des *coupures* – comme le disent aujourd'hui les mathématiciens – donc introduire le discontinu et des parties : le nombre maximum n'existe pas, parce que le nombre est un discontinu où le tout n'est pas antérieur aux parties (Jag, *ibid.*). Limiter, c'est enfin s'enfermer dans le relatif. D'où résulte que l'infini doit être sans limites, indivisible, continu, antérieur aux modifications et être le Tout absolu.

Notre limitation de créatures nous interdit d'en embrasser l'idée distincte, mais, par l'expérience même de la limitation, par l'au-delà que comporte tout en-deçà, nous en garantit la présence. Il ne nous est pas inconnu. Il se projette en nous. Nous le saisissons sous deux formes – deux expressions – : qualitative et quantitative. Qualitative par le Cogito et par le sentiment de l'existence : le *hic et nunc* de tout existant enveloppe l'infini (Grua 537) ;

> Nous ne pouvons concevoir parfaitement les sensibles, parce que les infinis concourent à leur constitution à cause de la divisibilité à l'infini du temps et du lieu. D'où résulte que la perception de la qualité sensible n'est pas une perception, mais un agrégat d'infinis : *aggregatum infinitorum* (Jag 98) ;

comme il n'est pas croyable que l'effet de toutes les perceptions doive s'évanouir, alors que | l'effet de toutes les autres actions dure toujours (Jag 110), ce principe de conservation des souvenirs implique l'infini du temps, et l'inconscient – que Leibniz étend de plus en plus dans son système – est omniscience confuse de tout ce qui a lieu au monde (Cout *Op,* 10). L'autre expression de l'infini est l'expression quantitative

dont les Mathématiques fournissent les plus purs exemples,
soit qu'elles traitent d'étendue, soit que, d'un mouvement
réglé, elles analysent jusqu'à l'infinitésimal une fonction
continue entre deux limites. Sans ces pensées sur les séries, les
asymptotes, etc. nous ne connaîtrions rien d'assuré sur Dieu,
écrira plus tard Leibniz. (PIV, 360). Seulement, il ne faut pas
confondre l'exprimé et son expression, le signifié et son signe.
Si le signe – sensation, image ou symbole – se donne toujours
dans l'espace, le signifié en lui-même n'est pas représentable,
nous ne l'appréhendons qu'analogiquement et jamais dans son
absolu : par exemple, du cercle, nous n'avons pas l'idée que
Dieu a, nous n'avons que l'image et la définition ou ensemble
de caractères » (Jag 4-6). *A fortiori*, du Parfait, c'est-à-dire de
l'infini. Toute représentation spatiale, toute représentation
numérale n'est à l'égard de l'infini qu'une manière de parler,
et le tout absolu est purement qualitatif. Leibniz le proclame
avec force : « Puisque le nombre de tous les nombres est
contradictoire, il est manifeste que tous les intelligibles ne
peuvent constituer un Tout. Car la multitude de ses parties
serait un nombre » (*ibid.*, 8). Il serait aussi vain de vouloir
dénombrer les âmes que les idées d'une pensée ou les gouttes
d'un fleuve : les âmes ne sont innombrables ou en nombre
infini qu'en tant qu'on ne peut les soumettre à la catégorie du
nombre. Les unités métaphysiques – indivisibles, indiscernables, individuées par leur position – ne sont pas des unités
mathématiques – divisibles, identiques, indifférentes à la
position (*ibid.*, 122).

Ainsi, il n'y a réellement qu'un infini : Dieu. La Perfection
est qualité. Il arrivera à Leibniz d'énoncer en mathématicien le
principe de perfection (P VII, 272) ; mais on ne doit pas oublier,
ainsi que le fait Couturat (*Log*, 230), le texte symétrique (*Théod.*
II, § 213) qui rétablit la perfection dans sa vérité qualitative.
L'infinité des créatures reflète l'infini de Dieu : par là, elle
aussi est réelle. Mais tout ce qui est quantitatif n'est qu'image

de l'infini. C'est pourquoi, à mesure qu'il approfondit les
94 Mathématiques, Leibniz devient de plus en plus | prudent dans
leur application à la Métaphysique de la nature (Cout *Op,* 621),
de l'âme et de Dieu (M I, 85).

Ses réflexions sur l'infini et sur le mouvement l'amènent peu à peu à désubstantialiser l'espace. Les *Elementa
Philosophiae Arcanae de summa rerum*, publiés par Ivan
Jagodinsky, montrent une pensée en pleine évolution, à
laquelle il ne manque guère, pour parvenir à la Monadologie,
que de fonder sa Dynamique (1676-1679) et, avec elle, la
doctrine de la notion complète, dont l'achèvement aura lieu en
1686 par l'analyse des notions existentielles et des vérités
nécessaires.

Dieu est. Être et agir sont synonymes pour une substance.
Rien en Dieu qui ne soit action. Les Idées de son Entendement sont des tendances réglées par le principe d'harmonie ;
sa Volonté est une tendance à créer le maximum d'essence
(Jag 28) : des deux côtés, une expansivité spirituelle qui constitue un *Expansum* ou *Immensum* (Jag 28, 132) infini. Quoique
nous soyons prisonniers de l'espace et du temps, nous pouvons
comprendre cela grâce à l'analogie que notre pensée discur-
sive soutient avec la pensée intuitive de Dieu (Grua 266).
Penser, c'est lier des idées. Or, une idée ne se distingue que par
les limites idéales qui en permettent l'intuition et la définition.
Cette limitation, corrélative d'une expansivité spirituelle,
nous laisse pressentir ce que signifie l'*expansum*. Mais nous ne
saurions l'embrasser, parce que nous ne pouvons nous empêcher d'*imaginer* une limite, nous ne concevons pas clairement
l'infini, en sorte que nous n'avons pas du cercle, par exemple,
la même idée que Dieu (Jag 4-6, 48). En nous, d'ailleurs, l'idée
passe de la puissance à l'acte, tandis qu'en Dieu elle ne peut
être qu'en acte : ce qui, en Dieu, tient lieu analogiquement du
passage à l'acte, c'est la création. On entend donc d'abord par
Immensum que Dieu est le sujet de toutes les idées distinctes ou

définies, le sujet de toutes les formes absolues possibles (*ibid.*, 126), et, par *Expansum*, qu'il tend à les réaliser. Et, puisque Dieu est antérieur à sa Création, l'*immensum* est antérieur aux figures, de même que l'intelligence divine est antérieure à nos idées : l'*immensum* est pour lui ce que deviendra l'espace pour nous (*ibid.*, 126). Mais penser, c'est aussi être présent à ce qu'on pense. Les *Démonstrations catholiques* de 1668 s'appuyaient sur cette ubiquité de la pensée pour prouver la possibilité de la Transsubstantiation : | l'esprit peut penser plusieurs idées **95** ensemble, il peut donc par son opération être en plusieurs lieux à la fois : *Mens potest plura simul cogitare – Mens igitur potest per operationem in pluribus locis esse* (R VI, 510). L'*immensum*, c'est Dieu considéré en son ubiquité spirituelle (Jag 122, 124, 132), en son omniprésence une et indivisible qui persiste sous les changements spatiaux (*ibid.*, 132), en sa forme affirmative absolue (*ibid.*, 124) qui en fait l'Être des êtres.

Les choses tirent leur origine de Dieu à la façon dont les propriétés logiques tirent leur origine d'une essence. De $1+1+1+1+1+1$, l'essence du sénaire, les propriétés $6=3+3=3$. $2=4+2$, etc., offrent autant d'expressions, différentes : celui qui pense seulement 6 unités ensemble ne pense ni au ternaire ni au binaire, encore moins à la multiplication. « De même donc que ces propriétés diffèrent entre elles et de l'essence, de même les choses diffèrent entre elles et de Dieu » (*ibid.*, 130). Autre comparaison : les points de vue sur une ville (*ibid.*, 122). La combinaison des formes simples en Dieu engendre les essences (*ibid.*) dont l'infinie variété s'exprime dans la Création.

La création comprend d'abord des substances intellectuelles. Agir, pour elles, ce n'est plus créer, mais penser, et informer les corps auxquels elles seront unies. Comme, en vertu du principe d'harmonie, *Existere nihil aliud esse quam Harmonicum esse* (*ibid.*, 32), elles composent un tout cohérent ; elles sont à la fois harmoniques et harmonisantes. Un ordre double de co-existence, des percevants et de leurs perceptions (au sens large : *cogitare seu percipere*, 130), détermine la Création. Ordre logique. Ce qui distingue une pensée d'une autre, ce n'est pas sa nature, mais l'ordre des idées qui en constituent l'essence ; ce qui distingue une substance d'une autre, c'est sa *situation* dans le contexte rationnel de l'univers, sa situation l'individue. Ce *Situs*, forme simple avec la *Perceptio* (*ibid.*, 120), se traduira pour nous par le *hic et nunc* : en soi il est une propriété logique et non spatio-temporelle. Le passage de la *Confessio philosophi* (1672-1673) qui cherche un principe d'individuation par l'espace et le temps (F. de C., *Mém.*, 99-100) au *De principio individui* (avril 1676) qui individualise la matière par l'esprit (Jag 44 *sq.*) marque le progrès de la désubstantialisation de l'espace dans le leibnizianisme et l'on ne peut, devant ces dates, douter de l'influence des mathéma-

96 | tiques. | Être limitée, située, individuée est un *état* que reçoit la substance ; et cet état est quelque chose d'absolu, non seulement parce qu'il est fondé dans l'entendement divin, mais encore parce qu'il est logiquement antérieur – la substance est possible avant d'être réelle – aux modifications, c'est-à-dire aux actions de la créature. Ces actions sont des perceptions. Et toute perception est relative au point de vue, ou *situs*, qui individue la substance : sauf la pensée de Dieu, absolue parce qu'elle embrasse le tout, la pensée des esprits doit d'être relative à sa limitation (*ibid.*, 128). Il va enfin de soi que, points de vue divers sur la même réalité, les perceptions s'harmonisent.

Si les substances matérielles ne diffèrent pas en genre (*mens*), leur différence spécifique (*momentanea*) les prive de mémoire et de réflexion. Tandis que les Esprits peuvent progresser en science et que, sans doute, leur perfection totale ne cesse de croître, les substances matérielles sont incapables de progrès : voilà pourquoi, *a priori*, le total de force – potentielle et actuelle – de l'univers physique se conserve (*ibid.*, 126-128).

Dieu n'eût pas accompli œuvre plus parfaite en augmentant les substances matérielles : mais il avait besoin de la matière pour que les Esprits perçoivent du divers (*ibid.*, 130). Ces Esprits ont la conscience – essentielle à la mémoire intellectuelle (*ibid.*, 108) – de l'unité et de l'identité qui leur révèlent la nature temporelle de leur moi ; présents, par la mémoire réfléchie, à ce que leurs sens ne perçoivent plus, ils conçoivent les négatifs, (*ibid.*, 8, 130). Au contraire, les substances matérielles, impuissantes à se connaître, ne peuvent être objets que pour des sujets connaissants ; elles ne peuvent même être pour eux que des choses puisque, non raisonnables et vouées à l'instant, elles sont des irrationnels par où s'expliquent les qualités sensibles (*ibid.*, 130). Enfin, loin de pouvoir agir sur soi, elles n'ont d'autre action que de résister au changement : si l'Esprit ne les tiraient de leur torpeur, elles s'équilibreraient dans une inertie uniforme.

Mais parler de *momentané* présuppose le temps. Comment apparaît-il ? Antériorité, postériorité logiques ne sont pas temporelles : la conclusion est impliquée dans les principes ; un Esprit intuitif l'y découvre en un seul regard et, tout étant lié dans le système universel, Dieu, dans la moindre des substances, aperçoit immédiatement l'ensemble de la Création. Dieu est en dehors du temps, parce qu'il est infini. Il en va | autrement pour la créature finie. Être, agir, percevoir, ne 97 faisant qu'un pour elle, elle possède nécessairement une tendance à l'acte, un *Conatus* lié au point de vue qui l'individualise, réglé par l'ordre rationnel des autres *situs*. Mais, de toute évidence, il appartient à la nature d'un Esprit perfectible, qui n'est qu'en agissant, de tendre à expliciter le contexte universel qu'enveloppe sa perception ; et expliciter ce contexte, c'est passer de principes à conséquences. Inutile pour l'Esprit infini, cette explicitation devient inévitable pour un esprit fini : antériorité et postériorité logique se temporalisent pour lui. Pourtant, qu'on ne s'y trompe pas. Le temps n'est pas réel, il n'agit point, ce n'est pas une substance, il garde un caractère idéal, c'est une relation. Car la durée ne dure pas, ce qui dure c'est le sujet : *Cogitatio non est duratio, sed cogitans est durans* (*ibid.*, 96). Durer, agir sont synonymes (*ibid.*, 126). Dieu dure éternellement, parce qu'il agit absolument (*ibid.*, 122); nous durons temporellement, parce que nous n'agissons, pensons, que relativement à notre point de vue.

Il en résulte que le mouvement n'est qu'une apparence physique. Métaphysiquement, il n'a de sens qu'à la manière dont on parle du mouvement d'une pensée. Comme la matière physique; le mouvement se résout en *intellectionem quandam generalem* (*ibid.*, 50). Il suffit à l'esprit de former une relation et de la maintenir dans la variété pour imiter le mouvement continu : par exemple, quand nous passons, dans la méthode d'exhaustion, du polygone au cercle (*ibid.*, 82). Mais cela. ne se peut, ajoute Leibniz aussitôt, que par un abus d'imagination. Il entre de l'imaginaire dans le mouvement, car l'infinie variété du monde ne souffre pas la répétition identique. Toutefois, l'origine du mouvement ne réside pas seulement dans l'esprit percevant. Leibniz se souvient d'Aristote : la sensation, acte commun du senti et du sentant. Dieu a ordonné les substances et nous devons, de notre point de vue, nous soumettre à cet ordre qui s'exprime dans notre perception. Apercevoir un mouvement, c'est suivre la loi générale, l'*intellectionem generalem* que Dieu a instituée dans le monde. Ainsi revenons-nous aux mêmes conclusions : le temps, le mouvement, la matière physique ne sont que rapports idéaux qui tirent leur réalité de l'esprit qui les pense.

L'ensemble des substances constitue l'*Extensum*. L'extensum n'est pas l'étendue, *quia non potest continuum quoddam componi ex mentibus* (*ibid.*, 128) : Dieu harmonise les substances en tout formel indivisible (*ibid.*, 130), comme est indivisible la synthèse elle-même par laquelle nous unissons les unités d'un nombre, mais les nombres réels n'en restent pas

98

moins des quantités discrètes. D'ailleurs, les unités métaphysiques ne sont pas étendues. Leur unité est celle d'une forme. Il n'y a donc dans l'extensum, antérieure à l'étendue, que l'*impénétrabilité* qui fait de chaque substance une substance *une*. Mais si l'extensum n'est pas l'étendue, il la fonde. Elle naît à la fois de la confusion inhérente à un esprit fini et de son pouvoir de penser une loi générale dans la variété. En tant que l'étendue exprime des situs de substances, elle est elle-même un état, donc quelque chose d'absolu (*ibid.*, 128). En tant qu'elle les exprime confusément et qu'elle implique temps, matière, mouvement, elle comporte l'imaginaire de tout continu, soit que nous le considérions dans la qualité sensible, soit que nous nous tournions vers les abstraits mathématiques.

L'extensum fonde aussi l'espace. Si elles étaient seules au monde, les substances matérielles, en équilibre d'inertie, produiraient un fluide immobile qui ne se distinguerait pas d'un espace vide (*ibid.*, 14). Il faut que l'Esprit les informe. Organisées par une *Mens*, elles se groupent en étendue pour des esprits finis qui perçoivent dans l'étendue. Cette étendue organisée propose une figure. Mais, *in concreto*, la figure est un champ de forces : des *Conatus* qui en font l'impénétrabilité – laquelle, jointe à l'extension, nous donne la masse étendue (*Massa*) – et de l'interaction des *Conatus*, qui engendre la masse pesante (*Moles*). Ce n'est qu'avec l'intervention de la masse étendue et de la masse pesante que nous pouvons parler d'espaces (*ibid.*, 132). En effet, le *situs* devient désormais le *locus*. La situation de la substance n'est pas une localisation spatiale. Le situs est indestructible, il est logiquement antérieur au mouvement, c'est une forme simple pour laquelle, par conséquent, la notion d'intervalle n'aurait aucune signification : au contraire, le lieu est destructible (*ibid.*, 126), il vient après le mouvement, il constitue un intervalle infinitésimal. Qu'on se rappelle le triangle caractéristique : à la tangence, il semble se fondre en un point, mais ce point est un triangle embryonné – triangle aux sommets indistants dont les distances reparaissent dans l'opération inverse de tangence (cf. les réflexions de Leibniz sur l'angle et le sinus, *ibid.*, | 60, 120). Comme, d'ailleurs, le triangle est caractéristique d'une courbe et de chaque point de la courbe, il est clair que ces points, identiques en apparence, sont, chacun, caractéristiques[1]. Ainsi peut-on comprendre qu'il n'y ait pas deux lieux identiques dans l'univers : c'est le principe des indiscernables. Qu'à la place de lignes on pense aux conatus : le conatus constitutif des corps peut être embryonné à l'infini, et il n'y en a pas deux identiques ; cet embryonnement donne le repos apparent, mais, sous cette apparence, le conatus corporel reste toujours accompagné de mouvement. De telles réflexions sur l'infinitésimal – que Leibniz oppose à l'indivisible de Cavalieri (*ibid.*, 34-36) – conduisent naturellement à lier, dans l'explication des solides, la fluidité de l'*Hypothesis physica nova* à l'élasticité, puisque le lieu, loin d'être une forme simple, est infiniment divisible. Le mouvement ne se définit plus par une *mutatio spatii* rattachée à la substantialité de l'espace, mais par la *mutatio loci* (Cout *Op,* 599) ; et, comme il n'y a pas de repos, être dans un lieu, c'est le traverser (Jag 26).

L'agrégat des lieux-intervalles, ou espaces, donne l'espace universel. Mais on a vu que les lieux ne sont pas identiques, qu'ils ont plus ou moins de tension, les conatus qui les habitent étant développés plus ou moins. En outre, pour que

1. « ... si agir uniformément est suivre perpétuellement une même loi, d'ordre ou de continuation, comme dans un certain rang ou suite de nombres, j'avoue que de soi tout être simple, et même tout être composé agit uniformément ; mais si uniformément veut dire semblablement, je ne l'accorde point. Pour expliquer la différence de ce sens par un exemple : un mouvement en ligne parabolique est uniforme dans le premier sens ; mais il ne l'est pas dans le second, les portions de la ligne parabolique n'étant pas semblables entre elles, comme celles de la ligne droite » (P IV, 522). Si Leibniz n'a pas exploité davantage cette comparaison si claire, c'est sans doute parce qu'il ne pouvait citer que la parabole comme courbe n'ayant pas deux tangentes parallèles.

le mouvement concret soit possible, il faut qu'il y ait du fluide et du solide (*ibid.*, 30). Le solide, plus parfait que le fluide parce qu'il contient plus d'essence (*ibid.*), est l'agrégation de substances matérielles par l'esprit qui les meut et qui en fait la cohésion : *omnia solides esse quadam mente informata* (*ibid.*). Cet esprit est celui des âmes raisonnables pour les corps des êtres raisonnables. Pour tous les autres corps, l'Esprit divin les meut et organise. Sous le même esprit ne persistent pas toujours les mêmes substances ; dans un organisme, les cellules | se renouvellent : aussi, à Spinoza qui fait de l'âme l'idée 100 du corps, Leibniz objecte-t-il que la même âme ne garde pas le même corps (*ibid.*, 128) et plutôt affirmerait-il que le corps est l'idée de l'âme ; en d'autres termes : qu'il l'exprime. L'esprit animant les substances de mouvements tourbillonnaires (*ibid.*, 32, 128), de telles trajectoires ne peuvent occuper tout le continu spatial (Cout *Op,* 10-11) : entre les solides prend place, non, sans doute, le vide – Leibniz hésite encore à rejeter entièrement l'hypothèse du vide physique – mais le fluide. Multitude infinie de points infinitésimaux (Jag 30), le fluide se résout en substances matérielles dont les conatus, pour ne pas être informés en corps par un esprit, restent embryonnés et n'opposent, par conséquent, qu'une résistance inassignable. Continu mais non uniforme, tissé de lieux infiniment divers tendus ou relâchés, mouvant, l'espace universel est comparable à un filet, avec ses vides et ses pleins, épousant continuellement de nouvelles formes (*ibid.*, 132). Son fondement est l'extensum dont il est un mode : il en diffère comme le divisible de l'indivisible, le muable de l'immuable (*ibid.*, 130). Or, l'extensum est harmonique. Il en résulte que l'espace est ce qui fait que plusieurs perceptions sont simultanément cohérentes entre elles (*ibid.*, 114).

> De là suit encore qu'il pourrait exister une infinité d'autres espaces et de mondes entièrement différents ; ils n'auraient

à être à aucune distance de nous si les esprits les habitant avaient des apparences sans rapport avec les nôtres. Exactement comme le monde et l'espace des songes diffèrent de notre monde de veille, il pourrait y avoir en lui d'autres lois du mouvement (*ibid.*, 114).

Ces espaces n'auraient pas nécessairement longueur, largeur et profondeur (*ibid.*, 120). De même qu'à mesure que nous nous éveillons nos représentations deviennent de plus en plus cohérentes, de même, à mesure que nous nous éveillerons du songe de la vie terrestre, nous nous élèverons à un monde de plus en plus parfait. Demander s'il existe un autre monde, un autre espace, revient à demander s'il existe d'autres esprits sans communication avec nous (*ibid.*, 114, cf. aussi 36). La possibilité d'une congruence infiniment progressive de ce que nous sentons prouve que notre monde, notre espace sont infinis et éternels (*ibid.*, 36). On voit donc que l'espace garde un caractère idéal, puisqu'il pourrait être tout autre et qu'il dépend des rapports du contexte universel : il n'apparaît concret qu'en tant 101 qu'espace | réalisé pour nous et par nous entre les espaces possibles. En tout cas, il a cessé d'être une substance dans le leibnizianisme : c'est un être par agrégation (*ibid.*, 126, 132); il manque à l'agrégat l'unité des substances (*ibid.*, 82).

Le dialogue *Pacidius Philalethi* (Cout *Op*, 594-627), écrit sur la Tamise au retour de Paris, résume la philosophie première du mouvement à la fin de la période parisienne (octobre 1676).

Première partie : postulons l'uniformité de l'espace, du temps et du mouvement. Le mouvement se définit par le changement de lieu. Il ne peut être, semble-t-il, que continu ou discontinu. Admettons qu'il soit continu. Du lieu p_1 à l'instant t_1, le mobile passe au lieu p_2 à l'instant t_2. Mais si les points p_1, p_2 sont contigus, il faut que la ligne de la trajectoire soit composée de points. Or, le nombre de points qui composent la trajectoire ne peut être fini – toutes les droites n'étant pas commensurables entre elles – ni infini car nous pouvons de chaque point d'une diagonale abaisser la perpendiculaire sur un côté, en sorte que des droites inégales auraient le même nombre infini de points. Dirons-nous que $p_1 \, p_2$ ne sont pas contigus ? Autres difficultés : ou bien le mobile sera au même instant dans l'intervalle et aux extrémités de $\overline{p_1 p_2}$, ou bien il se déplacera par sauts sans franchir l'intervalle : dans les deux cas, contradiction. Il semble que le mouvement ne soit pas continu. Supposons-le discontinu. Il sera coupé de repos. Mais, entre deux repos, que sera-t-il ? Continu ? Nous voici renvoyés aux premiers paradoxes. Discontinu ? Alors, il faut le recouper à l'infini par de nouveaux repos et nous n'aurons à la limite que du repos, c'est-à-dire que du néant. Nous n'avons plus d'autre ressource que d'abandonner le postulat qui nous a servi jusqu'ici.

Contestons l'uniformité de l'espace, du temps et du mouvement. Partons du mouvement. On peut le concevoir actuellement divisé en une infinité de mouvements différentiels. Ce qui implique que la trajectoire soit elle-même divisée en une infinité de trajectoires différentielles. Et, par suite, le temps en instants différentiels. Du coup, sans doute échappons-nous aux paradoxes de notre premier postulat : les différentielles ne sont pas des grandeurs fixes, mais fluentes, des limites (*indivisibilia sunt termini tantum*, 622) qui n'existent pas | avant d'être posées. Comme l'a dit Pacidius (614- **102** 615), on n'échappera pas aux paradoxes, que l'on parte, avec Gassendi, de la dureté infinie de l'atome ou, avec Descartes, de la fluidité infinie qui se résout en poudre (*in pulverem*) : cela revient toujours à vouloir composer la ligne de points, la durée d'instants discontinus et le mouvement de repos. Il faut partir d'une élasticité infinie, en sorte que la division du continu ne doit pas être considérée comme du sable en grains, mais comme un feuillet ou une tunique en plis ; bien que ces plis, en nombre infini, deviennent plus petits les uns que les autres, le corps ne se désagrège pas pour autant en points ou minima. Pas de pli, si petit soit-il, qui ne se subdivise en nouveaux plis. Aussi, reprend Pacidius (622), que l'on admire l'harmonie qui règne entre la matière, le temps et le mouvement :

> pas une portion de matière qui ne soit actuellement divisée en plus grand nombre de parties ; aussi bien, pas de corps, si exigu soit-il, qui ne renferme un monde de créatures infiniment petites. De la même façon, pas de partie du temps qui n'amène quelque changement ou mouvement en une partie ou un point quelconque du corps. Donc aucun mouvement ne dure identique à lui-même à travers un espace ou un temps si exigu soit-il ; donc l'espace et le temps seront, comme le corps, subdivisés en acte à l'infini.

Qu'il n'y ait pas deux êtres, deux points identiques, c'est le principe des indiscernables. Ce principe exclut le vide (623) – d'ailleurs contraire au principe d'harmonie (Jag 16, 28) – et les atomes déjà condamnés (614) par les paradoxes de l'infini. Et, le mouvement agitant jusqu'à la dernière parcelle de l'univers, il n'y a rien non plus dans la matière de torpide et, pour ainsi dire, de dépourvu de vie : *neque in materia torpidum atque ut dicam expers vitae* (623).

Dialogue important, peut-être capital : son application de l'Analyse au mouvement semble bien être le pas décisif qui introduit dans la Dynamique : « Lorsque j'étais en chemin pour revenir en Allemagne je m'exerçais en matière de mouvement et je tiens pour assuré – écrit Leibniz à Jean Berthet, l'année suivante – que non seulement les règles de M. Descartes mais encore toutes celles qui ont été publiées jusqu'ici et qui sont venues à ma connaissance, sont fausses en partie ». Sans doute, à la date du *Pacidius*, Leibniz n'a-t-il pas

103 encore | sa Dynamique ; toute parcelle de l'univers *est mue*, mais elle ne *se meut* pas ; en refusant la spontanéité à la matière, Leibniz la traite encore en mécaniste et non en dynamiste. Mais il n'est pas douteux non plus qu'à cette date la Dynamique n'ait été largement préparée durant le séjour à Paris. La fréquentation des savants, la visite des laboratoires donnent à notre philosophe un souci tout nouveau des sciences physiques et de la méthode expérimentale : qu'on se reporte, par exemple, à un fragment de mai 1676 (Cout *Op,* 93-94) qui souhaite une Encyclopédie d'expériences médicales pour alimenter l'invention de la Combinatoire Caractéristique; qu'on lise la *Consultatio de naturae cognitione,* décembre 1676 (K III, 312 *sq.*); que l'on poursuive la lecture de la lettre à Berthet sur l'établissement des lois du mouvement :

> Je vois moyen d'en venir à bout démonstrativement, mais il faut faire premièrement certaines expériences fondamentales que j'ai projetées. C'est ma manière de dresser un catalogue d'expériences à faire lorsque j'examine quelque matière de physique.

Nous voici loin de l'a priorisme qui, en 1669, laissait Leibniz recopier les lois de Huygens – celle, en particulier, que le produit de la masse par le carré de la vitesse se conserve avant et après le choc (Kab 136) – sans en mesurer l'importance. Or, c'est précisément avec Huygens que Leibniz travaille à Paris; il y écrit un *De conatu* qui ne nous est point parvenu (P I, 424), un *De motu* en avril 1675; il connaît Mariotte dont le *Traité de la percussion* (début 1676) montre que sans l'hypothèse de l'élasticité on ne peut expliquer toutes les lois du choc (*Journal des Savants,* 11 mai). Goût de l'expérience? Mais aussi mise au point des principes et de la méthode. S'il dit encore avec Descartes que la quantité de mouvement, *mv,* se conserve, c'est en un sens déjà bien différent. Ce principe, souligne-t-il, ne vaut que pour les phénomènes, il ne va pas au fond des choses : *res est ex phaenomenis ducta; sed cujus originem in ipsa natura ostendit nemo* (Jag 16); aussi devrait-il se déduire du grand principe d'harmonie (*ibid.*). Il ne saurait aller au fond

des choses, puisque l'espace n'est plus – contre Descartes –
une substance. Dès lors, le mouvement ne peut être que relatif.
Cela veut dire : 1) qu'il renvoie à un absolu, Dieu ; mais, selon
que nous considérons Dieu comme *Cogitatio* ou que nous le
visons à travers l'*Extensio* (*ibid.*, 124) que fonde l'*expansum* de
104   sa Toute-Puissance, le | mouvement nous renverra à l'*intellec-
tio generalis* qu'exige la loi d'harmonie et qui assiste tous les
corps dans la généralité de la loi des mouvements (*ibid.*, 50), ou
il nous renverra à l'*expansum* – *Motus corporis expansio est*
(*ibid.*, 22) – et, par là, pour parler le langage du physicien, à la
force : Leibniz va bientôt découvrir que l'expression physique
de cet absolu, c'est la force vive ; 2) phoronomiquement, le
mouvement est relatif parce qu'il n'est défini qu'à partir de
repères adoptés *ex hypothesis* ; il n'y a pas de mouvement
absolu, même circulaire (cf. Guéroult, 103) ; par conséquent, il
n'est pas nécessaire que la même quantité de mouvement se
conserve *comme l'entend Descartes* (Fouché de Careil ne nous
semble pas avoir compris ce passage, *Mem.*, 315) : le mouvement dont il faut dire que la quantité se conserve, c'est le
mouvement respectif (*ibid.*, 50) ; il semble donc bien que
Leibniz, dès le 1er avril 1676, ait formulé les deux principes de
sa Dynamique qui concernent le relatif, car « Les principes de
conservation de la vitesse relative et de la quantité de direction
portent sur quelque chose de relatif » (Guéroult, 51). Ce n'est
pas tout. L'espace cartésien étant une substance matérielle,
son infinité, sa plénitude mise en mouvement par la chique-
naude divine sont matérielles. Rien de semblable chez
Leibniz : à s'exprimer avec rigueur, il n'a point d'infini
quantitatif, une ligne infinie ne pourra être qu'en repos et ne
pourrait donc être mue par l'impulsion divine : ce n'est pas le
tout qui se meut, mais, dans le tout, chaque parcelle, ce qui, à
cause de la respectivité du mouvement, exige une infinie
variété de mouvement (Jag 16-18). Par là-même, contre
Descartes, la plénitude entraîne une élasticité à l'infini. Du

même coup, nous retombons sur le principe de continuité. Les conséquences sont considérables. En premier lieu, l'Analyse infinitésimale devient l'instrument idéal pour l'étude du mouvement ; elle seule – c'est là la leçon du *Pacidius Philalethi* – nous permet d'échapper aux paradoxes du continu, car le continu est pour elle, non pas, au fond, celui d'une représentation spatiale, mais une *intellectio generalis* qui, imitant la *Mens* divine à la source du mouvement, règle et produit la fluence des quantités infinitésimales. Leibniz pose les bases de sa Dynamique lorsque, dans le *Pacidius*, il analyse la vitesse en différentielles : il lui suffira de passer de la différentielle à l'intégrale pour que l'intégration du *Conatus* lui donne la notion nouvelle d'*impetus*, c'est-à-dire | de force vive. En **105** second lieu, la confiance qu'il puise dans les succès de la continuité infinitésimale en géométrie l'encourage de plus en plus à l'appliquer à la Physique (Jag 36) : aussi, dès 1676, énonce-t-il le principe : *Effectus integer aequipollet causae plenae* (Grua 263) sur lequel il s'appuiera pour critiquer la conservation de la quantité de mouvement selon Descartes. On voit quel chemin a parcouru Leibniz depuis la *Confessio naturae* de 1668 : la mise en garde contre le mécanisme était alors plus religieuse que scientifique ; l'insuffisance d'une explication de la nature par grandeur, figure et mouvement se trouve désormais prouvée par la science même.

Mais cela ne signifie pas que la Théologie y perde. Car voici qu'aux jeux de Leibniz la science elle-même rappelle les causes finales. L'Analyse du mouvement vient de l'amener à conclure qu'il n'y a rien dans la matière de dépourvu de vie, *expers vitae*. Mais, dès mars 1672, le *Journal des Savants* retentit d'une nouvelle polémique suscitée par l'*Ostogenia Foetum et Anthropogenia ichnographia* où Theod. Kerckring soutient que l'homme naît d'un œuf. La thèse s'accorde trop bien avec les perspectives de l'infinitésimal, elle sert trop les intérêts de l'immortalité de l'âme pour que Leibniz ne l'adopte

pas : « Les âmes sont dans l'œuf humain, déjà avant la conception, et elles ne périssent pas, même si jamais ne suit la conception » (Jag 40). Par la théorie de l'emboîtement des germes, le
dynamisme leibnizien devient un vitalisme, et il le finalise.
Leibniz emportera dans ses manuscrits parisiens (Ravier,
Bibliogr., 29) le projet de l'article qu'il publiera en juin 1682
dans les *Acta Eruditorum : Unicum opticae, catoptricae et
dioptricae principium*. La lumière procède *via omnium facillima*, et cette voie la plus aisée est aussi la plus belle :

> Aussi errent-ils gravement, pour ne pas dire plus, ceux qui,
> avec Descartes, rejettent en Physique les causes finales, alors
> pourtant que, outre l'admiration de la Sagesse divine, elles
> nous offrent le plus beau principe pour trouver les propriétés
> même des choses dont la nature intérieure ne nous est pas
> encore assez clairement connue pour que nous puissions
> employer les causes efficientes les plus proches et expliquer les
> mécanismes que le Créateur a utilisés pour produire ces effets
> et atteindre ses fins (*Acta*, 186).

106 Ce finalisme | se confirme à la lecture de Platon. En mars 1676,
Leibniz traduit en latin le *Phédon* et le *Théétète* (F. de C. NO).
Le *Théétète* lui fournit argument contre tout empirisme qui
prétendrait réduire la science à la sensation et l'assure qu"il
n'est rien dans l'esprit qui ne vienne des sens, *sine intellectus
ipse*. Mais le *Phédon* surtout le transporte d'enthousiasme.
Outre les preuves de l'immortalité de l'Âme, il y recueille le
passage qu'il ne se lassera pas de citer, où Socrate rappelle
combien l'avait déçu Anaxagore ne parlant que d'éther, d'eau
et d'air, après avoir promis d'expliquer par l'Esprit l'harmonie
des choses. Anaxagore fait comme Descartes. Leibniz fera
comme Platon. Il ne se contentera pas d'affirmer, après tant
d'autres, que Dieu dirige le monde : il le prouvera par l'emploi
des causes finales en Physique. Et il le prouvera par des expériences, au lieu seulement d'invoquer les *vertus de la Scolas-*

tique. Ainsi, l'ordre des causes efficientes et celui des causes finales, c'est-à-dire l'ordre de la Nature et celui de la Grâce, s'expriment mutuellement. Tout se fait mécaniquement dans la Nature; mais le mécanisme lui-même exige, pour être fondé, un Dynamisme finaliste.

Les Cartésiens se voient encore pris « par un endroit où ils avouaient de ne pas avoir été attaqués » (à J. Berthet) : la preuve ontologique. Attaque préparée par de longues méditations sur l'*existence* et sur les *idées*.

Être et agir – et agir et penser – sont synonymes pour une substance. En ce sens donc les relations ne sont pas des êtres (Jag 8) : elles n'ont d'être que pour autant qu'elles sont pensées et seulement tant qu'elles sont pensées (*ibid.*, 78-80). Du moins en ce qui nous concerne. Pensée par l'Esprit créateur, la relation devient une réalité qui *unit* Dieu aux créatures, et, dans une substance, la forme à la matière : sur ce principe réel d'union, Leibniz n'a encore donné que les indications des *Demonstrationes catholicae*; il y reviendra, à propos du *vinculum substantiale*, dans sa Correspondance avec des Bosses. Par l'existence nous considérons l'Être dans sa durée. L'existence de la substance créatrice, c'est l'Être dans l'éternité; elle ne s'écoule pas, elle dure éternellement parce que Dieu est l'Agent, ou Pensant, absolu. L'existence de la substance créée s'engage dans le temps inhérent à sa limitation : la | créature, **107** dépendante, ne peut être qu'Agent ou Pensant relatif.

Comment connaissons-nous l'existence? Être, c'est pouvoir être perçu : *Esse nihil aliud esse quam percipi posse* (*ibid.*, 14) (Grua 268). La *perceptio* implique sujet et objet. Penser, c'est être conscient de soi et de son action : *se sentire... agere in seipsum, sive cogitare* (Grua 267). Dans l'intuition irréfutable de mon existence, je saisis l'unité et l'identité qui constituent mon être : ainsi, « l'idée de l'existence et de l'identité ne vient pas du corps, ni celle de l'unité » (Jag 130). Cependant, Descartes a tort de ne pas mettre, avec le *Cogito*, le *varia a me cogitantur* parmi les vérités premières (*ibid.*, 104, 130) : la *perceptio* ne saurait être (*ibid.*, 14) unité seulement, elle est unité dans la multiplicité ou, d'un mot, harmonie. Reste à savoir si quelque chose hors de moi répond aux apparences que j'en ai.

La sensation par elle-même ne le prouve pas : palais rêvé n'est point palais réel (*ibid.*, 10).

> Exister, ce n'est donc pas être senti : entre nos sensations vraies et fausses, la seule discrimination est que les sensations vraies s'accordent (*sunt consentientes*) ou que nos prédictions à partir d'elles sont vraies [...]. La sensation n'est pas l'existence des choses, puisque nous avouons exister ce que nous ne sentons pas. Poursuivons : la cohérence elle-même des sensations doit naître de quelque cause. L'existence est donc la qualité du sujet (connu) qui fait que nous avons des sensations cohérentes. D'où l'on peut encore comprendre que ce que nous ne sentons pas existe, puisque ladite qualité peut exister, bien que, par un défaut de notre part, les choses ne soient pas senties. Que les sensations elles-mêmes existent est indubitable pour nous, donc, aussi, le sentant et la cause de la sensation (*ibid.*).

Ainsi, nous ne pouvons douter ni de notre existence, ni de l'existence en général d'un être extérieur à nous. Mais nous pouvons douter de telle ou telle existence. D'une part, « des corps et de notre esprit l'être lui-même se dit équivoquement » (*ibid.*, 116). D'autre part, la congruence pouvant croître à l'infini, il y a pour nous des degrés infinis de l'être. L'existence du monde extérieur est infiniment probable, ce qui suffit pour la pratique : elle n'est pas absolument nécessaire, Leibniz ne cessera de le répéter (P IV, 356). En résumé, nous avons affaire à trois ordres de connaissance : 1) Nous connaissons notre propre existence | immédiatement, par intuition : elle n'a pas besoin de preuve ; 2) L'existence du monde extérieur n'est pas un prédicat comme les autres que nous puissions déduire, nous ne pouvons que l'inférer d'une congruence (Jag 106) : une proposition existentielle n'a de nécessité qu'hypothétique (*ibid.*, 32); 3) Reste l'existence de Dieu, la seule qui se puisse déduire de l'essence – à condition, corrige Leibniz aussitôt, que l'idée de Dieu soit possible.

Qu'est-ce donc que l'idée ?

En elle-même, une forme : pour nous, une expression.

Que l'on ne perde pas de vue les *Démonstrations catholiques* dont Leibniz poursuit le projet avec sa continuité coutumière :

> La substance est l'union avec l'esprit. Ainsi, la substance du corps humain est l'union avec l'esprit humain ; la substance des corps privés de raison est l'union avec l'esprit universel, Dieu ; l'Idée est l'union de Dieu avec la créature (R VI, 509).

Les êtres privés de raison n'ont d'être, c'est-à-dire d'activité, que celle dont Dieu les anime : c'est pourquoi « les Idées de Dieu sont la substance des choses, mais non l'essence des choses. L'Idée de Dieu est la substance des choses qui sont mues par l'Esprit » (*ibid.*, 512). L'Idée, en Dieu, des êtres raisonnables est seulement essence parce que Dieu ne les meut pas : pourtant, sa création continuée n'en doit pas moins maintenir l'union substantielle ou, si l'on peut ainsi parler, s'unir avec cette union. Leibniz va bientôt accorder la spontanéité à toutes les substances. Or, que l'Idée en Dieu soit essence ou substance, qu'on y voie le modèle qui laisse se réaliser, après l'avoir conçu, le développement des créatures, ou la force qui elle-même réalise ce développement, dans les deux cas elle est principe d'organisation, c'est une forme. D'ailleurs,

> si l'existence était quelque chose d'autre que l'exigence de l'essence, il s'ensuivrait qu'elle aurait elle-même une essence ou que quelque principe nouveau s'ajouterait aux choses ; on pourrait continuer de demander si cette essence existe[1] et pourquoi telle plutôt qu'autre (P VII, 195).

---

1. Cf. *De Principio individui*, § 13-15.

Enfin, comme dans l'infini le tout est antérieur aux parties, chaque Idée ne reçoit sa signification complète que dans le contexte total : au seul Esprit capable de percevoir distinctement le tout cette notion complète est accessible.

109 | À la limitation essentielle sans laquelle, même pour Dieu, une idée ne se distinguerait pas d'une autre, s'ajoute à nos idées la limitation accidentelle qui tient à notre finitude. Sans doute nos idées enveloppent-elles l'infini, et c'est pourquoi elles se développent – formes, tendances organisatrices qui nous font passer du polygone au cercle, du cercle à l'ellipse, etc., ou qui permettent de prévoir. Mais elles enveloppent l'infini confusément. Engagés dans l'espace et le temps, nous n'appréhendons que des signes. De l'infini au fini, il ne peut y avoir qu'un rapport régulier, une analogie comparable à celle de la ville à son géométral, de la machine à l'épure, de la cause à l'effet, de la pensée au mot. Cette correspondance réglée définit l'*expression*.

Ainsi, contre Descartes, bien que notre pensée soit à l'image de la pensée divine, notre intuition ne porte pas jusqu'à l'absolu. Au terme de nos analyses – même en arithmétique (P IV, 423) – nous ne parvenons jamais à l'idée simple que Dieu conçoit : nos idées expriment les siennes, ce ne sont pas ses Idées mêmes. Est-ce avouer avec Pascal une impuissance de prouver invincible à tout le dogmatisme ? Aucunement. La démonstration est parfaite dès qu'on obtient des identiques, ce qui n'exige pas que tous les termes soient résolus (Jag 72, 104, 108). La vérité de l'expression répond à la vérité absolue.

En une page remarquable décrivant le raisonnement, Leibniz montre l'urgence d'une Caractéristique. Notre raisonnement opère sur des signes. On ne confondra pas procéder par idées et procéder par définitions ou par Caractères, car la définition est l'explication du Caractère. Supposé que celui qui parle pense, tout processus par définitions contient en soi

un processus par idées : le premier ajoute au second de fixer les
pensées, de les rendre visibles à nous et à autrui, de ramasser
sous une seule vue la suite d'un raisonnement ; l'un est à l'autre
ce que le processus par délinéations est au processus par seules
imaginations.

> Lorsque nous procédons par imaginations ou idées sans
> délinéations ou définitions, la mémoire nous trompe et nous
> croyons souvent avoir prouvé ce que nous n'avons pas prouvé.
> Et, en cela toute erreur, nous procédons par analogies, souvent
> sans nous soucier de l'application à l'objet présent. Par
> exemple, lorsque je dis : $\sqrt{-1}$ | est une quantité possible, je **110**
> procède par certaines analogies. Lorsque je pense quelque
> chose dont plus grande ne peut être pensée, que pensé-je
> d'autre que, séparément, les idées de chacun des termes qui
> sont contenus sous ces mots : « quelque chose », « plus grand »,
> « être pensé », « non », « pouvoir » ? […] Je n'unis pas entre
> elles les idées de ces termes, mais seulement, après les avoir
> pensées une à une, les mots ou Caractères, et je me figure avoir
> l'idée de ce dont plus grand ne peut être pensé, comme si j'en
> pensais *tota simul* les éléments ; en quoi nous trompons et nous
> nous trompons, et c'est l'origine de l'erreur sur les idées. Nous
> avons les idées des simples, nous n'avons que les Caractères
> des composés. Que si nous pouvions, en une pensée, embrasser
> ce dont plus grand ne peut être pensé, nous aurions l'idée du
> maximum ; si nous l'avions, nous pourrions penser ce dont plus
> puissant ne peut être pensé, nous aurions l'idée du Très-
> Puissant ; si nous l'avions, nous pourrions penser ce dont plus
> beau ne peut être pensé, nous aurions l'idée du Parfait ».

Il est donc clair

> que nous ne pouvons facilement juger de la possibilité d'une
> chose à partir de la possibilité de ses réquisits, quand nous
> avons pensé chacun de ces réquisits et que nous les avons
> réunis.

C'est pourquoi nous n'avons pas du cercle la même idée que Dieu : «Nous avons une image du cercle, nous avons la définition du cercle, nous avons les idées de ce qui est nécessaire pour penser le cercle»; mais son essence ne nous est connue que par parties.

> À Dieu seul il appartient d'avoir les idées des choses composées. Cependant nous connaissons l'essence du cercle en pensant ses réquisits par parties. À l'idée qui nous manque supplée une image sensible, ou la définition, agrégat de Caractères dans lesquels il n'est besoin d'aucune ressemblance [...]. Les images excitent les sens, les Caractères la pensée : celles-là plus propres aux opérations pratiques, ceux-ci plus propres à la démonstration (Jag 2-6).

On voit comment, en 1675 (à Oldenbourg, le 28 déc., M I, 85) se précise pour Leibniz la critique de l'argument ontologique. L'idée du plus grand nombre enferme une contradiction : nous avons à prouver que l'idée de l'Être suprêmement parfait n'est pas contradictoire. Le texte que nous venons de résumer contient déjà l'essentiel des *Meditationes de cognitione, veritate et ideis* de 1684 qui distingueront la *définition nominale*, simple énumération des caractères suffisants pour 111 reconnaître | son objet parmi d'autres, et la *définition réelle* qui établit la possibilité de son objet (P IV, 424-425). À l'égard de l'idée de Dieu, Descartes invoque l'évidence; mais, objecte Leibniz, l'évidence n'est pas un critère logique tant que nous ne savons point par quels signes la faire partager à tous (P VII, 262). Et certes il faut bien que nous nous arrêtions à des formes qui soient connues par soi, sinon nous serions entraînés dans une régression à l'infini et nous ne pourrions rien connaître (Jag 96); mais l'évidence de ces formes n'est pas celle d'un absolu, elle est celle d'une expression. Aurions-nous l'intuition directe des attributs divins, nous n'embrasserions pas pour cela l'idée claire et distincte de la divinité; ces attributs

sont en nombre infini et aucun n'enveloppe l'essence totale de
Dieu, sujet de tous les attributs compatibles ; chacun exprime
cette essence totale sans la livrer totalement (*ibid.,* 96-98). Il
nous faut donc prouver que nous avons de Dieu une définition
réelle.

Est parfait, dans quelque ordre que ce soit, ce qui est tel
qu'on ne saurait y concevoir un progrès. La quantité se définit
par des limites qui impliquent un au-delà où l'on peut toujours
avancer, et elle n'est déterminée que par la négation de ce qui
la dépasse. La perfection ne peut donc être qu'une qualité
positive, sans limites ou négation. Du même coup, elle ne peut
être que simple, un agrégat étant divisible – ce qui introduirait
limite et négation – en ses composants. Cela posé, nous devons
démontrer que *toutes les perfections sont compossibles entre
elles,* ou, ce qui revient au même, peuvent coexister dans le
même sujet. À défaut de preuve directe, Leibniz procède *per
contrarium.* Soit la proposition : *A et B sont incompatibles,* A
et B étant des perfections. D'une part, elle ne peut être démontrée sans l'analyse d'au moins un des termes A, B ; or, par définition, ces termes sont inanalysables ; donc la proposition est
indémontrable. D'autre part, elle n'est pas connue par soi. Une
proposition vraie doit être démontrable ou connue par soi.
Ainsi la proposition n'est pas vraie. Dès lors, toutes les perfections sont compatibles. Nous pouvons concevoir l'idée d'un
sujet contenant toutes les perfections. Et puisque l'existence
est au nombre des perfections, Dieu existe (P VII, 261-262).

En fait, Leibniz ne s'avouera jamais tout à fait satisfait de
cette preuve *per contrarium* et il préférera toujours à l'argument ontologique les preuves tirées de l'existence. Puisque
exister | n'est rien d'autre qu'être harmonique, que les degrés 112
de congruence – du rêve à la perception éveillée, du sensible
à l'intelligible, du phénoménal à l'absolu – nous montrent
les degrés de l'être s'élevant à l'infini ; puisque nos propres
perceptions s'accordent à celles d'autrui et qu'ainsi nous ne

sommes pas la cause de cette congruence (Jag 112), il faut
qu'un Esprit parfait, suprêmement réel, soit la cause de
l'harmonie du monde et de nos perceptions (*ibid.,* 100). Ou
encore : puisque être c'est pouvoir être perçu et que l'uniformité, équivalente au néant, serait imperceptible, le mouvement infiniment varié exige un Premier moteur infini; et le
Pacidius, se souvenant que chaque point d'une courbe est
caractéristique, tire de l'infinité actuelle des organismes un
argument de plus en faveur de l'existence de Dieu. Enfin, le
succès des causes finales en Physique porte indiscutablement
la marque d'un suprême Harmoniste. Il ne manque à Leibniz
que d'avoir abordé le problème de la réalité des possibles non
réalisés pour compléter ses preuves en s'appuyant sur la réalité dés essences, la contingence démontrée du monde, et
l'harmonie préétablie.

Mais le principe du meilleur, en définissant l'existence par
une congruence qui ne peut être que totale dans l'entendement
infini, ne remet-il pas en cause la liberté humaine ? Depuis au
moins 1664, Leibniz soutient que le futur n'est pas moins
infaillible que le passé (Grua 274). *Von der Allmacht* distingue
le *mussen* du *sollen,* la nécessité absolue de la nécessité
hypothétique. Le *Dialogue sur la prédestination* de 1673
« mettait déjà en fait que Dieu avait choisi le plus parfait de
tous les mondes possibles » (*Théod.* Préf., E 476 b) : les textes
rappelés plus haut sur la pluralité des espaces possibles
entraient peut-être dans l'argumentation de ce dialogue perdu.
En tout cas, les *Elementa* renouvellent l'affirmation que nous
ne pouvons penser tous les possibles (Jag 36), qu'ils ne peuvent
tous se produire (*ibid.,* 28), qu'ils ne sont pas tous composables
(*ibid.,* 8), que, loin d'être nécessaires *per se,* ils supposent un
principe de choix (*ibid.,* 32) :

> Tout ce qui doit être doit être : cette proposition est nécessaire.
> On ne peut faire que ce qui est accompli ne soit pas accompli. Il

est impossible que Pierre n'ait point existé. Donc il est nécessaire que Pierre ait existé. Donc l'existence de Pierre, (telle
qu'elle a été prévue par Dieu), est nécessaire. On démontrera de
la même manière que le | Jugement dernier doit advenir : la **113**
proposition est nécessaire. Mais ce n'est là qu'un jeu (*ibid.,* 8).

Jeu sophistique tant que l'on confond les deux nécessités,
brute et hypothétique. Toutefois, cette distinction par laquelle
Leibniz s'oppose à Spinoza et croit s'opposer à Descartes,
ne sera véritablement fondée qu'en 1686 par la comparaison
des propositions existentielles aux incommensurables. Pour
l'instant, les recherches sur les séries mathématiques suggè-
rent que le monde et chaque créature dans le monde, déterminée par le *Situs* d'où elle exprime d'une manière entièrement
déterminée l'ensemble des autres substances, ne peuvent que
développer les lois de leur série. Il semble que la liberté soit en
péril. Mais il reste à la définir comme l'obéissance à la raison.

La liberté n'est pas incompatible avec la Grâce. Que Dieu
la distribue librement, cela résulte pour Leibniz du principe du
meilleur, car ce principe implique de la part du Dieu créateur la
possibilité du choix. La création continuée est déjà une Grâce.
Chaque être, dans le meilleur des mondes, occupe la meilleure
place compatible avec l'ordre général. Et tous les hommes
sont l'objet d'une Grâce privilégiante par cela seul qu'ils sont
à l'image de Dieu. La *Confessio Philosophi* définit la Grâce
comme un appel à l'attention (Grua 224). La liberté consiste à
suivre la raison. Or, l'unité dans la multiplicité définit à la fois
la connaissance et l'harmonie. Ainsi, c'est suivre le plaisir que
suivre la raison. La source du plaisir est le passage à un état
plus parfait qui résulte de l'unification d'une plus grande
multiplicité, et la félicité consiste dans le passage sans empê-
chement, continu, à une plus grande perfection (Jag 130). Dès
lors, n'est malheureux que celui qui le veut (*ibid.,* 38). Pour
l'être intelligent, ce n'est pas seulement l'univers en général
qui est bon, mais aussi les choses particulières. Il se peut que la

damnation éternelle soit conforme à l'harmonie des choses ; que cette damnation « soit d'une durée infinie – non sans terme pourtant – et cela est probable, est dans l'ordre de l'harmonie des choses » (*ibid.*). Le sage doit se satisfaire à l'idée que Dieu a mis plus de félicité que de misère dans la République universelle dont il est le Roi, et qu'il répartit sa Grâce selon la Justice. Ainsi, l'amour de Dieu est-il la suprême vertu. L'Optimisme concilie la Foi et la Raison.

114 | Il est à peine besoin de souligner quels progrès accomplit le leibnizianisme durant les années parisiennes. Il importerait davantage d'en montrer la continuité. Leibniz se dépasse sans cesse ; il ne se renie pas ; il corrige sans supprimer ; l'imprévisible semble s'ordonner de lui-même dans les anciennes perspectives. Le mécanisme se spiritualise, s'intègre dans le dynamisme ; l'indistance des points, liée dans l'*Hypothesis physica nova* à la substantialité de l'espace, devient l'indistance caractéristique de l'Analyse infinitésimale, qui multiplie à l'infini la variété des rapports tissant un espace mouvant ; etc. Cette transition sans heurt, continue, par laquelle Leibniz définit le passage à un état plus parfait est le propre de sa démarche.

En février 1676, Leibniz ne sait encore trop ce qu'il va faire : « Pour moi, écrit-il à Habbeus, je serai un Amphibie, tantôt en Allemagne, tantôt en France […] » (K III, 234). Il a refusé en 1673 la charge de Conseiller du Roi de Danemark. Mais il a sa vie à gagner. Il s'indigne de ne recevoir que 24 louis, alors qu'il en attendait 60, pour sa consultation *De matrimonium germaniae protestantum* (*ibid.,* 126). Son frère et sa sœur, sollicités, semblent se dérober. Le duc Jean-Frédéric lui a bien alloué une certaine somme pour prolonger le séjour à Paria (Gu I, 168), mais ces dons gracieux ne sauraient se renouveler indéfiniment. Leibniz accepte la place de Bibliothécaire à la Cour de Hanovre.

Il quitte Paris en octobre, passe par Londres où il demeure une semaine, revoit Oldenbourg, Boyle, rencontre Collins et

Newton, puis débarque en Hollande. Les Voëtiens viennent, à Leyde, de faire condamner 20 propositions cartésiennes enseignées par Heidanus et par Volder. Leibniz séjourne un mois à Amsterdam, d'où il va visiter, à Delft, Leuwenhoek : il note et annote les lettres de Spinoza sur l'infini, la substance, les Écritures, le christianisme. Il se rend à La Haye en décembre et s'entretient avec Spinoza « plusieurs fois et fort longuement » sur les règles du mouvement, l'Optique, la notion d'*Ens perfectissimum*[1].

Fin décembre, Leibniz arrive à Hanovre.

---

1. Sur cette rencontre et, d'une façon générale, sur les rapports de Leibniz avec Spinoza, cf. G. Friedmann, *Leibniz et Spinoza*.

VERS L'ACHÈVEMENT DU SYSTÈME (1677-1686)

À la mort (1641) du duc Georges, chef de la maison de Brunschwick-Lunebourg, d'origine Welfe, le duché avait été divisé en deux : celui de Zelle, le plus important, échéant à Christian-Louis, celui de Hanovre, échéant à Georges-Guillaume. Restaient deux fils : Jean-Frédéric et Ernest-Auguste. Une fille, Sophie-Amélie, devait devenir reine du Danemark. Jean-Frédéric (1625-1679) avait reçu, non seulement des maîtres et des livres, mais surtout de ses fréquents voyages en France, en Italie, une solide formation. Converti au catholicisme, il avait abjuré à Rome en 1651. La mort de Christian-Louis, en 1665, l'avait fait prince de Hanovre, tandis que Georges-Guillaume recueillait la succession de Zelle. Le nouveau prince se vouera à deux tâches : réorganiser l'armée, restaurer le catholicisme dans ses États. En 1668, son mariage avec Benedicte-Henriette, fille d'Anne de Gonzague, lui avait donné pour beau-frère le duc d'Enghien. Grand admirateur de Louis XIV – « L'État, c'est moi », répétait-il (Gu I, 216) – il avait signé avec lui un Traité d'alliance, en 1671, qui l'enrôlait, à côté de Cologne et Munster, dans le parti français. Alors que tous ses parents combattent dans les rangs allemands, jaloux du Brandebourg, aspirant au titre d'Électeur, il ne songe

qu'à écarter la guerre de ses États et refuse, en 1674, d'adhérer
à la Ligue offensive contre la France : les circonstances seules
le contraindront, vers la fin de la guerre, à se déclarer contre la
Suède.

116 | Depuis 1669, Leibniz est en correspondance avec Jean-
Frédéric, ami de Boinebourg. Mais on comprend que, de Paris,
il ne puisse livrer toutes ses pensées politiques à un prince
dévoué à Louis XIV et dont un général français commande
l'armée. Néanmoins il admire en lui un esprit éclairé, un cœur
religieux, un maître tolérant qui rêve, lui aussi, d'une réunion
des Églises. Si « *Le portrait du Prince tiré des qualités et des
vertus héroïques* de S. A. Sérenissime Msgr. Jean Frédéric duc
de Bronsvic et de Lunebourg » (KIV, 459-488) idéalise le
modèle, Leibniz s'y exprime pourtant avec sincérité et, par là,
nous renseigne sur son idéal politique.

Les hommes naissent

> avec des qualités différentes, les uns pour commander, et les
> autres pour obéir, afin que la puissance des souverains dans les
> monarchies et l'inégalité de ceux qui commandent et qui
> obéissent dans les Républiques, ne soient pas moins fondées
> sur la nature que sur la loi, et sur la vertu que sur la fortune […]
> (461).

La grandeur des Princes est l'ouvrage de la Nature, de la
Fortune et de la Vertu. La *Nature* doit leur donner : 1) un grand
esprit, « principe de la vertu et de la science […]; car la vraie
vertu ne s'exerce point sans connaissance, et la science ne peut
s'acquérir que par le raisonnement, et étant toujours propor-
tionnée aux dispositions de la nature, elle ne peut être parfaite,
si elle ne suppose pas un grand fond d'esprit (464) »; 2) un
jugement solide pour passer à l'application des maximes
générales : « D'ailleurs, puisque les souverains sont les images
de la divinité, ils doivent être capables comme V A. Sme
d'ordonner d'eux-mêmes de leur intérêt et se servir des minis-

tres pour l'exécution des affaires, comme Dieu se sert des
créatures pour exécuter les choses qu'il a lui seul établies
et ordonnées (465-466) »; 3) un grand courage; 4) une bonté
extraordinaire, « parce qu'ayant le pouvoir de faire le mal sans
punition et sans crainte, (les Princes) ne peuvent être retenus
que par une grande bonté », qualité « si admirable qu'elle est
même plus excellente que la vertu, puisque Dieu qui est la
bonté même n'a point de vertu » (467); 5) une forte inclination
pour la vertu et pour la gloire : « Mais comme la gloire de Dieu
est fondée sur sa bonté, sur sa puissance, sur sa justice et sur
sa miséricorde, qui éclatent dans ses ouvrages, et qu'il ne la
désire que pour le bien des hommes, il faut aussi que les
Princes qui sont ses portraits, ne souhaitent l'honneur que pour
l'avantage de leurs sujets, | et qu'ils le tirent toujours de la 117
vertu, dont il est la plus belle et la plus digne récompense
(469) ». Après les dons de la Nature, ceux de la *Fortune* : 1) une
naissance noble, car « les inclinations des pères étant comme
imprimées dans le sang passent bien souvent dans les
enfants », et les enfants ne veulent pas démériter des pères;
2) une bonne éducation « plutôt par l'entretien que par
l'étude, et plus par l'usage que par la théorie » (473) : géographie, Morale, Politique, art de la guerre. Et Leibniz d'admirer
que Jean-Frédéric ait heureusement uni dans sa personne

> le flegme italien, ou la mélancolie allemande avec la bile
> française, qui forment un tempérament héroïque, par le
> mélange du feu et de la terre […]. La solidité et le jugement des
> Allemands ; l'adresse, la délicatesse d'esprit, la circonspection
> et la politesse des Italiens ; l'extérieur, l'agrément, la vivacité et
> la liberté des Français […] (474). […] De sorte qu'il ne faut pas
> s'étonner, si V. A. Sérénissime pour le bien commun et pour
> l'utilité particulière a choisi des Allemands, des Italiens et des
> Français, pour avoir l'honneur de la servir (475).

Enfin, la *Vertu* achève le portrait du Prince. 1) La prudence qui
éclate dans les actions de SA : « Sa conduite et les résolutions
qu'elle a prises dans les occasions, le repos de son État et de
l'Empire […] le règlement de tout ce qui regarde sa maison, sa
cour, ses troupes, son État, ses domestiques et ses serviteurs, et
les places qu'elle fait maintenant fortifier, en sont des marques
assurées (476) » ; 2) la modération : « Cette vertu est d'autant
plus admirable en la personne de V. A. Sérenissime qu'il y a
peu d'exemples en Allemagne et en Europe d'une manière de
vivre si sobre que la sienne, si modérée et si éloignée des
plaisirs déréglés et des emportements (480) » ; 3) la justice :
« Car si la raison qui est en Dieu pour conduire sa puissance est
la cause de la disposition naturelle des créatures, et si elle
conserve l'harmonie admirable de l'univers, la justice établit
l'ordre politique et fait subsister l'union des hommes dans les
monarchies et dans les Républiques. C'est le lien de la société
qui ne peut être établie que par ces trois vertus politiques :
l'amitié, la justice et la valeur (480) » ; 4) juste milieu entre une
justice formelle et la trop grande bonté – laquelle « ôte la
crainte, qui retient presque tous les hommes dans le devoir » –
la clémence « fait voir que les souverains sont véritablement
l'image de la divinité, puisqu'ils peuvent comme Dieu exercer
118   la justice et la clémence | sur les méchants » (482) ; 5) la libé-
ralité, mesurée par les revenus ; 6) la magnificence, utile aux
Princes « pour leur attirer, par cet éclat extérieur qui marque
leur grandeur, le respect et la vénération des peuples qui
se conduisent par l'apparence et plus par les sens que par
l'esprit ». Par exemple, « la célèbre Bibliothèque de S.A.
Sérenissime, le Prince Auguste de Bronsvic et de Lunebourg,
la plus grande d'Europe » (485) reste un monument éternel ; et
Jean-Frédéric, à son tour, fait paraître sa magnificence dans la
célébration des services religieux « par la plus belle musique
de l'Empire », dans « les magnifiques fortifications qu'il
fait faire » (486) ; 7) la générosité, enfin. – Ainsi Leibniz suit

Aristote en l'adaptant à la doctrine de la souveraineté de droit divin et à sa propre philosophie de l'harmonie universelle.

La guerre se poursuit. Pourtant, les négociations secrètes permettent d'en prévoir le terme, et Jean-Frédéric rêve d'obtenir pour ses représentants le rang d'ambassadeurs : ce qui lui donnerait privilège de souverain. Rêve assez peu réalisable. Louis XIV, profitant de la division de ses adversaires, se prépare à faire la paix « la baguette à la main » (K V, 176, 261); son ministre, Gravelle, déclare « que le Roi ne veut plus faire aucune considération des princes allemands » (F IV, XII). Leibniz publie néanmoins (1677) son *Caesarini fursterinii tractatus de jure suprematus ac legationis principium germaniae*, le résume en français (*Entretiens de Philarète et d'Eugène*), le présente en trois pages au *Journal des Savants*. Mais conserve l'anonymat. Il a à soutenir la souveraineté des princes allemands, car les ignorants « s'imaginent que ce qu'on dit de la souveraineté des Électeurs et des Princes n'est qu'une adulation et ne sert qu'à dissoudre ce peu d'union qui reste dans l'Empire » (K III, 341). Leur tort est de prendre « l'Empire Romain sur l'ancien pied » (*ibid.*). Au système totalitaire, Leibniz oppose, selon sa doctrine du droit naturel, un système fédéraliste,

> en conciliant la pluralité des souverainetés avec l'unité de la République de l'Empire, ayant expliqué le premier la véritable définition de la souveraineté en tant qu'elle est distincte de la Majesté, et ce qui rend un prince souverain nonobstant les obligations, quelque grandes qu'elles puissent être, qui le lient à quelque autre dont il reconnaît la Majesté (*ibid.*).

La souveraineté exige un territoire assez puissant pour se rendre considérable en Europe en temps de paix et | en temps 119 de guerre par traités, armes et alliances; maître chez soi et n'y pouvant être troublé que par une guerre, le souverain peut néanmoins reconnaître la majesté d'un chef; il suffit que ce soit librement, par la fraternité – soutenue ordinairement par une parenté réelle – qui unit les souverains. Limitée aux souverains – Leibniz défend la doctrine théocratique du pouvoir – c'est déjà la théorie du Contrat. En outre, reprenant ses idées de Mayence, Leibniz attribue le primat à l'Empereur dans la République chrétienne en général :

> puisque la France, confie-t-il à Jean-Frédéric, a voulu traiter nos princes avec tant de mépris, il faut bien *par pari referre quod eos mordeat*, et leur dire quelque chose qui pique au vif, car il n'y a rien qui les fâche davantage que d'entendre parler de la prééminence de l'Empereur sur leur Roi établi par la pratique, et ils veuillent bien du mal à leurs prédécesseurs qui y ont donné les mains (K IV, 322).

Si le *Caesarini* n'a aucun résultat pratique, il éveille la curiosité des juristes et sans doute entre-t-il en ligne de compte pour la nomination, l'année suivante (1678), de Leibniz à la fonction de Conseiller aulique. Du reste, notre philosophe tâche à se rendre indispensable. On devine son impatience : « Ce que je souhaite en général est que V. A. S. m'accorde dorénavant un peu plus d'admission et de confiance en matières sérieuses, qu'elle n'a coutume de témoigner ordinairement à d'autres » (K IV, 408). Il sollicite l'inspection sur les cloîtres, fondations pieuses, pensions stipendiales et autres choses de cette nature : « Je ne paraîtrais pas si inutile aux gens comme maintenant […] » (*ibid.,* 422). Il marque dans son agenda : « Dignité de geste et de maintien – Conversation ordonnée, sobre, choisie. – Amis puissants et de tous les bords – Aucune singularité en religion » – écrire ou parler au Prince chaque semaine, lui proposer toujours du nouveau : géographie des Puissances pour l'Administration, cartes exactes, merveilles de Physique, cours des prix, mercuriales, manufactures, mines, forêts, manuel de l'Empire, histoire, archives, etc. (*ibid.,* XXVII). Reprenant maints projets de la *Securitas publica*, il ne cesse de présenter de « nouvelles chimères ». Instruit par l'entourage de Colbert, il ne néglige rien de ce qui pourrait relever l'économie en Allemagne. Il obtient, de Paris, des secrets d'artisan touchant la fonte du fer (*ibid.*, 383), veut améliorer | la médecine, les charrois, la lutte contre l'incendie   120 (*ibid.*, 382). Un certain Kraft, qu'il a connu à Mayence, pourrait organiser les manufactures de bas de soie et autres étoffes (*ibid.*, 393). Brandt vient de découvrir le phosphore : que l'on signe au plus tôt un contrat avec lui (*ibid.*, 388) et qu'on l'aide dans ses recherches (*ibid.*, XXXIV) : « je ne sais ce qu'on ferait dans un autre temps pour récompenser une découverte de cette conséquence » (*ibid.*, XXII), et Leibniz en fait communication au *Journal des Savants* (2 août 1677). Le même Brandt assure que de l'or se trouve dans le Harz (*ibid.*, 390), et peut-être faudra-t-il mettre à l'épreuve un grand transmutateur nommé Wenzel (*ibid.*, 392). On s'enrichirait en monnaie. Pour le commerce ? Certes. Mais aussi :

> En Allemagne, la maison de Bronsvic a été la première à profiter de l'exemple de la France pour entretenir des troupes bien réglées. Il faut avouer qu'elle a un avantage considérable pour les bien payer. Ce sont les mines du pays qui fournissent des sommes considérables d'argent comptant (F III, 281-282).

Les mines ont d'emblée pour Leibniz une importance politique et scientifique. À peine arrivé à Hanovre, il s'intéresse aux pompes d'assèchement (K IV, 382) ; bientôt il croit avoir trouvé un système de circulation, « un ruisseau continuel, capable d'agir en hiver et en été », qui aura des forces de reste « pour l'élévation des eaux et quantité d'autres opérations » (*ibid.*, 405) : ainsi exploitera-t-on cet inépuisable trésor qui, à l'inverse des autres trésors, diminue quand on le néglige, « car les gens de mines croient avec raison que les minéraux montent et descendent, que les exhalaisons continuelles excitent ce qu'il y a de vital dans les métaux [...] » (*ibid.*, 404). Sténon, ancien savant passé à la théologie, anatomiste, géologue auquel on doit la distinction des formations éruptives et des formations stratifiées, arrive, lui aussi, à Hanovre, en septembre 1677 : probablement contribue-t-il à l'initiation de notre philosophe à la géologie. Leibniz est appelé à faire de fréquents séjours dans le Harz, surtout entre 1680 et 1684, et il y deviendra l'auteur de la *Protogaea*, un fondateur de la géologie positive (cf. Davillé, *Leibniz historien*, 108-109).

Il est de l'intérêt de la patrie de multiplier les machines de toutes sortes[1]. Pourtant – déjà ! – on se demande « s'il faut admettre des instruments qui abrègent le travail et par le moyen desquels un seul homme peut faire autant que plusieurs » ; la question « est à présent sur le tapis à Ratisbonne, à l'occasion des métiers à rubans » : les Hollandais en avaient interdit l'usage ; « les garçons et apprentis des artisans à Londres ont quelquefois pillé les maisons et brisé les outils des ouvriers qui se servaient de telles machines » ; en Saxe, le prédicateur de la Cour en avait fait « une affaire de conscience ». À ce compte, répond Leibniz, les crocheteurs « pouvaient s'opposer à Archimède », et le genre humain aurait bien perdu. « On faisait bien des choses autrefois à nos mines à force de bras, qui se font à présent par machine » : l'appréhension des ouvriers a toujours été mal fondée, « car on les a employés à d'autres choses » (K IV, 395-397). Il faut donc suivre le progrès.

Les machines sont des applications de la science. Ah ! comme, en comparaison de la France, l'Allemagne néglige son génie ! De quel profit une Académie allemande ne serait-elle pas !

> Je ne sais par quelle torpeur notre patrie, féconde en génies, ne soigne pas mieux sa gloire et néglige même sa langue. Or, rien n'importe plus à la gloire de Dieu, à la patrie et au genre humain

121 |

---

1. Il va sans dire que Leibniz veut achever sa machine arithmétique « à quelque prix que ce soit » (K IV, 425).

(après la piété et la justice) que de connaître les propriétés et l'utilité des choses de la Nature. Il faut donc recueillir les observations faites par les savants, les artisans, les paysans, condenser et classer ce que l'on trouve dans les livres. On commencera par dresser une Nomenclature dans laquelle on rangera définitions, dictons, axiomes, non par ordre alphabétique, mais selon l'ordre naturel, du simple au composé, en expliquant les termes. Aphorismes, Canons, observations plus générales seront ensuite disposés, à l'exemple des problèmes mathématiques, selon leur difficulté croissante : une grande lumière en surgira. Mais il faut faire appel à tous, consulter toutes les activités humaines, y compris Musique, Théâtre, charlatans – beaucoup sont d'esprit remarquable – cavaliers, danseurs, funambules, marins, jardiniers, marchands de simples. Ainsi, nous aurons en peu de volumes une Bibliothèque qui sera un trésor de science. En avant, Élite allemande ! Nom qui embrasse ceux qui résident dans notre pays et ceux auxquels la parenté de race et de langue nous unit ! – *Agite igitur, egregii Germani, quorum nomine eos | comprehendi, qui aut sedem apud nos fixere, aut* **122** *quos gentil linguaeque cognatio nobis junxit* (K III, 323).

Leibniz voudrait intervenir dans la direction des études :

Car c'est pitié devoir combien de jeunes gens d'esprit et de travail s'occupent souvent à des niaiseries, faute d'une personne qui leur montre au doigt des meilleurs objets de leurs soins, auxquels ils seraient bien plus propres et où ils trouveraient plus de plaisir.

Précurseur de nos « nouvelles » méthodes, il voudrait, selon les aptitudes, pousser les uns vers les sciences (mathématiques, mécanique, Physique), les autres vers les Lettres (Histoire, Politique, recueils de choses utiles). À leur insu, les élèves élaboreraient les « préparatifs nécessaires au grand dessein de cette langue ou Caractéristique surprenante », la Caractéristique universelle. « Que ne ferait-on pas, si ces Messieurs des

Universités trouvaient leur compte aussi bien dans les réalités que dans les subtilités en l'air ? » (K IV, 422-423).

Le « grand dessein » préside à l'organisation de la Bibliothèque ducale. Une Bibliothèque doit être une Encyclopédie (*ibid.,* 426) : peu de livres, mais tous utiles, tous à jour des plus récentes découvertes ; des Recueils de Correspondances d'hommes célèbres (*ibid.,* 378-382), des Index, tables de matières (*ibid.,* 426-427). Il faudrait, d'autre part, organiser des Archives d'État, bréviaire « de tous les Chartes et papiers publics qui se trouvent à la Chancellerie, à la Chambre, à la Cour et dans les villes et bailliages » (*ibid.,* 409) ; multiplier les Manuels, les répertoires de Traités, ordonnances, actes de séparation, privilèges, sentences, prétentions, titres de possession, règlements de communautés, mémoires géographiques, etc. (*ibid.,* 411). Il faudrait fonder des Sociétés pour l'avancement des sciences, un Ordre scientifique sur le modèle de la Compagnie des Jésuites (K V, 18-22), des journaux qui entreraient en lice avec les journaux étrangers,

> quoique nous nous réservions les choses les plus considérables, qui doivent demeurer dans le silence, et qui doivent être employées à des établissements utiles au pays, et profitables aux sujets de V. A. S., au lieu que dans les autres tout n'aboutit qu'à une simple curiosité (K IV, 402).

Le Prince écoute ces projets, mais c'est aux tentatives en vue de la Réunion des Églises qu'il consacre bientôt Leibniz.

123 | D'ailleurs, en octobre 1676, Leibniz n'avait-il pas été appelé pour servir d'intermédiaire entre le Hanovre et la Cour romaine ? C'est ce que pense J. Baruzi (*op. cit.,* 251-252). La thèse est vraisemblable. Nous hésitons à l'adopter. Certes, depuis 1669, Jean-Frédéric admire en notre philosophe le génie de controversiste, le confident de Boinebourg. Mais s'il le nomme simple Conseiller, ce n'est qu'en 1678, avec le titre de Conseiller aulique, que la charge devient « fixe et effec-

tive », et il suffit de comparer deux lettres à Galloys (M I, 179, 183) pour se convaincre que Leibniz a dû faire ses preuves avant d'avoir pleine audience. Du reste, qu'on relise les lettres de Leibniz au Duc : il y parle de tout ; mais ce n'est guère qu'en 1679 qu'il aborde explicitement le projet de la Réunion et propose d'y appliquer sa méthode de controverse comme ses *Démonstrations catholiques*. Le vraisemblable est que le Prince ait de plus en plus songé à lui à mesure qu'il découvrait la médiocrité théologique (P VI, 158) de l'intermédiaire officiel entre Rome et Hanovre, Sténon : Leibniz, si impatient de ne plus paraître inutile, n'a pas dû perdre l'occasion de se pousser habilement.

L'affaire de la Réunion est à l'ordre du jour. L'évêque de Tina, le Franciscain Royas de Spinola, qui consacre sa vie à cette tâche, a visité la plupart des Cours allemandes ; il obtiendra l'accord de 14 princes régnants ; il arrive à Hanovre en 1676, porteur de nouvelles propositions qu'il présente l'année suivante (cf. F I, CXXIII-CXXXIV). Il est appuyé à la Cour par le Père Denis, capucin. Les Jésuites de Hildesheim suivent les négociations avec faveur. Du côté protestant, Molanus, abbé de Loccum, d'abord professeur de Théologie et de Mathématiques à l'Université de Helmstadt, vient d'être nommé président du Consistoire à Hanovre : comme Conring, il a subi l'influence de Calixtus et représente la tendance syncrétiste. Enfin, en France, la mère et la sœur de la duchesse de Hanovre, Anne de Gonzague et Louise-Hollandine, abbesse de Maubuisson, mettent Leibniz en rapport avec Pellisson, directeur de la caisse des conversions, et poussent Bossuet dans l'affaire. Dès son séjour à Metz (1653-1659), Bossuet s'était attaché à la restauration de l'unité des Églises : controverses avec Ferri, conférences avec les protestants (1664), conversion de Turenne (1668), entente avec Arnauld (1669) pour la Paix des Églises, *Traité de l'Exposition de la Foi* (1671), | conférences avec Claude (1678) – autant d'efforts et **124** de travaux qui le désignaient pour participer aux négociations. Mais, à peine aura-t-il renvoyé Leibniz à son *Exposition* – approuvée par bulle papale le 4 janvier 1679 –, à peine Leibniz aura-t-il répondu en renvoyant de son côté aux écrits de Calixte, que la mort de Jean-Frédéric (décembre 1679) interrompra les pourparlers [1].

Mais Leibniz ne fait rien en vain. En prévision des controverses, il approfondit sa méthode et renouvelle ses *Démonstrations catholiques*. De 1677 à 1679, la doctrine de la notion complète de substance et la Dynamique viennent presque achever la construction de son système.

Comment faire cesser les controverses ?

> La vraie Méthode prise dans toute son étendue est une chose à mon avis tout à fait inconnue jusqu'ici, et n'a été pratiquée que dans les mathématiques. Encore est-elle imparfaite à l'égard des mathématiques mêmes, comme j'ai eu le bonheur de faire voir à quelques uns […] (Cout *Op,* 153).

Or, chacun sait que l'excellence des mathématiques résulte de leur formalisme : les expériences ne s'y font pas « sur la chose même, mais sur les caractères que nous avons substitués à la place de la chose » (*ibid.,* 154). La vraie Méthode, la Caractéristique, devra donc être formelle pour s'appliquer à n'importe quel contenu, et universelle non seulement par son emploi dans toutes les sciences, mais encore en ce qu'elle permettra d'estimer tous les degrés de la certitude. Les raisonnements en Physique, en Morale ou en Jurisprudence ne sont pas aussi démonstratifs qu'en

> arithmétique ou analyse. Ce n'est pas que les raisonnements probables se puissent changer en démonstratifs lorsqu'il n'y a pas *data sufficientia* mais on pourra en ce cas estimer les degrés de la probabilité, et mettre les avantages et désavantages

---

1. Pour plus de détails, F I et Baruzi, *op. cit.*

donnés en ligne de compte et raisonner au moins sûrement *ex datis* (à J. Berthet).

En d'autres termes, il suffit que la probabilité soit rigoureusement estimée – Leibniz s'occupe en septembre 1678 de la théorie mathématique des jeux (Cout *Op*, 569) – pour qu'un raisonnement sur le probable soit d'une parfaite rigueur.

> De là il est manifeste que si l'on pouvait trouver des caractères ou signes propres à exprimer toutes nos pensées, aussi nettement et exactement que l'arithmétique | exprime les nombres, **125** ou que (l'algèbre) l'analyse géométrique exprime les lignes, on pourrait faire en toutes les matières *autant qu'elles sont sujettes au raisonnement*, tout ce qu'on peut faire en Arithmétique et en Géométrie (*ibid.,* 155).

Un avantage important, «c'est que les chimères que celui même qui les avance n'entend pas ne pourront pas être écrites en ces caractères » (M I, 187). Ils serviraient à l'invention et au jugement, comme dans l'Algèbre et l'Arithmétique, qui n'en sont que des échantillons (*ibid.,* 186-187). En Métaphysique et en Morale, ils

> fixeraient nos pensées trop vagues et trop volatiles en ces matières où l'imagination ne nous aide point, si ce ne serait par le moyen des caractères. Ceux qui nous ont donné des méthodes, donnent sans doute de beaux préceptes, mais non pas le moyen de les observer. Il faut, disent-ils, comprendre toute chose clairement et distinctement, il faut procéder des choses simples aux composées, il faut diviser nos pensées, etc. Mais cela ne nous sert pas beaucoup si on ne nous dit rien davantage. Car lorsque la division de nos pensées n'est pas bien faite, elle brouille plus qu'elle n'éclaire. Il faut qu'un écuyer tranchant sache les jointures, sans cela il déchirera les viandes au lieu de les couper. Monsieur Descartes a été grand homme sans doute, mais je crois que ce qu'il nous a donné de cela est plutôt un effet de son génie que de sa méthode, parce que je ne vois pas que ses sectateurs fassent des découvertes. La véritable

méthode nous doit fournir un *filum Ariadnes*, c'est-à-dire un certain moyen sensible et grossier qui conduise l'esprit comme font les lignes tracées en géométrie et les formes des opérations qu'on prescrit aux apprentis en Arithmétique (*ibid.,* 181).

Alors, on n'aurait plus à « se rompre la tête autant qu'on est obligé de faire aujourd'hui »;

on ferait convenir tout le monde de ce qu'on aurait trouvé ou conclu, puisqu'il serait aisé de vérifier le calcul soit en le refaisant, soit en essayant quelques preuves semblables à celle de l'abjection novenaire en arithmétique. Et si quelqu'un doutait de ce que j'aurais avancé, je lui dirais : comptons, Monsieur, et ainsi prenant la plume et de l'encre, nous sortirions bientôt d'affaire (Cout *Op,* 155-156, 176).

La première exigence de la Caractéristique est d'avoir des définitions. Leibniz en recueille lui-même dans Descartes et dans Spinoza (*De Vita beata*, E 71 ; *De Affectibus*, Grua); il **126** demande à Galloys de lui en faire extraire du Dictionnaire | de l'Académie (M I, 180, 187 ; P VII, 21, 23); il rêve d'associer les étudiants à cette tâche (K IV, 423); les sociétés savantes y contribueraient. La théorie de la définition apparaît sous sa forme définitive dans la lettre à Tschirnhaus de mai 1678 (M IV, 462). Nous le savons déjà, la définition nominale permet seulement de reconnaître le défini par quelques caractères : elle ne garantit pas que le défini soit possible. Il convient donc de démontrer l'existence logique du défini en le décomposant pour vérifier la compatibilité de ses éléments. Vérifier ? Parce que la Caractéristique compose et décompose les concepts comme des nombres et travaille sur des signes sensibles. Cependant on ne parvient pas toujours à dénombrer toutes les idées simples qui forment un concept; alors, en rassemblant autant que l'on pourra de définitions nominales, chacune dégageant tel ou tel caractère, on multipliera les points de vue pour pousser plus loin la décomposition. Ainsi Leibniz, reprenant la doctrine classique des mathématiciens, veut que *définir* soit *construire* : n'est *réellement* défini que ce qui est construit, en même façon que le cercle, un nombre, une série, etc., n'est réellement défini que par son procédé de construction. La définition réelle répond à ce qu'on appelle aujourd'hui un théorème d'existence. Il en résulte, contre les nominalistes, que la définition n'est pas arbitraire. Déjà l'imposition d'un nom n'a pas lieu sans raison : *phosphore* exprime une propriété de la substance désignée (P VII, 192). Mais, surtout, le principe d'identité interdit de construire une notion contradictoire.

Car, outre les définitions réelles, la Caractéristique ne réclame que le principe d'identité. En effet, une démonstration consiste à faire voir que : 1) dans le jugement vrai le prédicat est contenu dans le sujet c'est-à-dire dans sa définition ; 2) dans le raisonnement, chaîne de jugements, la conclusion est contenue dans les principes, c'est-à-dire, encore une fois, dans les définitions. Ainsi, les axiomes doivent être résolubles en propositions identiques. Dans la *Demonstratio axiomatum Euclidis* du 22 février 1679 (Cout *Op,* 539), Leibniz entreprend de prouver : le tout est plus grand que la partie ; dans la *Characteristica geometrica* (M V, I56) : si à des quantités égales on ajoute des quantités égales, on obtient des sommes égales. Provisoirement ; il est permis, il est utile – sinon on n'en finirait plus – de partir d'axiomes non démontrés ; mais, écrira | plus 127 tard Leibniz, les ânes mêmes savent bien que le plus court chemin est la droite, ils n'empruntent pas de détours pour se diriger vers leur fourrage ; la supériorité du géomètre est de s'appuyer sur des raisons (P IV, 355).

Ainsi, sauf les prépositions identiques, tout devrait être démontré à partir de définitions, soit composées *a priori*, soit tirées de l'expérience. La démonstration, explique Leibniz à Conring (1678), est une chaîne de définitions : *catenam definitionum*. À la traditionnelle division de la Logique en art de juger et en art d'inventer, la Caractéristique substitue, parce qu'elle est une extension de la méthode des mathématiques, la division : analyse, synthèse. On recherche la vérité, on la prouve, tantôt en remontant du conditionné à la condition – l'analyse – tantôt en descendant de la condition au conditionné – la synthèse (P I, 195). Résoudre un problème consiste à le ramener à d'autres problèmes plus faciles « que déjà il renferme manifestement en lui » (*ibid.,* 194) ; et, à leur tour, ces problèmes plus faciles sont résolus par une substitution régressive des définitions aux définis, autorisée par le principe d'identité. On connaît l'exemple célèbre dont Leibniz se servira plus tard (*Théod.* IV, VII, 10). Soit à démontrer : $2 + 2 = 4$. Je pose les définitions : $2 = 1 + 1$ (a), $3 = 2 + 1$ (b), $4 = 3 + 1$ (c). En vertu de l'axiome d'identité, le principe de substitution des équivalents me permet de remplacer $1 + 1$ par 2, etc. Des lors, $2 + 2 = 2 + (1 + 1)$ (def. a) ; $2 + 1 + 1 = (2 + 1) + 1 = 3 + 1$ (def. b) ; $3 + 1 = 4$ (def. c). Donc, par l'axiome, $2 + 2 = 4$. Parcourue dans le sens inverse : $4 = 3 + 1 = 2 + 1 + 1 = 2 + 2$, la chaîne des définitions suivrait l'ordre de la synthèse, utile non seulement à la preuve, mais aussi à la découverte (c'est d'ailleurs là le fondement de la Combinatoire, P I, 195).

Est-il besoin de souligner combien la découverte de l'algorithme infinitésimal accroît la confiance de Leibniz et le guide dans ses recherches ? Cet algorithme présentait sur l'exhaustion, méthode seulement de preuve, l'avantage considérable d'être non moins utile à l'invention. Jusque là, il n'apportait rien de plus que l'Algèbre qui a « cela de bon qu'elle fait toujours arriver à la solution du problème quoique la solution ne soit pas toujours la plus courte et quoique la voie du calcul ne soit pas la plus naturelle [...] » et, achève Leibniz, **128** « elle n'éclaire pas l'esprit en chemin comme la voie | des géomètres » (M I, 184). De plus, l'algorithme infinitésimal donnant accès aux problèmes de transcendantes dépassait l'analyse cartésienne. Il faudra donc que la Caractéristique : 1) éclaire l'esprit en chemin comme la voie des géomètres, et c'est pourquoi l'on doit trouver des caractères qui, peignent les pensées (M I, 181) de manière plus instructive encore que l'écriture des Chinois (*ibid.*, 187); 2) ait plus d'universalité encore que l'algorithme infinitésimal qui ne s'applique qu'aux mathématiques. En quête de cette universalité, dès 1677, Leibniz s'efforce de définir la similitude et déduit de sa définition – deux choses sont parfaitement semblables, lorsqu'on ne les saurait discerner que *per compraesentiam* – des propositions « très belles et très générales », aussi importantes « en Métaphysique et même en Géométrie et en Analyse, que celle du tout plus grand que la partie » (M I, 179-180). Ainsi prélude-t-il aux premiers Essais d'*Analysis situs* (1679) qui font de lui un fondateur de cette science (cf. Cout *Log*, chap. VII). Simultanément, il ébauche son Calcul logique. Ce Calcul est pour nous d'une importance capitale : il fonde la doctrine de la notion complète de substance.

On se rappelle que l'*Art combinatoire* rapprochait la composition et la décomposition des concepts de la composition et de la décomposition des nombres en facteurs premiers. Or, la multiplication arithmétique étant commutative, $ab = ba$, il semblait, au contraire, que le genre ne put que précéder l'espèce et que l'on ne put dire indifféremment : *animal raisonnable ou raisonnable animal*. Leibniz répond que cette permutation est licite, à condition que l'analyse de l'espèce soit complète. Dès lors, résume Couturat (*Log*, 326), « tous les genres possibles s'obtiennent par la combinaison des espèces et, inversement, toutes les espèces possibles s'obtiennent par la combinaison des genres entre eux [...] ». Dans le calcul logique de 1679, un terme composé sera représenté par son nombre caractéristique, c'est-à-dire par le produit des nombres premiers qui représentent, à leur tour, les termes composants. Par exemple, si *animal* est représenté par 2, *raisonnable* par 3, le terme composé aura pour nombre caractéristique $6 = 2.3$. D'où cette conséquence : un concept quelconque a pour prédicats tous ses diviseurs et, par suite, dans toute proposition universelle affirmative le prédicat est contenu dans le sujet (Cout *Op,* 42 *sq.*). Nous n'avons pas ici à estimer si, comme le **129** veulent Couturat et Russell, la faiblesse du leibnizianisme | ne consiste pas à établir ainsi toute sa logique sur le jugement d'inhérence, à l'exclusion du jugement de relation. Il nous importe davantage de pouvoir dater l'apparition dans le leibnizianisme de la théorie logique de la substance. Comme, en effet, c'est une proposition universelle affirmative que tout ce qui a eu lieu a eu lieu, et que tout ce qui aura lieu aura lieu infailliblement, il en résulte que tout ce qui est arrivé, arrive et arrivera à une substance était contenu dans son essence ou notion complète. L'implication du prédicat dans le sujet s'applique, désormais, non seulement aux propositions essentielles, mais aussi aux propositions existentielles. Une substance développe son histoire comme, à partir sa raison et de son premier terme, se développe une série. Mais il faut, pour cela, que *toutes* les substances aient désormais leur essence dans l'entendement divin : la thèse des *Démonstrations catholiques* selon laquelle seules les substances raisonnables, parce qu'elles sont douées de spontanéité, participent de cette essence, tandis que les substances corporelles sont mues directement par leur union à la substance divine, – cette thèse, dont l'influence persiste encore dans le *Pacidius*, se trouve maintenant abandonnée. Ainsi la spontanéité est-elle à présent accordée à toutes les substances. Il nous semble donc manifeste que la Dynamique – nous y reviendrons – s'est constituée entre octobre 1676, date du *Pacidius*, et les premiers essais de Calcul logique d'avril 1679[1].

Mais avant d'aborder la Dynamique, une question se pose. La Caractéristique opère « sur les caractères que nous avons

1. L'examen des manuscrits inédits a permis, depuis la rédaction de cet ouvrage, de préciser : janvier-février 1678.

substitués à la place des choses ». Comment d'un pareil formalisme passer au contenu ? C'est ici que Leibniz, instruit par
les Mathématiques, renouvelle la doctrine aristotélicienne et
scolastique de l'Analogie, en approfondissant sa théorie de
l'expression. Deux textes capitaux : le *Dialogus de conne-
xione inter res et verba et veritatis realitate*, d'août 1677 (P VII,
190-193, E 76-78); et le *Quid sit idea* (P VII, 263) du début de
1678 (*ibid.*, 251-252).

> Est dit exprimer une chose ce en quoi se trouvent les manières
> d'être qui répondent aux manières d'être de la chose à expri-
> mer. Or, ces expressions sont diverses ; par exemple, le modèle
> d'une machine exprime cette machine, la scénographie | plane **130**
> d'un objet exprime ce solide, le discours exprime pensées et
> vérités, les caractères expriment les nombres, l'équation algé-
> brique exprime cercle ou autre figure : et – ce qui est commun à
> ces expressions – du seul examen de la manière d'être de
> l'exprimant nous pouvons en venir à connaître les propriétés
> correspondantes de la chose à exprimer. D'où il est clair qu'il
> n'est pas nécessaire que l'exprimant ressemble à l'exprimé, il
> suffit que quelque analogie soit maintenue entre leurs manières
> d'être. Il est clair encore qu'entre les expressions, les unes ont
> un fondement naturel, les autres ont, en partie au moins, un
> fondement arbitraire, comme sont les expressions par mots ou
> caractères. Celles qui sont fondées en nature exigent, soit une
> similitude – telle qu'elle existe entre un grand et un petit cercle,
> ou entre une région et sa carte géographique – soit, du moins,
> une liaison telle qu'elle existe entre le cercle et l'ellipse qui le
> représente optiquement, car n'importe quel point de l'ellipse
> répond selon une loi déterminée à quelque point du cercle. Bien
> plus, en un cas de ce genre, le cercle serait mal représenté par
> une autre figure plus ressemblante. Pareillement, tout effet
> entier représente la cause pleine, car je puis toujours de la
> connaissance d'un tel effet arriver à la connaissance de sa
> cause. Ainsi les actes de chacun représentent son esprit, et le
> monde lui-même représente Dieu en quelque façon. Il peut
> encore se produire que les effets qui naissent d'une même cause

s'expriment mutuellement, par exemple gestes et discours.
Ainsi certains sourds comprennent ceux qui parlent, non par le
son mais par le mouvement de la bouche. Par conséquent,
l'idée des choses est-elle en nous, c'est, rien d'autre, que Dieu,
également auteur des choses et de notre esprit, a imprimé la
faculté de penser en cet esprit pour qu'il puisse tirer de ses
opérations des conséquences qui répondent parfaitement à
celles qui découlent des choses. Par conséquent, bien que l'idée
du cercle ne soit pas semblable au cercle, cependant on en peut
tirer des vérités que, sans conteste, l'expérience confirmerait en
un vrai cercle (P VII, 263-264).

Arrêtons-nous aux expressions dont Leibniz vient de dire
qu'elles sont, au moins en partie, arbitraires : les mots et autres
signes ou caractères. Elles paraissent arbitraires parce que les
sons ou traits qui les composent ne ressemblent pas à ce
qu'elles signifient; mais si nous remontions au langage ada-
131   mique, | il est probable, reprendra Leibniz, selon la thèse du
Cratyle, que, rien n'étant sans raison, les sons et traits originels
imitaient l'objet à décrire. Les éléments d'un signe fussent-ils
arbitraires, leur combinaison est soumise à des rapports réglés.
Des termes composés, comme *Lucifer* ou phosphore, expriment leur objet. Les signes complexes renvoient aux mêmes
exigences que les définitions réelles – ce qui condamne le
nominalisme; nous ne sommes pas libres de former à notre
fantaisie,

> car, bien que les caractères soient arbitraires, cependant leur
> usage et leur connexion a quelque chose qui n'est pas arbi-
> traire : une certaine proportion entre les caractères et les choses,
> et les relations mutuelles des divers caractères qui expriment
> ces mêmes choses. Et cette proportion ou relation est le fonde-
> ment de la vérité (VII, 192).

Du même objet plusieurs expressions sont possibles qui le
représentent comme d'autant de points de vue. Les langues
sont de telles expressions. De même pouvons-nous choisir

entre plusieurs équations, selon les commodités de la démonstration ou la propriété que nous avons à mettre en évidence :
ainsi, $a^2 = b^2 + c^2 + 2bc$ exprime la relation de a à ses parties b,
c, tandis que $a^2 = d^2 + e^2 - de$ exprime la relation d'une partie,
a, au tout, d, et de sa différence, e, au tout. Maintenant, si, au
lieu de considérer les diverses expressions d'un même objet,
nous partons des mêmes caractères, ils engendreront, selon
l'ordre où nous les prendrons dans *les combinaisons possibles*,
des objets divers de pensée : il nous suffira de changer le *situs*
d'un seul caractère pour transformer tout le contexte. D'un
mot, les sons et les caractères expriment nos idées et les rapports
de nos idées. Qu'expriment, à leur tour, ces idées et rapports ?

Traduisons *idée* au sens large : sensation, image ou
concept. Il est évident que l'image exprime la sensation par
ressemblance. Mais ce n'est plus par ressemblance qu'un
concept expérimental exprime image ou sensation : celui du
cercle ne ressemble pas au cercle, – ce qui prouve que les
empiristes se trompent « en supposant qu'idée et image est la
même chose » (P IV, 292). Loin que l'image constitue le concept,
au contraire le concept donne son sens à l'image. Bien que nous
ne puissions penser sans mots ou autres signes (P VII, 191),
l'image n'est jamais qu'une aide, un résumé. Elle exprime la
sensation qui exprime confusément le monde ; mais, | d'un **132**
autre côté, elle est l'expression du concept puisque Dieu nous
accorde, par la faculté de penser, au monde qui exprime ses
Idées. Ce n'est pas tout. Notre pensée est analogue à la pensée
divine. Or, justement vers 1679, la description du « mécanisme
métaphysique » de l'entendement divin à laquelle parvient
Leibniz prend sa forme définitive : les essences luttent entre
elles dans leur prétention à l'existence, et c'est le meilleur qui
l'emporte (Grua 285-286). Certes, nous n'avons pas les idées
adéquates qui appartiennent à Dieu seul et le bien apparent
remplace pour nous le bien absolu ; cependant, le mécanisme
métaphysique de l'Entendement créateur s'exprime en nous

sous forme d'exigences rationnelles et d'explicitations rationnelles d'idées. Par suite, le raisonnement, pas plus que les définitions, ne saurait être arbitraire. Nous comprenons pourquoi
la Caractéristique peut opérer, non « sur la chose, mais sur les
caractères que nous avons substitués à la place de la chose »,
sans rien perdre de sa fécondité : c'est que, par là, elle dégage,
sans s'arrêter à un contenu particulier, les lois générales du
mécanisme métaphysique qui ordonne à la fois l'univers et
notre raison. Son formalisme constitue le cadre de toute expérience – physique ou métaphysique – possible.

On voit comment la théorie de l'expression reprend et
renouvelle la théorie de l'Analogie. Dans les deux cas, la
notion d'être n'est pas univoque et son sens est déterminé par
la matière même de ce qui possède l'être. Aussi, comme l'être
des corps n'est pas l'être de notre esprit (Jag 116), l'être des
créatures n'est pas l'être du créateur. Par suite, nos idées ne
sont pas les idées divines. Mais l'expression, de même que
l'Analogie, unit en même temps qu'elle sépare. Ni le monde ni
les esprits ne sont coupés de Dieu. Loin d'être vaine, notre
connaissance traduit en langage fini le contexte de l'infini :
nous prévoyons avec rigueur les phénomènes naturels, nous
déduisons des conséquences qui pourraient se vérifier. Toutefois entre la théorie scolastique de l'Analogie et la théorie
leibnizienne, les différences sont sensibles. La première est
bien moins logicienne que la seconde. Le Scolastique, dans
l'Analogie, voit une approche du Mystère ; il insiste sur la
participation à Dieu ; avec l'analogie d'attribution qui a pour
ambition de dépasser le dilemme : univoque (le même nom
appliqué à des individus de même espèce) ou équivoque (le
133 | même nom pour des espèces différentes) par l'attribution
d'un même attribut à des espèces différentes, le Scolastique
tend au symbolisme des « correspondances » ; il fait de plus en
plus jouer à l'Analogie le rôle qu'assumait le mythe dans le
platonisme. L'expression, pour Leibniz, fonde la vérité logi-

que autant que le Mystère ; elle intéresse plus l'intellect que le cœur. Sans doute, nous n'oublions pas qu'en face des ternaires, empreintes de la Trinité, qu'un Lulle cherchait partout dans le monde, on pourrait mettre en parallèle la Dyadique leibnizienne de mars 1679 (Cout *Op,* 574) : de ses travaux sur l'arithmétique binaire, Leibniz tire un système dyadique qui n'utilise que les chiffres 1 et 0 – Dieu et le Néant ; par là, il croit pouvoir symboliser l'origine des créatures dans leur progression infinie, tenant de Dieu, fait positif, leur perfection, et du néant, fait négatif, leur imperfection ou limites (F nl, 166) :

> Mais bien qu'il n'y ait aucun espoir que les hommes en cette vie puissent atteindre à cette série cachée des choses qui montre selon quelle raison la totalité des êtres s'engendre à partir de l'Être pur et du néant, il suffit cependant que l'analyse des idées soit poussée jusqu'où l'exigent les démonstrations des vérités (Cout *Op,* 431).

Un tel parallèle montre pourtant que l'effusion reste intellectuelle. La symbolique pour Leibniz est avant tout une Caractéristique. Chez lui l'Analogie s'axiomatise.

D'ailleurs, l'Analogie insiste davantage sur les rapports de la création au Créateur, de l'être causé à l'être causant, que sur les rapports des créatures entre elles : c'est un problème de causalité créatrice qui est au cœur de son enquête. Leibniz ne néglige pas ce problème. Mais comme la Caractéristique, ou l'*Analysis situs*, étudie les rapports réciproques des caractères, la théorie de l'expression devient particulièrement attentive à l'entr'expression – selon un mot de notre philosophe – des substances. Or, les substances ne sont pas créatrices. Dieu les accorde. Elles se développent spontanément selon, chacune, la loi de la série que leur sites a définie. À la causalité réelle la théorie de l'expression substitue donc la causalité idéale. Elle conduit à la « concomitance » ou « harmonie préétablie » entre l'âme et le corps, qui ne sera nommée qu'en 1686 (*à Arnauld,*

P II, 58), mais que déjà Leibniz a introduite dans son système. Il la formule en 1678, lorsqu'il annote l'*Ethique* de Spinoza :

134 *Nam series idearum distincta | a serie corporum, et tantum sibi mutuo respondent* (Grua 282) ; l'année suivante, il confie à Malebranche qu'il ne croit plus depuis longtemps à l'action des corps sur les esprits, et, à Weigel, à celle des esprits sur les corps (Grua 259). La thèse du parallélisme selon laquelle à tout événement du corps, fût-il inassignable, répond un événement de l'esprit proportionné à celui du corps, et réciproquement, est donc entrée dans le système : la Dynamique la confirmera et la précisera.

Si Dieu s'exprime dans le monde, multipliant à l'infini cette expression dans les substances qui s'entr'expriment mutuellement, nous ne saisissons jamais les choses en soi elles-mêmes, nous ne pouvons atteindre que leurs expressions. L'espace exprime l'*immensum* ; le temps, l'éternité ; les causes efficientes, les finales ; la Nature, la Grâce ; le fini, l'infini ; l'imparfait, le parfait ; nos idées, les idées de l'entendement créateur ; la discursivité, l'intuition divine, etc. D'une manière générale – par là se définit le spiritualisme – le quantitatif exprime le qualitatif. La quantité est ce qui ne peut être connu que par comparaison d'une chose avec une autre au moyen d'une perception simultanée ; la qualité, ce qui peut être connu dans la chose considérée isolément (Cout *Log,* 310-311). En permettant une Analyse purement qualitative des figures sans recourir à l'imagination, l'*Analysis situs* ne nous aide-t-elle pas à comprendre comment la quantité peut exprimer la qualité ? Tandis que la Géométrie analytique de Descartes doit d'abord partir des figures pour établir ses équations, puis le confier au calcul, enfin revenir à la considération de la grandeur pour situer les points déterminés par le calcul, l'*Analysis* représente directement la situation par des caractères et les constructions de figures par ses opérations (Cout *Op,* 342) ; et, loin de demeurer abstraite, elle promet les plus grands avantages non seulement dans l'invention mathématique, mais encore dans l'application de la géométrie à la Physique. D'ailleurs, la Caractéristique n'est pas liée à la Géométrie : ses caractères manifestent au regard nos idées les plus éloignées de l'imagination, ses lois de combinaisons garantissent nos raisonnements les plus métaphysiques.

Cependant, nos idées ne sont pas les idées de Dieu, notre raisonnement n'est pas l'intuition souveraine qui embrasse *tota simul* tous les rapports d'ordre possibles. Ainsi la théorie de l'expression mesure-t-elle chez Leibniz la valeur et la portée | du rationalisme. On ne le remarque pas assez, il nous **135** semble : le rationalisme de Leibniz est à la fois plus modeste et plus ambitieux que celui de Descartes. Plus modeste, puisque la sensation, l'image, le concept ne font jamais, sur divers plans, qu'exprimer une réalité dont l'intuition directe nous échappe ; il n'y a pas pour notre connaissance de fond des choses ; notre pensée demeure toujours aveugle en partie ; nous manquons d'idées adéquates ; nous ne pouvons – Pascal le soutient à bon droit – remonter jusqu'aux premiers termes ; l'absolu est hors de notre portée. Mais, d'un autre côté, le rationalisme en Leibniz est plus ambitieux, beaucoup plus radical que celui de Descartes : ce qu'il perd quant au contenu, il le regagne, et bien au delà, par la forme. Nous ne remontons pas aux premiers termes ; néanmoins, il suffit que nous nous assurions de l'inclusion d'un prédicat dans un sujet pour que, ce prédicat et ce sujet ne soient-ils que des expressions d'une réalité supérieure et inaccessible, notre connaissance soit absolument certaine. Absolument, parce que Dieu lui-même est soumis à son Entendement. La forme du raisonnement a une valeur absolue : si Dieu pouvait abandonner son intuition et penser successivement la chaîne de ses conséquences, ce développement serait identique, et non plus seulement analogue, à notre déduction, alors que ses idées n'en deviendraient pas pour cela identiques aux nôtres. Contre Descartes, avec

Pascal, tant qu'il s'agit des notions premières, Leibniz les dépasse l'un et l'autre dès qu'il s'agit des propositions premières ou, plutôt, de la proposition première, puisque, pour lui, tous les axiomes se réduisent en principe à l'axiome d'identité.

Le logicisme sauve Leibniz du scepticisme, même pascalien. Il n'en reste pas moins qu'une déduction limitée n'est pas l'intuition infinie ; et comme l'expression n'est pas la chose même, on peut prétendre qu'en cela la logique est une méthode humaine de recherche, une manière de parler et, s'il était permis de dire, un phénomène bien fondé. La logique ? Donc, aussi, les mathématiques qui n'en sont qu'une promotion. Quand nous parlons du nombre infini des substances, ce n'est là qu'une métaphore. La formule mathématique de la force vive, mv^2, exprime, nous allons le voir avec M. Guéroult, un élément « supragéométrique ». Tous nos concepts, analogiques, sont des métaphores réglées. La théorie de l'expression **136** limite la portée de notre connaissance, tout en garantissant | sa certitude. Il convenait d'y insister pour mieux dégager l'originalité de Leibniz par rapport à Platon, Descartes et Pascal. Et surtout, pour préciser le sens du panlogisme leibnizien.

Bien que nous n'ayons pas de texte décisif avant 1686 – *la Brevis demonstratio erroris memorabilis Cartesii*, comuniquée le 6 janvier aux *Acta Eruditorum* et insérée en mars (p. 161-163) – le contexte de la philosophie en 1679 ne permet guère de douter qu'à cette date Leibniz n'ait été en possession de sa Dynamique. Nous avons vu comment la préparait le séjour à Paris et dans quelle mesure elle avait progressé. En 1679, l'inclusion, même pour les vérités contingentes, du prédicat dans le sujet avec les conséquences qu'elle entraîne (la spontanéité de toutes les substances, le futur impliqué dans le présent, l'harmonie préétablie), la description si physicienne du mécanisme métaphysique, la fréquence de plus en plus grande des allusions aux recherches de mécanique dans la Correspondance et, surtout, la lettre à Craanen de juin 1679 –, tout nous convainc que notre auteur a dénoncé la mémorable erreur de Descartes.

Sur le plan expérimental, cette erreur devient manifeste lorsqu'on soumet les lois cartésiennes du choc au principe de continuité. Ce principe, fondement même du calcul infinité-simal, est applicable au mouvement et il permet seul, lisions-nous dans le *Pacidius*, d'échapper à l'antinomie du continu uniforme et du discontinu ponctuel, dès qu'on le traduit en langage de différentielles et d'intégrales. Ce principe, par là, exige l'hypothèse de l'élasticité. Or, Descartes part de corps durs et il est facile de voir que les lois proposées dans la partie II des *Principes* violent la continuité : par exemple, selon la première règle, si deux corps égaux se rencontrent avec des vitesses égales, ils seront réfléchis aussi avec des vitesses égales ; mais, selon la seconde règle, il suffit qu'un des corps soit tant soit peu plus petit que l'autre, pour que le plus fort poursuive son chemin tandis que le plus faible est renvoyé vers le côté d'où il était venu, tous deux à la même vitesse. Or, objecte Leibniz, ce brusque changement d'effet demeure inex-plicable, car, selon le principe de continuité, à une variation infinitésimale de la cause doit répondre une variation infini-tésimale de l'effet. D'ailleurs, non seulement les lois du choc | se doivent accorder entre elles, mais elles doivent se trouver 137 aussi en continuité avec les lois de l'équilibre, le repos n'étant qu'une limite infinitésimale du mouvement.

Il fallait, les lois étant fausses, que le principe de la mécanique cartésienne fût faux ou, au moins, insuffisant. Descartes postulait que la même quantité de mouvement, mv, se conserve. Mais partons du principe que toute la cause doit passer dans l'effet entier : *effectus integer aequipollet causae plenae*. Recourons aux expériences de Galilée et de Huygens. Les corps tombent dans le vide en mouvement uniformément accéléré, et nous pouvons facilement, grâce au pendule, isoler une cause pleine – la force accumulée pendant la chute d'une hauteur h – et l'effet intégral – la remontée du corps à une hauteur h' au dessus du point d'équilibre. En vertu de notre principe : $h = h'$. Maintenant supposons avec les cartésiens qu'il faut autant de force pour élever à 4 aunes un corps A d'une livre, que pour élever à 1 aune un corps B de 4 livres. Il s'ensuit que A, tombant de 4 aunes, acquiert autant de force que B tombant d'1 aune. Mais, selon Galilée, le rapport des hauteurs 1/4 est égal au rapport des carrés des vitesses ; la vitesse de A doit donc être comme 2, celle de B comme 1. Par suite, ce n'est pas la quantité de mouvement, mv, qui se conserve, mais la quantité de force motrice mv^2. Personne ne s'étonnera que Descartes se soit trompé : il traitait de roues, de coins, de leviers, de vis, de poulies où les grandeurs des corps sont compensées par les vitesses, en sorte que, par accident, il arrivait que la force motrice se confondait avec la quantité de mouvement (*Dem. erroris*, loc. cit., 163). Plutôt que de suivre Descartes, il faut, à l'imitation de Huygens, estimer les forces par le rapport : masse multipliée par la hauteur de chute qui eût imprimé au corps la vitesse considérée (en effet, Huygens avait déduit des équations de Galilée que $v^2 = 2\,gh$) ; par conséquent, conclut Leibniz (*ibid.*) : $\frac{F}{F'} = \frac{mh}{m'h'}$.

Leibniz ne se contente pas de généraliser la conservation de mv^2 comme postulat expérimental ; il l'universalise comme principe ayant valeur métaphysique. Il pouvait être embarrassé. Huygens, Newton croyaient à l'existence d'un temps et d'un espace absolus : donc du mouvement absolu. Pour Leibniz, au contraire, le temps, l'espace et le mouvement **138** demeurent | relatifs : ce sont des rapports d'ordre et, en tant qu'apparences, espace, temps et mouvement ont quelque chose d'imaginaire qui tient à notre finitude. Dès lors, comment passer du relatif à l'absolu ? Ici encore, la doctrine de l'expression permet de le comprendre. Il n'est pas douteux pour Leibniz que mv^2 n'exprime quelque chose d'absolu. C'est que, comme le dit M. Guéroult, le carré d'une vitesse ne répond à rien dans l'intuition géométrique : une vitesse a un sens pour l'imagination, v^2 ne peut être que positif. L'expression mv^2 « est donc le substitut d'une réalité qui dépasse cette intuition, réalité qui a pu trouver une expression mathématique, mais que la pensée mathématique livrée à elle seule n'aurait jamais conçue » (*op. cit.*, 47). Ce qui dépasse l'intuition mathématique, c'est l'effet futur. Rien de plus significatif que le dernier paragraphe de la *Brevis demonstratio*. Huygens, en mettant en rapport les équations de Galilée : $v = gt$; $h = \frac{1}{2} gt^2$ en avait éliminé le temps, sous la forme $v^2 = 2\,gh$, parce qu'il voyait que la durée de chute est un phénomène accessoire. Or, si Leibniz, à son école, évite de mesurer la durée de chute – opération que la chronométrie de l'époque rendait encore délicate – il n'en perd pas de vue la considération du temps : il détermine les vitesses par les hauteurs de chute qui eussent pu les produire, ou, mieux, corrige-t-il, plus généralement (car il arrive que la vitesse n'ait pas encore été engendrée) par les hauteurs qui pourraient les produire : *vel generalius (quia interdum nulla adhuc celeritas producta est) altitudinum prodituarum* (loc. cit., 163).

> Cependant [écrira Leibniz] il semble que la force ou puissance est *quelque chose de réel dès à présent*, et l'effet futur ne l'est pas. D'où il s'ensuit qu'il faudra admettre dans les corps quelque chose de *différent de la grandeur et de la vitesse*, à moins qu'on veuille refuser au corps toute la puissance d'agir (F III, 48).

Ce quelque chose inaccessible à l'*a priori* mathématique – par là, à l'évidence cartésienne – ce quelque chose qui fixe le rapport des lois, le conserve, garantit l'effet futur, contient enfin la raison de l'ordre universel, ne peut être qu'un décret de Dieu. Nous l'ayons vu : d'autres espaces, d'autres mondes étaient possibles. Les lois de la physique sont des lois subalternes. Elles ont un caractère existentiel qui les rend contin-

gentes, en même temps qu'elles dépendent d'un décret divin
139 qui les rend nécessaires. Du reste, que | l'effet futur soit réglé,
qu'il soit dès à présent déterminé par quelque chose de réel,
cela prouve que les possibles *qui se produiront* – Leibniz ne dit
rien encore de précis sur les possibles qui ne se produisent pas
– se trouvent déjà contenus dans l'état actuel. La Physique
confirme donc que, même pour les propositions contingentes,
le prédicat est contenu dans le sujet. Du même coup, elle confirme la spontanéité des substances. Du même coup, l'hypothèse
de la concomitance ou harmonie préétablie. En approfondissant sa Dynamique par l'Analyse infinitésimale, Leibniz
s'aperçoit que la même quantité de progrès – projection d'un
déplacement sur une droite – se conserve dans l'univers (P II,
94 ; *Disc.*, § XXI), c'est-à-dire que la grandeur de la vitesse et sa
direction n'ont pas l'indépendance mutuelle que leur attribuait
Descartes ; par conséquent, il faudra que chaque substance soit
animée d'un *Conatus*, d'une accélération élémentaire dont
l'immuable direction la prédétermine de toute éternité ; et si,
enfin, la même quantité de progrès se conserve, tout changement dans l'univers doit être compensé par un autre, et cette
harmonie nous renvoie au Suprême Harmoniste qui a situé
les substances de manière que leurs séries se développent en
concomitance. On devine par là que l'inclusion du prédicat
dans le sujet, la spontanéité de toutes les substances attestée
par la Dynamique, rend immanente la finalité jusque-là transcendante dans le leibnizianisme.

Cependant, la notion complète de substance individuelle
paraît difficilement conciliable avec la liberté. Leibniz
s'attache à ce problème, objet, le 27 novembre 1677, d'une
importante conversation avec Stenon : la solution n'importe
pas à la seule philosophie, elle est d'une importance capitale
pour les controverses sur la prédestination.

Toute la liberté, ainsi que le rappellera la *Théodicée*, tient
en trois mots : contingence, spontanéité, choix.

Est contingent par définition ce qui peut être ou ne pas être, c'est-à-dire : dont le contraire n'implique pas contradiction. Par exemple, il n'y a aucune contradiction *logique* à admettre un Judas qui n'eût pas trahi. Nécessaire, à l'inverse, ce dont le contraire implique contradiction : 3 x 3 = 10 (Grua 271). D'où, en logique leibnizienne : est nécessaire tout prédicat contenu dans le sujet, mieux : dans l'essence du sujet. | Or, d'un seul **140** Être l'essence enveloppe nécessairement l'existence, Dieu (Grua 274). Toute existence, sauf celle de Dieu, est donc radicalement contingente. On objectera aussitôt que Dieu ne crée pas les essences : dès lors, tout ce qui arrive à Judas ne devient-il pas nécessaire ? En effet, « La sagesse et la justice – écrit Leibniz en 1679 dans l'admirable *Dialogue entre un habile politique et un ecclésiastique d'une piété reconnue* – la sagesse et la justice ont leurs théorèmes éternels, aussi bien que l'arithmétique et la géométrie : Dieu ne les établit point par sa volonté, mais il les renferme dans son essence, il les suit » (FII, 532). Le meilleur choix possible s'opère dans l'entendement divin

> comme nous voyons dans les machines où la nature choisit toujours le parti le plus avantageux pour faire descendre le centre de gravité de toute la masse autant qu'il se peut […] car le plus beau et le plus simple est ce qui donne le plus avec le moins d'embarras, comme par exemple une boule parfaitement ronde est plus simple que quelque autre corps que ce soit. Et par cette raison un corps, par exemple une goutte d'huile dans de l'eau, se rencontrant dans quelque corps contraire, se ramasse en rond pour incommoder et être incommodé le moins possible (Grua 286).

Il semble donc que si, pour nous, l'existence de Judas traître est contingente, elle est nécessaire pour Dieu. Leibniz répond en distinguant entre la nécessité absolue et la nécessité hypothétique. La nécessité absolue est purement logique : elle ne porte que sur des essences, c'est-à-dire sur les relations des essences entre elles. La nécessité hypothétique – ici est le nœud de l'affaire – concerne le rapport des essences *avec le sujet* qui les pense; or, si Dieu même n'a pas à créer ces essences, leur réalité cependant n'est que d'être pensées, c'est du sujet qui les conçoit qu'elles tiennent leur être. Leibniz y insiste avec force :

> s'il y avait quelque puissance dans les choses possibles pour se mettre en existence, et pour se faire jour à travers des autres, alors […] dans ce combat la nécessité même ferait […] le meilleur choix possible […]. Mais les choses possibles n'ayant point d'existence n'ont point de puissance pour se faire exister, et par conséquent il faut chercher le choix et la cause de leur existence dans un être dont l'existence est déjà […] nécessaire d'elle-même (Grua 286).

La spontanéité du mécanisme métaphysique ne s'explique donc point par une prétention à l'existence que les essences **141** posséderaient | d'elles-mêmes, d'une façon indépendante, mais par l'activité, c'est-à-dire l'être total du sujet qui anime ce rnécanisme. Nous appelons entendement les essences et leurs rapports. L'entendement n'est pas tout l'être. Quel nom, sinon celui de volonté, donner à la puissance qui le porte? Ainsi, lorsque Leibniz répète que la volonté de Dieu reste soumise à son entendement, il n'entend pas scinder l'activité divine en deux activités dont l'une commanderait l'autre comme le maître commande l'esclave; il entend que Dieu ne peut moralement vouloir que faire exister le meilleur. « J'appelle *impossible moralement* ce qu'il n'est pas possible de faire sans commettre un péché » (F VI, 262). Le péché étant ignorance, un Dieu omniscient ne saurait donc pécher. On voit de là comment se fait la distinction entre la nécessité absolue et la nécessité hypothétique. En premier lieu, selon l'antériorité logique, nous avons à poser un être. Mais être, c'est agir, et un être ne peut agir que conformément à sa nature. Or, il est de la nature de Dieu d'être pensant et créateur. En tant qu'il pense, son activité est l'activité des idées. En tant que créateur, il ne peut qu'incliner vers la combinaison qui lui permet de mettre en œuvre le maximum d'activité efficace, autrement dit le maximum d'effet pour le minimum de dépense. Mais Dieu pouvait ne pas créer. En effet, par définition, la nécessité absolue concerne un rapport entre idées, elle est logique, essentielle, tandis que la nécessité hypothétique est un rapport à des idées, elle est existentielle et morale. Prétendre que la création est absolument nécessaire, ce serait appliquer au rapport du sujet aux idées un rapport seulement possible entre idées : ce serait commettre un sophisme. Dieu lui-même ne pourrait faire que $3 \times 3 = 10$; c'est une nécessité absolue, toutes les combinaisons des essences se formant en son entendement, qu'il conçoive notre monde parmi les mondes possibles et qu'il le conçoive comme le meilleur des mondes possibles; il ne pouvait pas davantage empêcher l'optimum d'être l'optimum, que le cercle d'être la figure de plus grande capacité. Mais il pouvait ne pas créer. Même pour Dieu l'existence du monde n'est pas comprise dans son essence; la distinction des deux nécessités est valable même pour Dieu : « La distinction entre nécessité hypothétique et nécessité absolue – écrira Leibniz à J. Bernouilli, le 1er mars 1699 (M III, 576) – vaut, à mon avis, aussi bien pour Dieu que pour | les créatures; je ne **142** vois d'ailleurs pas ce qui l'empêcherait ». Couturat conteste ce point. C'est que, la volonté morale étant inséparable de la fin qu'elle se propose, si, comme Couturat, nous perdons de vue le rapport du sujet au projet, si nous ne pensons qu'à la fin, c'est-à-dire aux idées qu'il faut faire passer à l'existence, nous retombons alors sur la nécessité logique; il nous devient alors facile de montrer que le meilleur logique et le meilleur moral se confondent pour Dieu; la combinaison qui renferme le maximum d'essences sous le minimum de volume est à la fois la préférable et la plus belle, le Vrai, le Bien, le Beau ne font qu'un pour l'entendement. Pourtant, un préférable n'est un préférable moral que si l'on ajoute à la *constatation* d'un optimum logique, la *décision* de produire cet optimum. Il y aurait contradiction à ce que l'Être parfait ne choisît pas le plus parfait réalisable, mais aucune contradiction à ce qu'il ne le réalisât point. Aussi Leibniz peut-il expliquer à Stenon :

> La série des choses n'est pas nécessaire d'une nécessité abso-
> *lue*, car il y a plusieurs autres séries possibles, c'est-à-dire intel-
> ligibles, bien que leur accomplissement en acte ne s'ensuive
> pas. *On peut concevoir une série de choses impossible selon la
> nécessité hypothétique*, par exemple une série du monde telle
> qu'il s'y produise que tous les pieux soient damnés et tous les
> impies sauvés. Oui, cette série peut être pensée ou conçue, mais
> son existence effective … est impossible par impossibilité
> hypothétique, non certes qu'elle implique contradiction dans
> les termes, mais parce que cela est incompatible avec l'exis-
> tence présupposée de Dieu dont la perfection (d'où résulte la
> justice) ne peut souffrir telle chose (Grua 271).

La contingence rend la liberté possible. Encore convient-il – deuxième condition – que la substance agisse sans contrainte. Mais, d'une part, le mécanisme métaphysique l'a réglée sur les autres substances avec une précision d'horloge et même plus de précision : *Deum aeque certo agere, ac horologium, imo contra potius quam horologium* (Grua 270). D'autre part, sa notion complète comprend tout ce qui doit lui arriver. Cette essence, ou cause formelle, est la loi immanente (*intra rem ipsam*) du développement (Grua 269). Le futur n'étant pas moins assuré que le passé (*ibid.,* 274), Dieu prévoit infaillible-
143   ment tout ce que fera la substance, non par une vision | comme dans un miroir [1] ou une table à calculer, qui n'expliquerait pas

---

1. Leibniz semble hésiter. En ce même mois de novembre 1677, il rejette la vision moyenne dans ce texte de Couturat, et l'accepte dans la conversation avec Stenon : Dieu voit « *per speculum, id est in idea quae est in itellectu divino, et futuritionem includit* » (Grua 271).

pourquoi il en est ainsi plutôt qu'autrement, mais par un savoir analogue à celui du géomètre qui prouve ou du physicien qui prévoit l'effet d'une machine, bref, par une connaissance de la cause et *a priori* (Cout *Op*, 26) Bien sûr, puisque la création est contingente, il n'y a là qu'une nécessité hypothétique ou, comme dit souvent Leibniz, par accident (Grua 273, 274). La substance, une fois créée, n'en est pas moins prisonnière d'une essence. D'ailleurs, la création continuée ne lui enlève-t-elle pas tout pouvoir vraiment efficace ?

> À parler proprement et scrupuleusement, il faut moins dire : Dieu concourt à l'acte, que, plutôt : Dieu produit l'acte. Car supposons que Dieu concoure à un acte quelconque, mais de telle sorte que tout cet acte ne soit pas seulement produit par Dieu, mais en partie aussi par l'homme : [...] il s'ensuivrait, au moins, que ce concours de l'homme n'a pas besoin de la coopération de Dieu, ce qui est absurde[...], car ce concours est aussi un acte ; il s'ensuit donc, en fin de compte, que tous les actes, comme toutes les créatures en général, sont en totalité produits par Dieu. Qui produit deux fois la moitié d'une chose la produit en entier ; ou, plus clairement, qui produit la moitié d'une chose, plus la moitié de la moitié restante, plus, à l'infini, la moitié prise de la moitié de la moitié restante, celui-là la produit en entier[1]. Or, c'est ce qui se produit dans un acte quelconque par rapport à Dieu. Car supposons que Dieu et l'homme concourent à l'acte, il est nécessaire, au surplus, que Dieu concoure au concours lui-même de l'homme, et ainsi, ou bien on ira à l'infini[...], ou bien il suffit de dire d'entrée que Dieu produit vraiment l'acte, quoique ce soit l'homme qui agisse (Grua 275).

Pourtant, la spontanéite est sauve. C'est que, d'abord, aucune substance n'est soumise à l'action réelle d'une autre, car l'harmonie universelle les a réglées les unes sur les autres comme des séries indépendantes. Comme il serait contradic-

---

1. En effet : $1 = \frac{1}{2} + \frac{1}{4} + \frac{1}{8} + \frac{1}{16} + ...$

toire qu'elles ne dépendissent pas de Celui dont tout dépend
144 par hypothèse, les substances spirituelles ne dépendent | donc
que de Dieu. Or, voici le deuxième point. Dieu n'agit que sur
ce qu'il a créé, c'est-à-dire sur l'existence : il n'a pas créé les
essences. C'est donc en une seule et même opération que par la
création continuée il nous maintient à l'existence et qu'il nous
fait agir ou qu'il agit en nous. Mais la substance n'est agie que
selon son essence. En la créant continuement, Dieu ne la
contraint pas, il lui permet de réaliser sa nature.

Reste le choix. « La volonté n'agit jamais si ce n'est en vue
d'une fin. La fin est le bien apparent. La volonté est toujours
mue par l'apparence du bien. Le choix entre deux termes ne
peut donc avoir lieu sans que l'on ait conscience que le bien est
de choisir ainsi » (Grua 269). La volonté agit (*agit*…) comme
tendance à réaliser un possible ; elle est mue (*movetur*) par la
causalité finale du meilleur, ainsi que l'ont professé Socrate,
saint Augustin et, maintenant, Malebranche. S'il n'y a pas de
volonté sans quelque apparence du bien, on ne saurait vouloir
sans savoir que l'on veut, on ne saurait choisir sans savoir
qu'on choisit selon le préférable : par sa définition même, la
pleine volonté ne peut être que réfléchie et ne choisir que le
meilleur au moins apparent. Mais, déjà, parler de meilleur
implique des degrés du bien ; et, comme l'apparence enveloppe toujours l'infini, ces degrés vont à l'infini. Ils se déterminent par la quantité d'essence, nombre d'idées compossibles comprises dans le minimum de volume, et cette quantité
varie à l'infini puisque les idées se combinent d'une infinité de
manières. Il en résulte que la volonté, suivant l'entendement à
proportion de ces degrés d'essence, a elle-même une infinité
de degrés. Mais le principe des indiscernables affirme qu'il n'y
a pas deux identiques. Dieu ne saurait donc hésiter : il discerne
toujours dans une alternative le terme qui contient le maximum d'essence. L'homme hésite parce que sa pensée est
confuse. Sa volonté décroît dans la mesure où il distingue plus

mal les différences, si bien qu'à la limite, lorsque les apparences sont pour lui égales, il cesse de vouloir. Mais « posons
qu'il y ait une différence moindre qu'une différence donnée
aussi petite qu'on voudra, par cela même nous posons aussi un
surplus de vouloir » (Grua 269). Les différences vont aux diffé-
rentielles. Elles n'en agissent pas moins. Dieu lui-même ne
pourrait faire – ce serait un effet sans cause – qu'une balance
en équilibre incline sans raison d'un | côté plutôt que de l'autre   **145**
(*ibid.,* 277). La liberté d'indifférence est donc une fiction
contradictoire (*ibid.*). Nous n'apercevons pas toujours ce qui
nous détermine, mais nous ne laissons pas d'être toujours
déterminés. Aussi Dieu prévoit-il nos actes libres par leurs
causes (« Que rien ne soit sans raison s'entend de la cause
efficiente, matérielle, formelle, finale » Grua 269). D'ailleurs,
en même temps qu'il a prédéterminé l'ordre de nos idées et de
nos apparences, il a prédéterminé l'ordre de nos actes, et
comme nous n'agissons que par lui, nous ne voulons de même
que par lui : *Deus in nobis operatur tam ipsam velle quam ipsum
facere* (*ibid.,* 276). Mais alors, protestera-t-on, voici notre choix
illusoire ? Pas plus, répond Leibniz, que notre spontanéité. Si,
en nous maintenant à l'existence, Dieu crée continûment notre
vouloir et notre faire, ce n'est jamais qu'en conformité avec
notre essence incréée : il ne nécessite pas, il incline.

Ainsi notre choix nous exprime. La sanction est justifiée.
Un mauvais choix exprime une volonté mauvaise ; un bon
choix, une volonté droite. Dieu ne fait qu'actualiser la volonté
de notre essence. Supposons Pierre et Paul dans les mêmes
circonstances : si Pierre rejette la Grâce tandis que Paul
l'accepte, il faut donner une raison de cette différence et elle ne
peut être tirée que de la Pétrinité et de la Paulinité, c'est-à-dire
« de la nature de la volonté de Paul et de la nature de la volonté
de Pierre, qui fait la différence de ces deux libertés, en sorte
que l'un choisit ceci, l'autre cela » (Cout *Op,* 26). Dieu nous a
situés dans l'univers selon la nature de notre volonté – à moins,

inversement, que notre situation ne détermine la nature de
cette volonté, comme un caractère change de sens en même
temps que de *situs*. De toute façon, la Justice de Dieu est
d'abord la justesse du mécanisme métaphysique qui organise
les substances d'après la quantité d'essence et qui calcule la
raison de leur développement – leur destin. Mais, de même que
le maximum logique se change en optimum moral par rapport
à la volonté, de même, par rapport à la volonté, le destin prend
la signification d'une destination morale. Destination prédes-
tinée pour Dieu qui prévoit la réprobation « en tant qu'elle est
impliquée dans la notion possible » du pécheur (Grua 227).
Leibniz n'en proclame pas moins l'utilité des œuvres et des
prières. S'il croit qu'aucun de ceux qui veulent pleinement et
146 fidèlement le bien ne manque de | la Grâce, c'est que, pour lui,
ils n'ont la Grâce que parce qu'ils veulent le bien *conformément à leur nature*. Les prières sont utiles « comme l'eau
ou le vent à faire tourner le moulin. Car, de même que Dieu,
lorsqu'il a prévu que le moulin tournerait, a vu que ce serait par
le vent ou par l'eau, ainsi, lorsqu'il a prévu que tu obtiendrais
une grâce, il a vu que ce serait par des prières » (*ibid.*, 273). Dieu
ne veut ni le mal ni la réprobation : « Comme le musicien ne
veut pas les dissonances par elles-mêmes, mais seulement par
accident, lorsque, corrections faites, elles rendent la mélodie
plus parfaite qu'elle ne l'eût été sans elles, ainsi Dieu ne veut
les péchés que sous condition de peine correctrice, et seulement par accident, en tant qu'ils sont requis pour accomplir la
perfection de la série » des choses (*ibid.*, 271). Ou encore,
comme une peinture ne devient discernable que par les ombres
(*ibid.*, 276), il ne tolère ou permet les péchés qu'eu égard à la
perfection de l'ensemble. Et d'ailleurs, le pécheur sait qu'il
pèche lorsqu'il veut le mal, puisque le choix est conscient du
bien : ne reconnaît-il pas ainsi la justice de la peine ?

À mesure que, de 1676 à 1679, Leibniz progresse vers
l'achèvement de son système, il accentue de plus en plus son

opposition à Descartes. En 1675, il ne le connaissait guère que de seconde main (PI, 371). Maintenant, il l'a lu (PIV, 282), il l'annote, il lui emprunte des définitions dans le *De affectibus* d'avril 1679 ou le *De vita beata*. Et sans doute avoue-t-il que Descartes est « un des plus grands hommes de ce siècle » (PIV, 294), qu'il l'estime « infiniment » (*ibid.,* 283, 301), qu'il n'a d'égaux, parmi ses prédécesseurs, qu'Archimède et Galilée (*ibid.,* 274) – ce qui borne le compliment à la philosophie naturelle. Néanmoins il n'hésite pas à écrire qu'il y a en Descartes du chef de secte, « quelque chose du bateleur » (*ibid.,* 295), qu'il a bénéficié de la disparition des Viète, Galilée, qu'il a profité du dégoût de la méthode scolastique, de sa fertilité en hypothèses, de son éloquence (PI, 196), mais que, tous comptes faits, il « avait l'esprit assez borné » (PIV, 297). « Il cite rarement les autres, et il ne loue presque jamais. Cependant une grande partie de ses meilleures pensées était prise d'ailleurs : à quoi personne ne trouverait rien à redire, s'il l'avait reconnu de bonne foi » (*ibid.,* 305). Or, sa Méthode est imparfaite, même en Géométrie où il la croyait « démontrée » (*ibid.,* | 291) ; il a eu tort **147** de prendre pour critère de la vérité la clarté et la distinction (*ibid.,* 274), et il n'a pas connu « cette analyse générale des notions que Jungius à mon avis a mieux entendue que lui » (*ibid.,* 282, 328). Sa Physique ? Elle aurait mérité d'être suivie, s'il « avait donné moins à ses hypothèses imaginaires et s'il s'était attaché davantage aux expériences » (*ibid.,* 281, 292), « s'il avait eu moins d'ambition pour se faire une secte, plus de patience à raisonner sur les choses sensibles, et moins de penchant à donner dans l'invisible » (*ibid.,* 302) : les règles de sa mécanique sont fausses en grande partie » (*ibid.,* 291), « pleines d'erreurs » (*ibid.,* 328) ; son Astronomie « n'est dans le fonds que celle de Copernic et de Kepler à laquelle il a donné un meilleur tour » (*ibid.,* 301), comme il emprunte, sans le dire, à Gilbert ses pensées sur l'aimant, à Harvey ses pensées sur la circulation du sang (*ibid.,* 302) ; il ignore la chimie : « on

oubliera bientôt le beau Roman de Physique qu'il nous a
donné » (*ibid.*). Sa Métaphysique ? « Ce n'est qu'un tissu de
paralogismes, quoiqu'il y ait de belles pensées parmi » (à
Berthet, 1677) : pour achever son argument ontologique, il
aurait dû prouver que l'idée de Dieu est possible (P IV, 292) ;
d'ailleurs, son Dieu n'est pas digne d'amour puisque, pareil à
un tyran, il décrète arbitrairement le bien et le vrai et que Sa
Volonté choisit en un élan aveugle et sans raison (*ibid.,* 258) :

> Car quelle volonté (bon Dieu) – va s'exclamer Leibniz – qui n'a
> pas le bien pour objet ou motif ? Qui plus est, ce Dieu n'aura pas
> même d'entendement. Car si la vérité même ne dépend que de
> la volonté de Dieu, et non pas de la nature des choses, et l'enten-
> dement étant nécessairement *avant* la volonté (je parle *de
> prioritate naturae*, non *temporis*), l'entendement de Dieu sera
> avant la vérité des choses, et par conséquent n'aura pas la vérité
> pour objet. Un tel entendement sans doute n'est qu'une chi-
> mère, et par conséquent il faudra concevoir Dieu à la façon de
> Spinoza comme un être qui n'a point d'entendement ni de
> volonté, mais qui produit tout indifféremment bon ou mauvais,
> étant indifférent à l'égard des choses et par conséquent nulle
> raison l'inclinant plutôt à l'un qu'à l'autre. Ainsi, ou il ne fera
> rien ou il fera tout. Mais de dire qu'un tel Dieu a fait les choses
> ou de dire qu'elles ont été produites par une nécessité aveugle,
> l'un vaut l'autre, ce me semble […] (P IV, 285).

Il fera tout ? C'est que, comme chez Hobbes ou Spinoza, un
pareil Dieu échappe à l'incompossibilité des possibles (Cout
| *Op,* 529). Aussi Descartes affirme-t-il (*Princ.* III, § 47) « que la
matière prend successivement toutes les formes dont elle est
capable » (P IV, 281, 274, 283) et rejette-t-il les causes finales
(*ibid.*). Or, tout se tient. « L'immortalité de l'âme suivant
Descartes ne vaut guère mieux que son Dieu » ; les *Méditations*
ne prouvent qu'une « immortalité sans souvenance […] tout à
fait inutile à la morale ; car elle renverse toute la récompense et
tout le châtiment » (*ibid.,* 300). Croyant que la nature du corps

148

consiste dans l'étendue (*ibid.*, 274) – ce qui rendrait le Mystère de la Transsubstantiation inintelligible (*ibid.*, 258) – Descartes ne démontre pas qu'étendue et pensée ne puissent être les propriétés d'une même substance (Grua 510-511). Après cela, on ne s'étonnera point si sa Morale, démarquée des Stoïciens, ne nous laisse qu'«une patience sans espérance» (P IV, 298, 275). Au total, la philosophie cartésienne n'est que «l'antichambre de la véritable philosophie» (*ibid.*, 281, 258). Certes, «celui qui lira Galilée et Descartes sera plus apte à découvrir la vérité, que s'il erre à travers toute sorte d'auteurs vulgaires» (*ibid.*, 258), «et j'aime mieux sans comparaison d'avoir affaire à un cartésien qu'à un homme sorti d'une autre école» (*ibid.*, 282). Mais «je ne saurais approuver le cartésianisme» (*ibid.*, 304) : ses sectateurs n'étudient ordinairement que les écrits du maître au lieu du grand livre de la Nature ; ils s'accoutument au babil, à des faux-fuyants et à la paresse ; ils ignorent ce qu'il y a de bon chez les autres [...] » (*ibid.*) ; aussi, «de tant de découvertes qu'on a faites depuis Descartes, il n'y en a pas une que je sache qui vienne d'un Cartésien véritable. C'est une marque ou que Descartes ne savait pas la vraie méthode ou bien qu'il ne la leur a pas laissée» (*ibid.*, 297, I, 196). Sans suspecter ni toute la sincérité, ni, souvent, la justesse de ces critiques, il est certain que Descartes et le cartésianisme deviennent pour Leibniz un obstacle à l'avancement des sciences, à la vraie piété – Spinoza dit tout haut ce que Descartes pense tout bas –, par là à la Réunion des Églises – en tout cas, un obstacle à la propagation de sa propre philosophie. Leibniz qui, vraisemblablement, compte sur l'appui des Jésuites, se prépare à une lutte ouverte.

Nous voici à la fin de 1679. Le 7 janvier 1680, Jean-Frédéric meurt sans enfants. Ernest-Auguste, le dernier né des quatre frères, lui succède. On se souvient qu'en 1665, à la mort de | l'aîné Christian-Louis, Georges-Guillaume était passé du **149** duché de Hanovre, qu'il laissait à Jean-Frédéric, à celui de Zelle. Plusieurs années auparavant, George-Guillaume subju-

gué, en Italie, par Eléonore d'Olbreuze, avait rompu ses fian-
çailles avec la Comtesse Palatine Sophie, sœur de l'illustre
Princesse Elisabeth, l'amie de Descartes. En 1658, Ernest-
Auguste avait épousé Sophie sous promesse que Georges-
Guillaume ne se marierait pas; et une transaction, signée à
Hildesheim en 1665, stipulait « qu'en cas de manquement des
lignes de Georges-Guillaume et de Jean-Frédéric, succèderait
dans l'un et l'autre pays Ernest-Auguste, ou son aîné, ou l'aîné
de l'aîné » (K V, 148). Or, rompant sa promesse, Georges-
Guillaume venait d'épouser en 1676 Eléonore d'Olbreuze
dont la fille, Sophie-Dorothée, devenait ainsi princesse héréditaire de Zelle. Nous n'avons pas à raconter le tragique destin de
cette Sophie-Dorothée unie en 1682 par l'ambition d'Eléonore
au fils aîné d'Ernest-Auguste, Georges-Louis, futur roi
d'Angleterre, en un désastreux mariage. Ernest-Auguste –
qui, de son mariage avec Sophie, avait eu six fils et une fille,
Sophie-Charlotte, née en 1668, appelée à devenir la première
reine de Prusse et la grand-mère de Frédéric II – avait donc à
régler, en succédant à Jean-Frédéric, une question de primo-
géniture. Un des premiers soins de Leibniz est de s'en occuper
(K V, 101 *sq.*) pour conclure, d'après la Transaction de
Hildesheim, à la réunion des deux Duchés entre les mains de
son nouveau Prince.

La « fatale paix » de Nimègue est conclue. Elle ne satisfait
personne. Pomponne disgrâcié est remplacé par Colbert de
Croissy; Louvois XIV – comme l'écrit Leibniz par lapsus ou
par intention – oriente la politique étrangère vers la violence.
Entre la France, à l'Occident, les Turcs et les Hongrois à
l'Orient, l'Empereur n'a signé que contraint; et les progrès du
Brandebourg qu'il ne soutient pas à Nimègue l'inquiètent. Le
Grand Électeur à qui ainsi la Poméranie échappe s'en plaint
ad nauseam usque (K V, 165) et s'allie par dépit à Louis XIV :
son mécontentement, joint à celui du Danemark, enchaînera
jusqu'en 1685 la politique impériale et allemande; et pourtant,

écrira Leibniz en 1684, « quoiqu'il soit encore touché de la manière peu raisonnable avec laquelle il a été abandonné à Nimègue, il a dans le fonds l'âne sensible aux maux de la patrie et | le cœur teutonique » (K V, 295). Louis XIV – l'Espagne, **150** pour l'instant, lui est en apparence acquise par le mariage (nov. 1679) de Marie-Louise d'Orléans avec Charles II – peut encore compter sur Mayence, Trêves, Cologne, la Saxe. Mais la Bavière se détache, Charles XI est hostile, Guillaume d'Orange ne songe qu'à la revanche et la Pologne se tourne vers l'Autriche. Ernest-Auguste, antifrançais, a combattu contre lui. La politique de Louvois conduit à la Ligue d'Augsbourg.

Dès 1680, les circonstances favorisent cette politique. Les Tchèques se révoltent, les Hongrois s'agitent ; une trêve libère les Turcs qui, avec Tatars et Cosaques, guerroient encore contre le Tzar. Louis XIV, en pleine paix, élève ses prétentions sur dix villes d'Alsace, Montbéliard, Charlemont, Givey, Fumay, Revin, les comtés de Chiny et de Virton. En septembre 1681, il s'empare de Strasbourg ; et Leibniz de se récrier

> que la prise de Strasbourg est un trait de politique la plus violente et la plus ottomane que jamais prince chrétien ait su pratiquer, et que c'est le comble de l'impudence que de la vouloir excuser ; que ce coup s'était fait sans ombre de prétexte, contre la foi tout fraîchement donnée, [...] que la conscience, la bonne foi et le droit des gens sont des termes creux et des ombres vaines, depuis qu'on ne cherche plus même de prétexte à la violence (K V, 235, 250).

Le même mois, le duc de Mantoue se place sous la dépendance de Louis XIV et lui livre la place forte de Casal, sur le Pô, ici encore en dépit de la parole donnée par le roi (*ibid.,* 208). La Ligue antifrançaise se prépare. Charles XI de Suède a refusé, en 1679, de prêter hommage pour le duché des Deux-Ponts annexé par Louis XIV (*ibid.,* 160). L'Empereur peut compter sur Ernest-Auguste, l'évêque de Wurzbourg, le landgrave de

Hesse-Cassel, les princes d'Orange et de Waldeck, le marquis de Grana, bientôt sur la Bavière et sur la Saxe (*ibid.,* 167). Mais manque le Grand Électeur. De plus, Leibniz est bien contraint de l'avouer, l'Empereur a commis de graves fautes en Hongrie :

> Car les Hongrois aigris de plus en plus commençaient à prendre des solutions désespérées ; de l'autre côté, la Cour de Vienne acheva de les pousser dans le précipice, confisquant les biens de bien des gentilhommes, enlevant les églises aux protestants, et faisant le procès à leurs ministres comme à des criminels de lèse-majesté, dont un très grand nombre fut condamné sans avoir eu égard à leur défense, et plus de 80 personnes dont il y avait que le grand âge | rendait dignes de compassion, ou la jeunesse exempts de soupçon, accouplés comme des bêtes et traînés depuis les monts Carpathiens jusqu'au royaurne de Naples où ceux qui n'étaient pas péris en chemin furent mis aux galères, mais délivrés bien à propos par l'amiral Ruyter (*ibid.,* 180).

151

La France, « qui profite de tout », finance la révolte de Tôkôli (*ibid.,* 181) qui s'allie aux Turcs. En juillet 1683, c'est le siège de Vienne.

Leibniz, qui se trouve dans le Harz, écrit alors un de ses plus violents pamphlets contre Louis XIV : *Mars christianissimus* (K V, 201 *sq.*). L'épigraphe en est éloquente :

> *Auff Teutscher auff, dein Heil ruht fast auf schlechten Fuss,*
> *Auff Teutscher, liess, bedenck und mach den rechten Schluss !*

Leibniz feint d'adopter le parti gallo-grec, celui des partisans en Allemagne de la France, pour mieux faire « l'Apologie des Armes du Roi très-chrétien contre les chrétiens ». « Dès l'année 1672, il a été résolu en France que le Roi n'aurait plus besoin à l'avenir de rendre raison au monde de ses entreprises [...] » (205). L'auteur rappelle les manquements du Roi à sa parole, le changement de politique à la mort de Lionne, le rôle de Colbert de Croissy et de Louvois, et propose « les fondements d'une nouvelle jurisprudence » ayant pour elle les casuistes, «et particulièrement les Jésuites» (210). Posons pour fondements que Louis XIV «est le véritable et unique vicaire de Dieu», et que *justum est potentiori utile (ibid.)*. Le plus puissant est justement Louis XIV. Dès lors, «toutes les règles de la politique cessent à l'égard de ce grand prince, et quoiqu'il semble qu'il fait bien des choses contre l'ordre de la prudence, on le voit néanmoins réussir, parce que Dieu est avec lui et la sagesse de ce monde est une folie devant Dieu» (217). Par conséquent, lui résister, c'est résister à Dieu. Que les Catholiques allemands, surtout, reconnaissent en lui leur «libérateur» (220): «Ne sait-on pas avec quelle chaleur les ambassadeurs de France se sont empressés à Nimègue pour obtenir l'exercice libre de la Religion dans les Provinces-Unies?» (*ibid.*). Il est vrai que Louis XIV a donné assistance «au comte de Tôkôli et aux autres rebelles d'Hongrie bien que protestants, quoiqu'il vît bien que la chrétienté en pâtirait, et que les «Turcs en tireraient profit»; mais ce n'est là qu'un «petit dommage passager» (221). Aussi, le petit clergé catholique d'Allemagne chante déjà l'Osanna, si Messieurs les Évêques balancent encore un peu: quant aux moines allemands, c'est une autre | affaire «parce que les moines de **152** S. Benoit et de S. Bernard, les Carmélites, les Carmes, les Dominicains et bien d'autres Ordres, qui sont assez à leur aise en Allemagne, ont été obligés en France, depuis quelque temps, sous prétexte de nouvelles réformes, de jeûner ou d'aller pieds nus» (222-223). Les princes séculiers, à l'exemple des princes italiens, se soumettront bien à leur tour. Les Gallo-grecs ont donc raison. «Le vulgaire ignorant nous appelle traîtres, disant que nous vendons la patrie et travaillons à la mettre sous le joug d'un étranger»: l'envie seule le fait parler. Et «qu'est-ce que la liberté germanique, sinon une licence de grenouilles qui criaillent et sautent çà et là, auxquelles il faut une cigogne, puisque cette pièce de bois flottant qui faisait

tant de bruit en tombant ne leur est plus formidable ? » (225).
L'Empereur n'a qu'un tort : de trop s'opiniâtrer « à vouloir
maintenir les droits de l'Empire » (226). On nous appelle, nous,
gallo-grecs, peste de la patrie, poison des âmes bien nées,
honte du genre humain : mais je ferai comprendre

> que nous travaillons pour la cause de Dieu et de l'Église, que le
> nom de patrie est un épouvantail des idiots, qu'un homme de
> cœur trouve sa patrie partout, ou plutôt, que le ciel est la patrie
> commune des chrétiens et que le bien particulier de la nation
> allemande doit céder au bien général du Christianisme et aux
> ordres du Ciel (227).

Les Français nous méprisent et nous mépriseront bien
davantage, ils nous désarmeront, abaisseront les familles
illustres ou les transporteront en France ;

> les bénéfices, les charges de conséquence, ne seront que pour
> les Français ou pour les âmes les plus serviles qui se trouveront
> parmi les Allemands ; les esprits élevés et qui sembleront
> garder quelque reste de l'ancienne vertu seront affligés de mille
> maux, jusqu'à ce qu'on les ait accoutumés tous à l'esclavage, et
> rendu la nation la plus propre à être un objet de la miséricorde
> que de la crainte (228).

Les Allemands n'en gagneront que mieux le ciel : « J'imagine
que le R. P. de la Chaise, Jésuite, Confesseur ordinaire du Roi
[…] sera à peu près dans les mêmes sentiments […] » (229). La
France ne fait que pêcher en eau trouble : la voici à chercher
« des droits imaginaires chez Dagobert et Charlemgne » : à ce
compte, il faudrait ressusciter l'Empire de Charlemagne (236).
Le droit foulé, qu'on ne s'étonne pas

> si ceux qui sont dépouillés tout fraîchement se tourmentent et
> remuent ciel et terre avec des paroles tragiques, s'ils nous
> **153** montrent | les champs inondés de sang chrétien pour satisfaire à
> son ambition d'une nation seule perturbatrice du repos public,
> s'ils font voir tant de milliers immolés par le fer, par la faim, par

les misères, à fin seulement qu'on ait de quoi mettre sur les portes de Paris le nom de Louis le Grand en lettres d'or (137).

Les Turcs devant Vienne, que fait le Roi très-chrétien en un temps si périlleux pour la Chrétienté? Il ne sacrifie pas au bien public «quelques pouces de terre dans les Pays-Bas» (230) et se contente de lever le blocus de Luxembourg (240): «Infamie qui passera jusqu'à la postérité»! Certains espèrent que le Ciel vengera cette action,

> qu'entre les Français mêmes, les personnes dont la conscience n'est pas encore étouffée par une longue habitude de crimes, trembleront à la vue de cette impiété; que la conscience d'une mauvaise cause n'est pas toujours sans effet, même parmi les soldats et le peuple que le moindre revers de fortune peut abattre ou animer à éclore des desseins dangereux qui se couvent dans les âmes de quantité de mécontents, qu'une longue suite de bons succès a pu couvrir plutôt qu'éteindre (240).

La victoire de Kahlenberg, remportée par Sobieski le 12 septembre 1683, sauve Vienne. L'Empereur songe à se retourner contre Louis XIV: le 26 octobre, l'Espagne déclare la guerre à la France. Mais, sous l'instigation du Pape, l'Autriche préfère poursuivre la défaite des Turcs et adhère, avec la Pologne et Venise, à la Sainte-Ligue (5 mars 1684). Louis XIV a déjà pris Courtrai, Dixmude, Beaumont, Chimay, etc., bombardé Luxembourg qui se rendra le 4 juin, envahi la Catalogne; il réitère, en juin, la proposition d'une trêve: elle sera signée, le 15 août, à Ratisbonne.

> Plaisante paix, qui avait besoin d'être affermie par un armistice – s'exclamera Leibniz – au lieu que d'autres armistices sont des acheminements à la paix! […] Jusqu'ici les trêves qu'on faisait avaient supposé une guerre ouverte, ainsi, de faire une trêve c'était avouer que la paix de Nimègue ne subsistait plus (K V, 535-536).

En attendant la signature de la Trêve, Leibniz rédige une *Consultation tauchant la guerre ou l'accommodement avec la France*. Rappelant les événements qui ont succédé à Nimègue, jugeant les forces en présence, les alliances faites ou possibles, il penche pour la guerre : car,

154 > Plus on cède à la France, plus elle demandera, son avidité est insatiable, son insolence | croîtra à mesure de ses succès : si elle réussit cette fois, elle ne ménagera plus rien ; elle n'aura plus de considération pour qui que ce soit : personne ne sera en sûreté, et, sur le moindre sujet, elle fera des algarades insupportables à ses voisins, elle se saisira de tout ce qui sera à sa bienséance (K V, 254-255).

Trois raisons militent en faveur de la guerre. 1) elle serait *juste* : « Je dis que de s'opposer à une telle puissance et assister les opprimés, c'est en effet autant que de secourir un voyageur contre un voleur public » (264), et « le danger de la religion n'est à négliger non plus » (265); 2) elle serait conforme à l'*honneur* des princes qui marqueraient « le nom d'Allemand d'une flétrissure éternelle, si l'esclavage de la nation doit être imputée à la bassesse de leur courage » (265-266); 3) Enfin, « après la justice et l'honneur, c'est la *nécessité de notre propre conservation*, c'est la considération de la souveraineté de l'État, qui nous oblige à la défense » (266). Toutefois, la prudence conseille plutôt une entente, à condition de se mettre en état de défense par un armement subsistant.

Cette prudence a une cause très précise : l'activité pro-française du Grand Électeur qui presse « la maison de Brunswick-Lunebourg à se déclarer » (*ibid.,* 263) et se vante de l'accabler au besoin avec 60000 hommes (277). En vain Leibniz espère-t-il (270) : le Grand Électeur va entraîner Ernest-Auguste du côté français et le pousser à rompre avec l'Empereur – du moins, en apparence. C'est que le prince héréditaire de Brandebourg épouse, le 8 octobre 1684, Sophie-

Charlotte, fille d'Ernest-Auguste : une orientation de la politique hanovrienne favorable à Louis XIV avait été la condition de ce mariage (247). Mais voici qu'à partir de cette même trêve de Ratisbonne à laquelle il avait tant travaillé, le Grand-Électeur se ravise et devient un adversaire de Louis XIV. Tout est prêt désormais pour la Ligue d'Augsbourg (9 juillet 1686). Frédéric-Guillaume va signer avec l'Empereur une alliance de 20 ans.

De telles circonstances rendaient plus que jamais souhaitable une Réunion des Églises, mais n'en favorisaient guère la réalisation. En France, les conflits de la Régale se poursuivent ; août 1690, Innocent XI annule les nominations royales ; 1682, le parti Gallican, dominé par Bossuet et Harlay, affirme, dans les 4 articles, l'indépendance temporelle du roi, la supériorité des conciles sur le Pape, la légitimité des coutumes locales – | sans que les Jésuites français élèvent une protestation, si bien **155** qu'en 1686 le Pape est sur le point de rompre avec le P. La Chaise, qu'il excommuniera en 1688. Sous l'influence de ce Père, semble-t-il, la Paix de l'Église est rompue en 1679, et Arnauld sera exilé en Belgique. La persécution des protestants devient de plus en plus violente : suppression des chambres de l'édit (1679), des Assemblées (1680) ; droit des enfants convertis à exiger une pension de leurs parents (1681) ; interdiction pour les enfants des réformés de recevoir l'éducation à l'étranger (1682) ; exclusion progressive des emplois et des charges ; dragonnades (1680-1682) ; – autant de mesures qui conduisent, le 14 octobre 1685, à la Révocation de l'Édit de Nantes. « Il faudrait avoir un front d'airain et un estomac d'autruche pour vouloir digérer certains procédés dont on use en France contre les Huguenots », s'indigne Leibniz et, selon le mot de Heissen-Rheinfels : « Il ne faut jamais violer la bonne foi pour l'amour de la foi [...] » (Grua 184).

Les Jésuites de Vienne, s'ils sont en désaccord avec ceux de Paris sur l'attitude à prendre en face du gallicanisme, n'en traitent pas mieux cependant les protestants de Hongrie : nous avons déjà lu le récit des déportations rapporté par Leibniz. Aussi bien notre philosophe s'irrite-t-il à la fois contre les Jésuites de France et contre ceux d'Autriche. Il veut montrer, en août 1682,

> combien il est peu à propos que les Ecclésiastiques se mêlent des affaires d'État, et principalement les Jésuites, qui sont aujourd'hui si puissants qu'il leur est fort aisé de pencher la balance du côté qu'ils croient le plus à leur bienséance, et ce côté est apparemment celui de la France, à laquelle il est évident que ces bons pères veuillent sacrifier le trône impérial, en quoi peut-être ils réussiront si on continue à les consulter et à les croire à la Cour de Vienne (K V, 169-170) ;

en 1684, après la signature de la Trêve, ils mettent leur nez partout (*ibid.*, 297). Mais s'agit-il de défendre l'Empereur ? Aux mêmes dates, Leibniz soutient qu'on s'imagine « ridiculement que les Jésuites sont tout-puissants à Vienne » (*ibid.,* 175) ; que « c'est une erreur populaire que de s'imaginer […] que l'Empereur dépend des Jésuites […], que les Jésuites sont auteurs des troubles de Hongrie » (*ibid.,* 351), et il range parmi les opinions fausses et en partie ridicules vulgairement reçues « la bonne entente du Pape avec les Jésuites » (*ibid.,* 444).

Quoi qu'il en soit, les pourparlers qui reprennent en 1683
156 | s'engagent dans de trop mauvaises conditions pour avoir chance d'aboutir. Hors de Hanovre, Louis XIV est hostile au projet (FI, CII) ; Bossuet qui entre dans l'affaire n'a pas les mains libres. Le Pape n'ose s'avouer « à cause de la faction française » (*ibid.,* CXXX). En Angleterre, où l'on n'a pas oublié le « complot papiste » imputé aux Jésuites (1678), Charles II vient de rappeler le duc d'York – futur Jacques II (1686) – converti au catholicisme : source d'alarmes pour les protestants. Quand Spinola, porteur de nouvelles propositions, arrive à Hanovre, on parvient bien à s'accorder sur une méthode

d'union, mais les défiances persistent. L'évêque de Thina apparaît mal instruit «du particulier des controverses et des affaires des protestants»; il scandalise en laissant croire que les consciences s'achètent; surtout, on ne le voit pas «en état de rien faire dans une matière si embarrassée par les épines politiques comme serait la tolérance [...]» (Grua 190): il repart en 1684 sans avoir abouti.

Les historiens de Leibniz s'étonnent de ses réticences dans ces pourparlers iréniques, au moment même où, prétend-on, il semble le plus près d'adhérer au catholicisme. Mais d'abord, même un converti comme le landgrave de Hesse-Rheinfels, qui sert d'intermédiaire entre Leibniz et Arnauld, n'est pas alors sans défiance; et notre philosophe nous fait bien entendre pourquoi lorsque, à propos de leur correspondant et des théologiens catholiques, il lui écrira : Arnauld

> autrefois a écrit expressément à V. A. S. que pour des opinions de philosophie, on ne ferait point de guerre à un homme qui serait dans leur Église ou qui en voudrait être, et le voilà lui-même maintenant qui, oubliant sa modération, se déchaîne sur un rien. Il est donc dangereux de se commettre avec ces gens-là et V. A. S. voit combien on doit prendre des mesures (P II, 23-24).

De plus, Leibniz ne perd jamais de vue l'intérêt germanique, car «il importerait beaucoup sans doute pour le bien de l'Empire si les animosités qui restent encore à cause de la religion cessaient par une tolérance mutuelle d'un exercice particulier [...]» (Grua 188): or, manifestement, le siècle de Louis XIV n'est pas mûr pour la tolérance.

En attendant de pouvoir servir sa patrie par la Réunion des Églises, il lui consacre sans compter tous ses talents. Il ne lui suffit pas d'assurer les fonctions de Bibliothécaire et de | conseiller aulique, de vouloir surveiller les Universités et les **157** écoles (K V, 64), de projeter un Brevarium ducatus (*ibid.*, 57), un

Corpus d'Ordonnances (*ibid.,* 48), etc. : dès 1680, il propose d'écrire, parce qu'il y voit l'occasion d'établir objectivement par la Généalogie les droits de l'Allemagne, l'Histoire de la Maison princière (*ibid.,* 56), tâche qui lui est confiée en 1685 et qui qui sera un boulet à traîner pour toute sa vie. Au surplus, il est ingénieur aux mines de Harz [1].

Il y fait de fréquents séjours de 1680 à 1684. Dès octobre 1682, il écrit à Galloys qu'il a trouvé sur la formation des pierres, de la mine de plomb, du cuivre, des empreintes fossiles,

> des choses si éloignées de l'opinion commune touchant l'origine des minéraux et cependant si aisées à démontrer par des raisons entièrement mécaniques, que je n'attribue le manquement des auteurs qui en ont écrit qu'à la manière superficielle de traiter les choses dont on a toujours usé et à certains préjugés des gens des mines, que les auteurs épousaient sans discussion.

Ainsi s'ébauche la *Protogaea* dont la *Théodicée* résumera la thèse (III, § 244-245) :

> Il semble que ce Globe a été un jour en feu, et que les rochers qui font la base de cette écorce de la Terre sont des scories restées d'une grande fusion : on trouve dans leurs entrailles des productions de métaux et de minéraux qui ressemblent fort à celles qui viennent de nos fourneaux : et la mer, tout entière peut être une espèce d'*oleum per deliquium*, comme l'huile de tartre se fait dans un lieu humide. Car lorsque la surface de la Terre s'était refroidie après le grand incendie, l'humidité que le feu avait poussée dans l'air est retombée sur la Terre, en a lavé la surface, et a dissout et imbibé le sel fixe resté dans les cendres, et a rempli enfin cette grande cavité de la surface de notre Globe pour faire l'Océan plein d'une eau salée.

---

1. Dans une lettre à Ernst-August, 1681 environ (K V, 48), il s'attribue le titre de directeur.

Après le feu,

> peut-être que la croûte formée par le refroidissement, qui avait
> sous elle de grandes cavités, est tombée, de sorte que nous
> n'habitons que sur des ruines, comme entre autres M. Thomas
> Burnet[1], chapelain du feu Roi de la Grande-Bretagne, a fort
> bien remarqué; et plusieurs déluges et inondations ont laissé
> des sédiments dont on trouve des traces et des restes qui font
> voir que la mer a été dans les lieux qui en sont des plus éloignés
> aujourd'hui.

Ces prémisses | s'accorderont avec une théorie générale du **158**
relief allemand.

Depuis Descartes, les conditions de l'échange intellectuel
se sont profondément modifiées. Au prestige de la Sorbonne
succède le Prestige des Académies; aux lettres, les journaux
savants. Il ne faut pas que l'Allemagne reste en arrière. Leibniz
propose toutes sortes d'Académies et de laboratoires. La
France a le *Journal des Savants* (1665), et les Jésuites viennent
d'y lancer les *Mémoires de Trévoux* (1682); l'Angleterre
publie les *Philosophical Transactions* depuis 1666; Bayle, en
Hollande, prépare les *Nouvelles de la République des Lettres*
(1684) qui, de 1687 à 1709, seront dirigées par Basnage de
Beauval sous le titre: *Histoire des Ouvrages des Savants*;
Leibniz, avec des amis de Leipzig, fonde en 1682 les *Acta
eruditorum* où il assurera une collaboration régulière. En
dehors des compte-rendus anonymes, c'est par une quinzaine
d'articles que, de 1680 à 1686, Leibniz révèle, par échantillons, ses découvertes au monde savant, et entre en lutte ouverte
avec Descartes et le cartésianisme: pour ne retenir que les
principaux, ce sont, en 1682, le *De vera proportione circuli ad
quadratum*, l'*Unicum opticae, catoptricae et dioptricae principium*; en 1684, la *Nova methodus pro maximis et minimis* où
il commence à divulguer son Calcul infinitésimal; les *Medita-*

---

1. Th. Burnett, *Theoria sacra telluris*, Londres, 1681.

tiones de cognitione, veritate et ideis où il intervient dans la polémique sur les Idées entre Malebranche et Arnauld; en 1686, la *Brevis demonstratio erroris memorabilis Cartesii* qui est à l'origine de la correspondance avec Bayle.

Mais, en même temps, notre auteur complète son système. Fin 1685, semble-t-il, il rédige un de ses plus beaux textes : le *Discours de Métaphysique* où transparaissent les préoccupations iréniques. Arnauld est en exil. Son importance de théologien se trouve plus augmentée que diminuée par les circonstances. Aussi Leibniz le sonde-t-il en lui communiquant, par l'intermédiaire du landgrave de Hesse-Rheinfels, son *Discours de Métaphysique* : d'où suit un échange de lettres dont l'intérêt pour le leibnizianisme ne se peut comparer qu'à celui des *Réponses aux objections* pour le cartésianisme.

Or, la première réaction d'Arnauld à la lecture du Discours, c'est d'être « effrayé de tout le fatalisme contenu dans l'article XIII » (P II, 15) où l'on fait voir comment la notion individuelle | de chaque personne renferme une fois pour toutes ce qui lui arrivera jamais. Doctrine difficile. Leibniz doit se garder du spinozisme, sans avouer, avec Descartes, que l'accord de notre liberté et de la prescience divine échappe à notre entendement. Il lui faut donc, pour établir la contingence radicale de tout ce qui arrive, montrer qu'elle n'est pas une illusion humaine due à notre ignorance de ce qui nous détermine, mais qu'elle subsiste même pour Dieu. Il n'échappera à Spinoza qu'en fondant la réalité des possibles, puisque « si on voulait rejeter absolument les purs possibles, on détruirait la contingence ; car, si rien n'est possible que ce que Dieu a créé effectivement, ce que Dieu a créé serait nécessaire en cas que Dieu ait résolu de créer quelque chose » (P II, 45). Et il ne dépassera Descartes qu'en nous rendant compréhensible la différence de nature qui, même pour Dieu, sépare les propositions nécessaires d'avec les propositions contingentes ou existentielles. Depuis 1680 environ (Grua 298),

Leibniz distingue de la certitude, donc, pour Dieu, de l'infaillibilité de la connaissance la nécessité du connu, qu'il confesse avoir longtemps confondus (*De libertate,* F nl, 178). Mais à quel signe du *connu* discerner s'il est contingent ou s'il est nécessaire ? Une « lumière nouvelle et inattendue » vient à Leibniz de considérations mathématiques sur la nature de l'infini (*ibid.,* 179-180). Le premier texte, capital, sur cette nouvelle lumière date de 1686 : il s'intitule *Generales inquisitiones de analysi notionum et veritatum* (Cout *Op,* 356-399).

Nous ne pouvons ici donner qu'une idée de ce texte. Dans toute proposition universelle affirmative vraie, le prédicat est contenu dans le sujet. Mais pour soutenir cette thèse et en faire la base de sa Caractéristique, Leibniz doit prévenir deux objections : 1) En admettant que l'analyse des notions et des vérités soit comparable à la décomposition des nombres en facteurs premiers, il reste que les facteurs premiers sont encore des nombres, tandis que le prédicat – grammaticalement un adjectif – apparaît d'un autre ordre que le sujet – grammaticalement un substantif. Leibniz répond (356) que tous les termes sont, au fond, des « termes complets », c'est-à-dire des substantifs : *grand*, par exemple, signifie *un être grand* (*magnus = Ens magnum*) ; 2) Toute proposition doit pouvoir s'énoncer sous la forme prédicative : S est P. Leibniz espère | y parvenir et cherche, à cet effet, à symboliser par des signes les relations d'appartenances – l'épée d'Evandre – ou de similitude – César est semblable à Alexandre (357) – ; il s'ingénie à combiner, avec des termes simples, des particules simples (*in*) ou complexes, (*cum-in*) (358-360). Il énumère les termes simples primitifs : A. l'Être, l'Existant, l'Individu, le Moi ; B. les qualités sensibles ; C. les notions de quantités telles que grandeur, étendue, durée, intensité (en remarquant pourtant que ces dernières sont susceptibles d'analyse) (261). Après avoir étudié les règles de coïncidence – deux termes coïncident, s'ils sont substituables (Alexandre le Grand = le Roi de Macédoine,

vainqueur de Darius) (362) – et de possibilité logique, Leibniz
caractérise le vrai par la non-contradiction des idées ou des
caractères qui forment la définition. La non-contradiction se
prouve, soit en remontant jusqu'aux principes vrais ou à des
propositions démontrées, soit en trouvant dans le développement même de l'analyse une loi qui nous garantisse que,
pour aussi loin qu'on poursuive, on ne peut rencontrer de
contradiction. Ce dernier cas est justement celui des *propositions contingentes* : on ne saurait les ramener à des propositions identiques (371), mais il suffit qu'en continuant l'analyse
nous voyions qu'elle nous fasse tendre à l'infini vers des identiques (374). Soit, par exemple, la proposition : Pierre renie. Ou
bien je dis à quel moment : mais, comme ce moment enveloppe
la totalité des coexistants, à cette date, il ne m'est pas possible,
en fait, d'achever l'analyse. Ou bien par approximation,
comme dans le calcul infinitésimal, en répétant à l'infini :
« Pierre renie », je voudrai situer entre deux limites la date de
son, reniement ; mais alors, de même qu'en Mathématiques je
ne puis opérer ainsi qu'à partir de la formule d'une fonction, de
même je devrai avoir la notion complète de Pierre – qui enveloppe l'infini des existants, et me voilà rendu à la première
difficulté. Que l'on veuille partir du fait ou de l'idée, on ne peut
donc jamais parvenir à une démonstration achevée : « cependant, il arrive, toujours de plus en plus, que la différence soit
moindre que toute différence donnée » (376-377). Il y a donc
la même distinction entre les propositions nécessaires et les
propositions contingentes qu'entre les lignes concourantes et
les asymptotes, entre les nombres commensurables et incommensurables (388) : nous pouvons obtenir la même certitude
sur les contingentes que | sur les asymptotes et les incommen-
surables (389), c'est-à-dire – avec la même rigueur dans la
preuve – la même progression à l'infini dans l'approximation.
Or, et cette remarque très simple est celle qui frappe Leibniz
d'une lumière inattendue – l'impossibilité d'aboutir à des

161

identiques dans les problèmes d'asymptotes et d'incommensurables ne tient pas à une puissance de notre faculté de connaître, mais à la nature même de l'objet connu.

Aussi la différence subsistera-t-elle pour Dieu. Certes, son entendement infini a, des vérités contingentes, la démonstration parfaite qui dépasse tout esprit fini (388) : il connait la notion complète de chaque substance, la loi de sa série, chaque terme de la série (Fnl, 182). Mais il ne saurait voir la fin de la résolution, parce que cette fin n'a pas lieu (*ibid.*). Qu'est-ce à dire ? D'abord, l'idée du plus grand nombre étant contradictoire et, d'ailleurs, le concept de nombre étant, à proprement parler, inapplicable au qualitatif des substances, qu'il serait dépourvu de sens de supposer un *dernier terme*, dans l'éternité infinie, à la série d'une substance impérissable. Mais ensuite et surtout – car la réponse est là – qu'en remontant au *premier terme* (si l'on veut bien admettre par commodité d'expression ce verbe incompatible avec l'intuition divine), Dieu lui-même ne saurait parvenir à des identiques – parce qu'il n'y a pas d'identiques : c'est le principe des indiscernables. « Il est vrai – lirons-nous dans les *Nouveaux Essais* (III, III, 6) – qu'il n'en serait point ainsi, s'il avait des atomes de Démocrite ; mais aussi il n'y aurait point alors de différence entre deux individus différents de la même figure figure et de la même grandeur ». Au contraire, entre deux substances individuelles, il y a toujours une différente intrinsèque, qualitative, connue par soi pour l'entendement infini, et qui, par conséquent, n'exige pas, pour être reconnue, la comparaison nécessaire à la similitude : par nature, l'individualité des substances est au delà de la similitude. Et, comme il n'y a pas d'identité sans similitude, les propositions existentielles, fondées sur l'individualité des substances, ne peuvent donc être réduites à des identiques. *Par l'entendement seul* – en cela consiste le nouveau progrès de la doctrine leibnizienne – Dieu les distingue des propositions nécessaires.

162 | Du reste, plaçons-nous avant la création. Dieu ne serait
pas omniscient si, des termes étant donnés, il n'en concevait
pas toutes les combinaisons possibles; et il ne serait pas
Raison, si toutes les combinaisons possibles étaient compossibles. Mais les idées ne sont pas des atomes qu'on puisse
déplacer sans rien changer en elles : en déplacer une seule,
c'est changer le contexte total et ce changement, en retour,
porte changement dans l'idée. Par suite, il n'y a qu'un exem-
plaire possible de tel Adam déterminé, parce qu'il n'y a pas,
même dans les possibles, deux mondes identiques : et réciproquement. Au contraire, une infinité d'Adams identiques sont
possibles, quand on ne considère en Adam qu'une partie de ses
prédiccats : « par exemple, qu'il est le premier homme, mis
dans un jardin de plaisir, de la côte duquel Dieu tira une
femme, et choses semblables conçues *sub ratione generalitatis* [...] » (P II, 42). Seulement, ces Adams vagues ne peuvent
pas exister, ce ne sont pas des individus achevés, et le signe
intellectuel de leur impossibilité d'existence apparaît aussitôt
dans la résolution en identiques que permet leur similitude.
Ainsi, le possible s'entend : 1) *sub ratione generalitatis*; mais
ce possible ne va pas jusqu'aux notions complètes des substances; la nécessité qui y règne est la nécessité brute; 2) *sub
ratione individuorum*, chaque substance enveloppant dans sa
totalité le système de compossibles dont elle fait partie; la
nécessité qui y règne ne saurait être analysée en propositions
identiques : c'est la nécessité hypothétique. Dès lors, tous les
mondes possibles, en ce qu'ils sont entièrement déterminés,
sont par nature contingents. Et le choix de Dieu est possible.

En résumé, si l'on ne considère que l'entendement divin, la
thèse de Leibniz pourrait se résumer ainsi : il ne peut exister
que des individus; il n'y a pas deux individus identiques; par
conséquent, même pour Dieu, les vérités existentielles ne
peuvent se résoudre en identiques. Mais, d'autre part, la pure
nécessité logique, brute, est fondée sur la réduction aux iden-

tiques. Les vérités existentielles échappent donc à la nécessité brute. Et comment ? Par le choix qu'autorise leur contingence. Dieu les distingue des vérités absolument nécessaires comme l'électif de l'inéluctable ; non seulement par son entendement, mais par sa volonté ; non seulement par leurs rapports entre elles et la nature de leurs termes, mais par leur rapport à sa puissance créatrice : car toute vérité existentielle | est née **163** partie de son intellect, partie de sa volonté, *ipsa haec veritas ex ipsius partim intellectu, partim voluntate nata est* (Fnl, 182). Dieu, choisissant entre une infinité de mondes possibles, a choisi par là même entre « une infinité de lois, les unes propres à l'un, les autres à l'autre » (PII, 40) : nos vérités d'expérience dépendent donc de son décret. Mais Dieu ne se borne pas à créer : il continue sa création. Il ne se borne pas à concevoir les existants : par cette création continuée, en quelque manière, il les sent, ainsi que le disait Leibniz dans sa jeunesse, et les choses n'existent que parce qu'elles sont senties par lui [1].

Certes, en 1686, la prodigieuse activité de notre philosophe est loin de toucher à son terme : il précisera son système et, par exemple, sa Correspondance avec le P. des Bosses l'amènera à élaborer sa doctrine de la substance composée ; il poursuivra ses découvertes de mathématicien ; il complètera sa Dynamique ; il fera œuvre d'historien et de philologue, etc. Mais on peut dire qu'en 1686 tous les thèmes essentiels de la *Monadologie* sont en place et qu'il ne manque guère au *Discours de Métaphysique* pour être la *Monadologie* que le nom même de « monade » employé seulement à partir de 1695.

---

[1]. Et au seuil de la mort, Leibniz ne cessera de rappeler à Clarke que, pour Dieu, *cognoscere = operari*. Ce qui prouve, une fois de plus, que l'*optimum* choisi n'est pas un simple *maximum* qui ne serait que constaté par une pensée théorique.

LE NEUVIÈME ÉLECTORAT (1686-1698)

Nommé en 1685 historiographe de la Maison de Brunswick, Leibniz, ici comme partout dépassant l'occasion, se rend digne de figurer parmi les fondateurs de la méthode historique. Par delà son siècle, il aspire à l'approbation de la postérité. Il veut se distinguer « par le style, par l'exactitude à l'égard des rapports et par quelques découvertes historiques […] qui tireront sur l'universel, quoiqu'elles naissent de notre histoire particulière » (K VI, 371). Son « exactitude » servira d'exemple. Élargissant les anciens cadres, son Histoire « doit comprendre tant celle du pays que celle des princes qui y ont régné ». Aussi commence-t-il « par quelques traits d'Histoire naturelle » – événements géologiques, étude des fossiles, etc. – avant d'aborder l'origine des habitants, les migrations des peuples, en quoi il s'appuiera sur ses travaux de linguistique et touchera « quelque chose des anciennes urnes et cendres qu'on découvre quelquefois sous de petites élévations de nos pays ». Il fera part de ses trouvailles « sur les antiquités de l'Asie, de la Grèce et de l'Italie, fondées sur des inscriptions et anciens monuments »; précisera « le véritable lieu de l'habitation des anciens Francs », etc. (*ibid.,* 372-373) : « Toutes ces choses seront établies, éclaircies, embellies par un grand nombre de monuments, dessins, inscriptions, médailles, sceaux, diplômes et pièces manuscrites tirées de la poussière » (*ibid.,* 376).

L'Histoire de la Maison de Brunswick n'est pourtant pas une entreprise désintéressée. Le duc ne joue pas au Mécène : sa **166** | Généalogie doit établir des droits, et la charge d'historien est une charge politique. Comme Gurhauer le rappelle (II, 67), les États et les peuples, au XVIIe siècle, restent personnifiés par leur Prince : suivre une filiation, exhumer un contrat de mariage ou d'héritage sont les moyens pour élever des prétentions sur un pays ou sur un peuple. Aussi, Leibniz : « J'insinue souvent (mais sans faire semblant et sans faire l'avocat) des faits propres à éclaircir nos droits anciens et modernes » (*ibid.,* 372). Œuvre de savant. Œuvre de politique. Œuvre de patriote. Œuvre, aussi, de croyant.

Car le but n'est pas tellement d'assurer d'anciens droits que d'en motiver un nouveau : l'accession du Hanovre luthérien à l'Électorat. Dès l'hiver 1685, Leibniz compose un petit Discours « touchant la création d'un neuvième Électorat en faveur des Protestants » (K VI, 260-261). Hiver 1685 ? Automne 1685 : révocation de l'Édit de Nantes. Ce qui rend le neuvième Électorat nécessaire, c'est que les Électeurs protestants ne sont qu'au nombre de trois – encore une Maison protestante peut-elle manquer, « au lieu que les Évêques ne manqueront jamais aux Églises » – contre cinq catholiques (*ibid.,* 252). L'Empire y gagnerait : les quatre Électeurs sur le Rhin sont maintenant à la discrétion de Louis XIV dont la puissance est « toujours menaçante et prête à éclater au moindre refus qu'on lui fait » (*ibid.,* 253) ; l'influence française risque de devenir absolue dans le Collège électoral ; les Trois Électeurs ecclésiastiques

> seront plus flexibles aux volontés de la France, que ne seraient des princes séculiers, puisqu'ils doivent songer particulièrement à ménager le présent bonheur de leurs personnes et familles qui est tout à fait différent de l'intérêt de leur dignité et de leur pays, au lieu que les princes séculiers ont la grandeur de

leur maison à soutenir qui est la même avec la conservation du pays (*ibid.*, 254).

Et Leibniz d'insister : les adversaires des protestants

> seront peut-être ravis de trouver le prétexte de la Religion (dont la France prend déjà à tâche de vouloir paraître la protectrice) pour colorer leurs vues intéressées ou leurs animosités. On ne saurait quelquefois écouter sans étonnement combien les Ecclésiastiques de ce pays sont animés pour la France, et combien la considération de la patrie cède en leurs esprits à un zèle mal réglé de religion. Il sera fort aisé à la France de s'accommoder avec ces Messieurs-là (*ibid.*, 280).

De plus, les étrangers parlent avec mépris de « cette | cohue des **167** princes de l'Empire » (*ibid.*, 263) : il convient, pour ne pas « prostituer les honneurs », de les réserver aux seuls souverains dignes de ce nom, selon la définition du *De Jure Suprematus et Legationis principum Germanis*, c'est-à-dire à ceux « qui ont beaucoup de part aux affaires générales, et se peuvent faire considérer parmi les puissances de l'Europe par traités, armes et alliances » (*ibid.,* 264). La Maison de Brunswick n'est ni assez faible pour être impuissante, ni assez grande pour être formidable à l'Empereur et à l'Empire » (*ibid.*, 258). La Généalogie montrera que nulle Maison n'est plus digne d'accéder à l'Électorat.

L'automne 1687, Leibniz, entré, dès l'année précédente, en correspondance avec le Bibliothécaire du Duc de Toscane, se met en route pour l'Italie, en quête des documents généalogiques qui établiront la liaison de la Maison de Brunswick avec la Maison d'Este. Mais il passera par Vienne où il risque de ne pas être « trop bien regardé », « à cause de l'alliance qui est entre M. le Duc et la France » (K VII, 15) – ce qui l'obligera, quoique (dit-il) non chargé d'affaires, à faire quelques représentations propres à dissiper les ombrages (K V, 433-439). En fait, il paraît des plus vraisemblables qu'il ait eu à sonder les intentions de l'Empereur sur le neuvième Électorat. De Hanovre Leibniz se dirige sur Marburg où il rencontre le physicien Waldschmidt qui l'intéresse à des expériences de physiologie. Il rejoint à Rheinfels le landgrave Ernest. Tout en visitant « je ne sais combien de monastères et de bibliothèques dans le pays de Hildesheim, Hesse, aux environs de Francfort, Franconie et Palatinat supérieur » (K V, 371), il s'arrête à Dusseldorf auprès de Philippe-Guillaume, duc de Neubourg, Électeur du Palatinat depuis mai 1685 en dépit de Louis XIV (le précédent Électeur, Charles, n'avait laissé pour descendant qu'une fille, duchesse d'Orléans depuis 1671 – K V, 522) : catholique, Philippe-Guillaume était du parti de l'Empereur, son beau-père. À Francfort-s-Main, Leibniz se lie avec Job Ludolf, historien, orientaliste, conseiller de l'Empereur ; il l'entretient d'un projet de *Collège d'histoire germanique* dont l'idée a été lancée. par Paullini, médecin du duc de Savoie. À Munich, il séjourne plusieurs semaines, visite des couvents, en quête d'archives, et résume les trouvailles faites au cours de son voyage (K V, 381-401). À Salzbach, il | s'attache au caba- liste Knorr de Rosenroth. Il arrive à Vienne au début de mai 1688.

168

Il y profite des trésors de la Bibliothèque Impériale, rend visite à l'évêque de Neustadt – autrefois évêque de Thina – son protagoniste dans les pourparlers pour la Réunion des Églises (K VII, 37). Cependant, l'Empire Ottoman s'effondrait : les victoires de Buda (2 sept. 1686), de Harkany (12 août 1687) préparaient la prise de Belgrade (6 sept. 1688) qui changera « la face des affaires » (K VI, 55). Avec le relèvement de la Maison d'Autriche, la coalition contre la France s'était peu à peu reformée : le Brandebourg s'était rapproché de la Suède et de l'Empereur (janvier 1686) ; la Russie s'était réconciliée avec la Pologne ; l'Électeur de Bavière avait épousé Marie-Antoinette, fille de l'Empereur ; la Ligue d'Augsbourg s'était constituée (juillet 1686) ; l'affaire Lavardin (nov. 1687) avait opposé le Pape lui-même à Louis XIV. Et Jacques II, en Angleterre, se voyait menacé par le parti des Orangistes. Le 24 septembre 1688, Louis XIV publie le *Manifeste* qui ouvre une nouvelle guerre.

Il est à peu près établi que la *Réponse de l'Empereur au Manifeste* est de la plume de Leibniz. Le *Manifeste* indigne notre patriote : les faussetés y sautent aux yeux, « et il faut nous prendre pour des Siamois, ou bien il faut s'imaginer que le bon sens, banni du reste de l'Europe, s'est retiré en France, pour croire qu'une si mauvaise monnaie puisse avoir cours dans cette partie du monde » (K V, 526). La France s'est toujours dépassée en violences : qu'on fasse l'abrégé de ses entreprises ! Et voici qu'elle accuse l'Empereur de rompre avec les Turcs pour pouvoir l'attaquer, de faire des ligues et de préparer des défenses, de ne pas vouloir changer la trêve en paix et cession perpétuelle ! On n'aura pas grand mal à montrer les faiblesses des raisons de la rupture, prises des affaires du Palatinat et de Cologne, que le *Manifeste* fait passer pour les principales, ni à défendre l'Empereur contre les imputations de la France. Leibniz réfute les calomnies, savoir : que l'Empereur favorise les Protestants, qu'il veut assujettir l'Allemagne, qu'il cherche l'extinction de la Maison de Bavière. La France propose des accommodements ? Mais ils ne sont plus de saison. Le Roi Très-Chrétien aurait mieux fait de prendre part à la guerre contre les Infidèles, de conquérir l'Égypte, plutôt que d'attaquer la chrétienté. Que tous ceux | que l'intérêt   169 commun doit joindre contre la France se ressaisissent : « Nous avons affaire à un ennemi formidable », il faut s'unir et attaquer ; « la discipline militaire est absolument nécessaire » ;

> la cause de la Chrétienté, dont on détruit les espérances, celle de
> la justice, dont on se moque, et de l'innocence qu'on opprime
> cruellement, est la cause de Dieu. Cependant, comme le même
> ciel ne nous a pas encore promis des miracles, le vrai moyen de
> s'attirer son assistance c'est de joindre à la justice et à la bonne

foi les soins les plus exacts et les plus grands efforts dont on est capable [...] (K V, 525-634).

Louis XIV s'empare d'Avignon, envahit le Palatinat, assiège Philippsburg, occupe l'Électorat de Cologne. Le 10 octobre, Guillaume d'Orange lance ses déclarations aux Écossais et aux Anglais. À Vienne, « on attend avec impatience de voir le Manifeste du prince d'Orange contre le prince de Galles », et, suppute Leibniz, « si on peut détacher l'Angleterre de la France et l'obliger à se joindre tout de bon au bon parti, il sera temps de profiter de l'occasion, qui peut-être ne reviendra jamais, de réduire la France à la raison » (K V, 419-420). Louis XIV riposte en déclarant la guerre aux Provinces-Unies (26 novembre). « L'expédition du Prince d'Orange pour détacher l'Angleterre de la France est maintenant le plus grand problème » (*ibid.,* 425); « nous sommes à la veille d'une crise qui doit décider du sort de l'Europe » (*ibid.,* 426). Le 2 janvier 1689, Jacques II sera chassé définitivement d'Angleterre, et Guillaume, proclamé roi en avril.

Tandis que Brandebourg – où Frédéric III vient de succéder au Grand Électeur (K VII, 14) – Hanovre, Hesse, Saxe, se concertent à Magdebourg, et que Louvois incendie le Palatinat, Leibniz quitte Vienne (janvier 1689), passe par Venise, n'arrive à Rome qu'en octobre. L'Espagne, depuis avril, l'Empereur et Guillaume III d'Angleterre, depuis mai, sont en guerre contre la France. Le duc de Lorraine a repris Mayence (11 sept.); le Brandebourg a repris Bonn (11 oct.). Leibniz est accueilli à Rome «avec magnificence» par les milieux. savants qui lui ouvrent Bibliothèques et collections particulières. Il y rencontre des mathématiciens comme Nazari et Auzout, ami de Nicaise, qui travaille, avec Baillet, à une *Vie de Descartes* pour laquelle Leibniz lui-même fournit des Remarques (P IV, 310-325). Il y trouve des Jésuites comme le

P. Grimaldi qui va partir en mission pour la Chine; et notre philosophe applique sa Dyadique au déchiffrement des caractères de Fô-Hi. Il fréquente chez Fabretti, secrétaire du Pape. Par son esprit conciliateur, il s'attire tant de sympathies, qu'il peut tâcher à obtenir de la Cour romaine l'abolition de la censure pour les problèmes extra-salutaires et qu'on lui propose un poste au Vatican. Mais il eût dû se convertir. Il s'y refuse. Après un court voyage à Naples, il repart pour Florence, Bologne, Modène où, arrivé fin 1689, il travaille à sa Généalogie, s'arrête en février et mars à Venise d'où il écrit à Arnauld : en juin 1690, il est de retour à Hanovre.

Durant ces deux ans et demi de voyage, Leibniz, tout en menant de front son activité politique et ses recherches historiques, assure la diffusion de sa philosophie par sa correspondance avec Arnauld, Bayle, etc. ; il étudie la pensée chinoise ; il fait des observations de géologie ; il défend, dans les journaux savants, sa Dynamique contre les cartésiens, l'abbé Catelan (dans la *République des Lettres*), Malebranche qui doit confesser ses erreurs ; il compose (1689-1690) la première rédaction de la démonstration *a priori* de la conservation de la force vive (Guéroult, 1244) ; il prouve la supériorité de son Calcul sur l'Analyse cartésienne en défiant les mathématiciens sur le problème de la courbe isochrone, dont il publie la solution dans les *Acta* d'avril 1689.

En juillet 1690 Jacques II est définitivement écrasé près de Drogheda, mais le maréchal de Luxembourg remporte la victoire de Fleurus. Louvois va tomber en disgrâce, mais le duc de Lorraine est mort en avril. Le duc de Savoie se rallie à l'Empereur. Louis XIV reste seul. Mais puissant. En 1691, il attaque partout, prend Mons le 15 mars ; les quelques personnes « qui l'année passée tenaient la France déjà pour ruinée [...] sont maintenant passées d'une extrémité à l'autre et croient la France invincible, à cause de la prise de Mons. Au lieu que cette perte les devraient éveiller à faire des plus grands efforts » (K VI, 62). Leibniz ne sous-estime pas l'ennemi : « Il faut s'attendre à de grands maux si la guerre continue : le dépeuplement du pays et le rehaussement des grains, faute d'agriculture dans les provinces exposées à l'ennemi » ; l'Europe « emploie le sang des Allemands dans ses guerres. Pour accabler la France, il faudrait lever jusqu'à 80 mille hommes de troupes fraîches » (*ibid.*, 59). Or, « on ne peut exagérer les | cruautés que les Français ont exercées sur le Rhin, ni la désolation des anciennes villes et Églises de Worms et de Spire » (*ibid.*, 69-70). Liège est incendiée ; Nice et le Piémont, occupés. Si, le 29 mai 1692, Louis XIV subit un revers à Barfleur, il le compense, en juin, par la prise de Namur ; s'il perd Embrun et Gap, il envahit le duché de Bade. En novembre Leibniz exprime son angoisse :

> La patrie commune est dans un tel état qu'il ne faut plus prétendre des avantages : il s'agit maintenant de se sauver avec elle. Nous sommes dans le cas de la loi Rhodienne *de jactu*, où il se faut résoudre à faire des pertes très grandes pour ne se point noyer tout à fait. Les lettres qui viennent de Souabe peuvent faire pitié et couler des larmes des yeux des plus indifférents. Si on ne fait pas de grands efforts, la chute et le déchet de notre nation sera irréparable pour longtemps (K VI, 340-341).

L'année 1693 sera plus nettement encore favorable à Louis XIV avec la prise de Neerwinden (29 juillet), de Charleroi (11 octobre), sa revanche sur le duc de Savoie : mais il doit à nouveau piller Heidelberg. Et l'année s'achèvera dans une lassitude générale.

Dès son retour de Vienne, Leibniz a poursuivi l'affaire du neuvième Électorat. Plusieurs princes s'y opposaient (K VII, 204) ; le Wurtemberg conteste même à Hanovre le droit au drapeau de l'Empire (K VI, 299-332). Bien plus : avec les ducs de Wolfenbuttel, au sein même de la Maison de Brunswick dont ils continuaient la branche aînée, les résistances apparaissent. De cette branche aînée étaient issus des hommes parmi les plus éclairés de leur temps, comme Heinrich-Julius (1564-1613) ou Auguste le Jeune (1579-1666), écrivain sous le pseudonyme de Gustavus Selenus, qui avait transporté en 1635 à Wolfenbuttel les 180.000 volumes de sa Bibliothèque. Depuis 1685, l'administration du duché était passée aux co-régents Rudolf-August et Anton-Ulrich. Ce dernier (1633-1714), auteur de lieder et de romans à la manière de Mme de Scuderi, fastueux, amoureux des Lettres et des Arts, ne cessait d'enrichir la célèbre Bibliothèque. En 1691, Leibniz en est nommé bibliothécaire. Il a su s'attirer l'estime des deux ducs. Habilement, il cultive à la fois la confiance des Maisons de Wolfenbuttel et de Hanovre malgré la rivalité qui les affronte au sujet du neuvième électorat. Peu à peu cependant les difficultés sont vaincues : Ernest-August obtient l'investiture électorale en octobre 1692.

| Il s'agit maintenant de rassurer les catholiques. Au cours **172** de son voyage, à Vienne par les conversations avec l'évêque de Neustadt, à Rome par l'assistance du Pape et des Jésuites (F I, CXXI ; K VII, 176), Leibniz avait préparé le terrain : d'autre part, écrivait-il alors touchant la réconciliation des religions, « ma pensée est que les Princes protestants la devraient encourager autant qu'il est possible. Car c'est leur intérêt » (K VII, 51-52, 65). En 1691, la correspondance avec Bossuet est reprise. Mais rompue en 1694 : l'Église ne s'écartera jamais d'un point du dogme fixé au Concile de Trente.

Aux questions religieuses reste toujours associée chez notre auteur la lutte contre le cartésianisme. D'ailleurs, la querelle du cartésianisme se ravive pendant ces années. La controverse de Leibniz avec l'abbé Catelan a un grand retentissement. La *Censure* de Huet, protégé des Jésuites et évêque d'Avranches, autrefois cartésien, provoque les réponses de Regis, à Paris (1690), Schwelling, à Brême (1690), Petermann, à Leipzig (1690), Schot, à Franekère (1691), Volder, à Leyde (1691 ; 1695). Les anticartésiens se surpassent avec le *Voyage de Descartes* du P. J. Daniel (1693), l'année-même où Baillet publie sa *Vie de Monsieur des Cartes*. Leibniz attaque. La Méthode ? Eh bien ! que l'Analyse « de Messieurs les carté-siens » fasse ses preuves : en 1687, l'abbé Catelan n'a pu résoudre le problème de la ligne isochrone ; résoudra-t-il mieux aujourd'hui celui de la chaînette ? (*Acta*, juin, sept. 1691 ; *Journal des Savants*, 31 mars 1692). En Physique, Malebranche a dû tenir compte des observations leibniziennes dans son *Traité des lois de la communication des mouvements* (1682), mais il n'en a pas tenu assez compte, des erreurs subsistent encore (PI, 349-352) : déjà Denis Papin, défenseur du cartésianisme, n'a pu que s'avouer battu devant les arguments en forme, par syllogismes et prosyllogismes (*Acta*, sept. 1681). Leibniz rassemble ses critiques dans des *Remarques sur la partie géné-rale des « Principes »* de Descartes (1692). La polémique se poursuit par lettres avec Foucher, chanoine de Dijon (*Journal des Savants*, 2 juin 1692, août 1693), avec Nicaise (*ibid.*, 14 juillet, avril 1693), etc., et, le fameux article des *Acta* (mars 1694) sur la *Réforme de la philosophie première* précisera la notion leibni-zienne de substance. En dehors de la lutte anticartésienne, Leibniz publie en 1692 son *Codex juris gentium diplomaticus*.

173 | En même temps, Leibniz se lie d'une amitié de plus en plus étroite avec l'Électrice Sophie, sœur de la Princesse Elisabeth à laquelle Descartes avait dédié ses *Principes*.

> La Correspondance de Leibniz avec la duchesse Sophie [écrit Foucher de Careil[1]] remplit trois volumes. Elle comprend trente années, de 1684 à 1714 : elle traite de tous les sujets, depuis les affaires politiques et religieuses, jusqu'aux sujets de philosophie, d'art et de littérature, depuis le dernier morceau de musique ou le prédicateur le plus célébré jusqu'aux divertisse-ments de la Cour [...]. Leibniz avait ses grandes et ses petites entrées chez la duchesse, il y venait à chaque heure et surtout le

1. *Leibniz et les deux Sophies*, Paris, 1876.

matin, il était son secrétaire et son confident [...]. Elle se dit sa bonne amie. L'amitié, le mot n'est pas trop fort pour exprimer le charme de telles relations fondées sur l'amitié réciproque.

On se rappelle que Leibniz correspond également avec une autre sœur de la Princesse Elisabeth, Louise-Hollandine, abbesse de Maubuisson, qui sert d'intermédiaire avec Bossuet. Et comment notre philosophe n'eût-il pas été flatté par l'estime que lui portaient « ces deux incomparables sœurs [...] et qui ne devaient rien à la troisième célébrée par feu M. des Cartes » (K VII, 114)? Elles auraient été tout aussi capables d'entendre les Traités de Descartes : « mais peut-être ne les auraient-elles pas également approuvés » (*ibid.*, 158). Ce n'est pas tout. La fille de Sophie elle-même, par conséquent la nièce de cette même Princesse Elisabeth qui avait fondé à Herford la plus illustre école cartésienne, Sophie-Charlotte, Électrice du Brandebourg, bientôt la première reine de Prusse, honorera Leibniz de son amitié. Au reste, ce n'est pas seulement son anticartésianisme, mais aussi son patriotisme que Leibniz voit flatté par l'affection des deux Sophies. Car « ceux qui croient que ces princesses sont portées pour la France sont bien mal informés. Au contraire, elles y ont été si mal traitées avec Madame la duchesse leur mère, qu'elles ne l'oublieront jamais » (K VI, 119).

La guerre suit son cours. À Guillaume III, roi de Grande-Bretagne, « soutien de la véritable Religion » (K VI, 93), Leibniz soumet un projet de guerre commerciale contre la France :

> Sa puissance vient de plusieurs différentes sources, | dont celles **174** du commerce ne sont pas les moindres. Si on pouvait faire tarir une partie ou plutôt la transférer chez nous, on aurait fait en cela même des véritables acquisitions que la paix n'obligerait point de rendre, comme on rend souvent des places, et par lesquelles on affaiblirait pour toujours un ennemi, qui ne cessera pas d'être le nôtre, quelque paix qu'il fasse (*ibid.*, 94).

Entre autres denrées « par lesquelles la France tient en dépendance une bonne partie de l'Europe, les eaux de vie et le
vinaigre ne sont pas les moins considérables » (*ibid.*). On serait
ainsi amené à développer les plantations de sucre en
Amérique, à rendre les colonies florissantes :

> cela nous fera naître en peu d'années une Amérique protes-
> tante, également heureuse tant à l'égard du bien éternel des
> pauvres habitants de ces vastes pays, qu'à l'égard du bien
> temporel de nos Européens protestants, qui y trouveront une
> nouvelle ressource de richesses et de puissance pour balancer et
> même surpasser celle de leurs adversaires et pour soutenir
> l'Espagne chancelante (*ibid.,* 97-98).

« Ceux qui ont eu les premiers la pensée de ce projet », conclut
Leibniz, mettraient de l'argent dans cette entreprise, pourvu
qu'une partie du profit soit employée à des Missions pour
la conversion des barbares, et à la fondation d'un Collège
protestant *de propaganda fide* (*ibid.,* 98).

En attendant, la guerre tout court continue. En juillet 1695,
il arrive « un terrible malheur en Flandres » : le Général-Major
Ellenberg perd Dixmude, se rend avec dix bataillons et deux
ou trois escadrons ; les Français emportent Deynse, menacent
Bruges ; mais on espère que Namur « décidera beaucoup »
(K VI, 105-106). « Enfin Namur est pris, grâces à Dieu, mais il
nous a coûté terriblement. Je crois effectivement que la France
filera plus doux maintenant » (*ibid.,* 108). Au contraire, en 1696,
la coalition se disloque : le duc de Savoie, Victor-Amédée, se
retire de la Ligue et envahit avec Louis XIV le Milanais ;
Guillaume III, gêné par la situation intérieure de son royaume,
menacé en Amérique par les victoires françaises au Canada,
n'aspire qu'à négocier ; l'Espagne et l'Empereur doivent
s'incliner à leur tour : en septembre-octobre 1607 la paix de
Ryswijk est signée.

Quelle amertume ! « La paix de Ryswijk est honteuse pour l'Empire et ses alliés, et dangereuse pour les Protestants » (K VI, 162) dont elle met tout le parti en alarme (*ibid.,* 160). | Les **175** Alliés signant séparément, « on est même venu à une espèce de scission dans l'Empire », et les plénipotentiaires catholiques ont accepté un quatrième article portant « que presque toutes les choses changées par la France dans les lieux à restituer, doivent être redressées, excepté ce qu'on a fait contre la religion protestante » (*ibid.,* 163). En outre, on ne stipule nulle part des garanties des Traités, on ne dit mot des fiefs des trois Évêchés, Toul, Verdun et Metz, on abandonne Strasbourg sans même stipuler « la conservation de la Religion Protestante dans Strasbourg, et dans les autres lieux conformément à la paix de Munster, au Traité de Trêves et autres traités » (*ibid.,* 166), etc. Bref, « il règne partout dans ce Traité un esprit d'animosité contre les Protestants » (*ibid.,* 172). Et Leibniz les invite à s'unir, à mettre à l'écart les démêlés moins importants, à conserver « surtout les liaisons nécessaires avec le Roi de la Grande-Bretagne et les États Généraux, et même, s'il est possible, avec les Couronnes du Nord » (*ibid.,* 173). Dans cet esprit, cette année même, Leibniz s'enthousiasme pour Pierre le Grand.

D'autant plus vive est l'alarme des protestants qu'en même temps que se négociait la Paix de Ryswijk, l'Électeur de Saxe se convertissait au catholicisme pour accéder, le 1er juin, au trône de Pologne (K VI, 148-152). Ainsi le bénéfice du neuvième électorat se trouvait-il perdu. Leibniz, qui vient d'échouer avec Bossuet, se tourne vers les luthériens et les calvinistes. Les échanges de vue s'engagent entre la Cour de Hanovre, luthérienne, et celle de Brandebourg, calviniste, sur les trois points fondamentaux : la prédéstination, la participation de la personne humaine du Christ aux attributs divins, la Transubstantiation. Sur ces trois points Leibniz peut engager sa méthode de logicien, sa doctrine de la liberté, sa théorie de la non-substantialité de l'espace[1]. Mais il ne se fait plus d'illusions sur la Réunion des Eglises :

> J'ai reconnu bientôt [écrit-il à Fabricius en 1697] que la conciliation des doctrines était une œuvre vaine. Alors, j'ai imaginé une sorte de trêve de Dieu : *inducias tantum sacras excogitare volui*, et j'ai introduit l'idée de tolérance déjà impliquée dans la paix de Westphalie.

Il précise, l'année suivante :

> J'ai surtout travaillé à la *tolérance civile* : car, pour l'*ecclésiastique* on n'obtiendra | jamais que les docteurs des deux partis ne se condamnent pas mutuellement […]. Qu'ils renoncent aux persécutions, aux inquisitions, aux coups, aux violences ; qu'ils accordent à chacun l'exercice de sa religion en particulier : *privatim exercitium concedant* ; qu'ils réfrènent la licence de certaine écrits. Je me soucie médiocrement des doctrines : j'ai toujours pensé que c'était affaire des politiques bien plus que des théologiens (F II, XLV-XLVI).

Les préoccupations religieuses et philosophiques avaient poussé Leibniz, en 1693, à reprendre son projet de *Théodicée* (le mot lui-même apparaît pour la première fois en 1696 dans une lettre à Chauvin) ; mais il interrompt son travail pour ne pas gêner les conversations iréniques en cours (Gu 246-247). Son activité politique – récompensée en 1696 par le titre de *geheimer Justizrat*, le plus haut après celui de Chancelier – l'incite à renouveler ses appels au patriotisme. Il rédige une « Exhortation aux Allemands de mieux cultiver leur raison et leur langue avec, y jointe, une proposition d'une Société Teutophile » (*Ermahnung an die Teutsche, ihren Verstand und Sprache besser zu üben, sammt beygefügten Vorschlag einer Teutsch gesinten Gesellschaft.* K VI, 187 *sq.*). L'amour pour la patrie vient aussitôt après celui qu'on doit à Dieu : « Le lien de

---

1. Cf. Schreker, *Lettres et fragments inédits de Leibniz*, p. 35 *sq.*

la langue, des mœurs et même d'une appellation commune unit les hommes d'une manière aussi puissante qu'invisible et forme, pour ainsi parler, une sorte de parenté » (188). Si, à l'exemple des Français, les savants et les érudits allemands écrivaient leurs œuvres, non plus en latin, mais dans leur langue maternelle, on verrait partout se répandre les lumières en Allemagne. Les *Unvorgreiflichen Gedanken, betreffend die Ausuebung und Verbesserung der teutschen Sprache* insistent sur la même idée : perdre sa langue, c'est perdre sa liberté :

> Si maintenant nous voulions devenir un peu plus allemands de pensée que nous ne l'avons été jusqu'ici et pouvions prendre un peu plus à cœur la gloire de notre nation et de notre langue que nous ne l'avons fait ces trente dernières années, en cette période pour ainsi dire française, nous pourrions tourner le mal en bien, tirer même utilité de notre malheur, et dégager l'authenticité profonde de l'honnête allemand d'autrefois aussi bien que l'orner de nouveautés et d'emprunts en quelque sorte capturés sur les Français | et sur les autres (Gu II, 136).   **177**

Leibniz, toujours en 1697, presse l'Électrice Sophie-Charlotte de promouvoir à Berlin la fondation d'un Observatoire et d'une Académie des Sciences. L'Académie sera fondée le 11 juillet 1700.

Cependant, la campagne anticartésienne se poursuit. La xive Congrégation des Jésuites (1686), Huet, de Vries, etc. ne cessent d'accabler Descartes. Dans le rang même des cartésiens les controverses se multiplient : Regis attaque Malebranche sur sa théorie des Idées et du plaisir, dans le *Journal des Savants*; Arnauld – qui va mourir en août à Bruxelles – intervient par quatre Lettres. Mais Volder, avec lequel Leibniz engagera une Correspondance capitale, défend, à Leyde, le cartésianisme contre la Censure de Huet (1695); John Norris se range du parti de Malebranche (*An account of reason and faith in relation to the Mysteries of Christianity*, 1697). En

1697 Bayle édite son *Dictionnaire historique et critique*. Leibniz, n'ayant pas le loisir de ranger ses pensées, se contente d'en donner partout quelques petits échantillons, de répondre à ceux qui lui proposent des doutes, « d'avancer insensiblement selon les circonstances » (FI, 4). Sa polémique avec l'abbé Catelan – sur la question, si l'essence du corps consiste dans l'étendue – se prolonge avec l'abbé Foucher, l'abbé Nicaise, Regis, jusqu'en 1697. Le *Système nouveau de la nature et de la communication des substances, aussi bien que de l'union qu'il y a entre l'âme et le corps* (*Journal des Savants*, 27 juin, 4 juillet 1695) annonce le *De ipsa natura* de 1698 (*Acta*, sept.) et expose la spontanéité de la substance et l'harmonie préétablie. Le *Specimen dynamicum* (*Acta*, avril 1695) prépare la défense des causes finales en Physique, que reprend, en 1697, le *Tentamen anagogicum* (PVII, 270). Dans les propriétés de la courbe brachistochrone, qu'il découvre en 1696 – conjointement avec Newton et Jacques Bernouilli – Leibniz aperçoit une image de la perfection divine réglant les moindres parties de l'univers (PVII, 272). En 1697 encore, le *De rerum originatione* décrit par quel « mécanisme métaphysique » Dieu choisit le meilleur des mondes possibles, et fonde ainsi la contingence des existences.

Ainsi, par tous les « petits échantillons » qu'il en donne, selon les circonstances, Leibniz répand sa philosophie et l'engage dans la lutte anticartésienne. Mais il veut plus encore. Il espère que sa philosophie au service de la Foi pourrait se **178** répandre | jusqu'en Chine par les Missions. Il songe à l'aide des Jésuites : on se souvient de sa liaison, à Borne, avec le P. Grimaldi et du déchiffrement des caractères de Fô-Hi qu'il lui propose. Cela ne l'empêche pas de compter aussi sur le Tzar et sur les missionnaires protestants contre les Catholiques :

> Je ne sais [confie-t-il à Burnet le 5 avril 1698] si on pourrait profiter du séjour et de la bonne volonté de ce Monarque (le

Tzar) pour porter les lumières de la religion repurgée jusque dans la Chine, puisque les États du Tzar touchent à la Tartarie soumise au Monarque chinois et que l'entrée de la Chine est ouverte de ce côté-là, comme on peut juger sur les particularités que j'ai fait imprimer dans les *Novissima Sinica*. Il semble qu'il serait de l'honneur et du devoir des protestants de ne point souffrir que le parti de Rome s'empare seul des missions de ce grand Empire, d'autant plus qu'ils n'y réussissent qu'à titre de maîtres des Sciences Européennes, où les protestants pour le moins ne leur cèdent point (Grua 204).

Ou encore, au sujet de Pierre le Grand : « Quoiqu'il ne soit pas de nos religions, il ne laissera pas d'être le Jean-Baptiste de nos missionnaires qui doivent passer un jour par l'Empire du Tzar vers la Chine » (K VIII, 308).

Au milieu de tous ces projets, le prince Ernest-Auguste meurt le 23 janvier 1698 : son fils, Georges-Louis, lui succède.

LES DERNIERS RÊVES (1698-1716)

Quel contraste ! Georges-Louis, brutal, grossier, noceur, illettré – l'antithèse même du « portrait du Prince » tel que Leibniz le tirait de Jean-Frédéric, et tel qu'il vient de le reprendre, en 1696, dans le « Projet de l'éducation d'un Prince » qu'il soumettra en 1703 au roi de Pologne (Gu II, 208) ! Leibniz, de plus en plus, se verra écarté des conseils privés de son maître. En revanche, la princesse Sophie est de plus en plus son amie ; il est soutenu à Berlin par l'Électrice Sophie-Charlotte. Sans cesse entre les capitales du Hanovre et du Brandebourg, il veut aider les Électrices à « maintenir un pouvoir dans les deux cours qui soit digne d'elles et qui serve [...] au bien des deux Maisons [...] ». Que de prudence ne faut-il pas ! Les lettres risquent d'être interceptées ; il convient donc qu'une personne de confiance – et « pour cet effet je ne saurais nommer un autre que moi » – « ait sujet d'aller de temps en temps d'une cour à l'autre pour donner réciproquement les informations convenables à fin que tout se fasse avec beaucoup de concert et de circonspection, et d'une manière qui ne soit point sujette à des soupçons ou ombrages ». On pourrait donner pour prétextes l'établissement de l'Académie des Sciences à Berlin et les soins de la Bibliothèque de

Wolfenbuttel (K VIII, 53-55). Leibniz resserre ses liens avec Anton-Ulrich. De tous côtés il prend appui. À Hanovre, à Wolfenbuttel, à Berlin et, bientôt, à Londres et à Vienne, en attendant Moscou, il cherche emploi à son génie.

180 | Pour l'instant (1698), le voici une fois de plus engagé dans la délicate partie de la Réunion des Églises : il va jouer sur quatre échiquiers à la fois. À Berlin, vers la mi-avril, l'entente semble sur le point de se faire entre luthériens et calvinistes : déjà l'Électeur de Bandebourg envisage une union internationale des Protestants. À la fin de l'année, Leibniz, tourné vers l'Angleterre, correspond avec Burnet, un des chefs de l'anglicanisme. En même temps il intrigue, par Anton-Ulrich, pour écarter Bossuet et traiter directement avec le parti gallican. Mais, en 1699, un projet calviniste, venu de Suisse – le projet Sterky – remet tout en question à Berlin : en décembre, Leibniz pousse en sous-main Bossuet contre Sterky, mais, dès janvier 1700, comprend que la partie est perdue de ce côté-là. Cependant, les démarches d'Anton-Ulrich ont eu leur effet à Rome et à Vienne. L'Empereur demande à Georges-Louis – auquel, en août, la mort de Guillaume de Gloucester ouvre la voie vers le trône d'Angleterre – de renouer les négociations entre catholiques et protestants. Fin septembre, Leibniz repart en mission secrète pour Vienne. Ses intrigues pour éliminer Bossuet n'ont pas réussi. Au contraire, le Pape consulte l'évêque de Meaux. La Correspondance reprise entre Bossuet et Leibniz devient des deux côtés de plus en plus hautaine : Bossuet ne veut rien relâcher du Concile de Trente et, s'il l'emporte en éloquence, le philosophe de Hanovre l'emporte en logique serrée, en érudition scolastique et embarrasse son correspondant par une exégèse appuyée à la fois sur l'histoire et sur la linguistique. Le 17 avril 1701 marquera la fin de ce dialogue célèbre. À Vienne; politique et religion s'emmêlent trop étroitement pour qu'une entente soit possible. Lorsque Leibniz rentre à Hanovre au début de 1701, il a perdu toute espérance. Du côté protestant, la rupture des négociations iréniques entre Berlin et Hanovre sera définitive au printemps de 1706. Deux ans plus tard, Leibniz écrira à Fabricius : « Tout notre droit sur la Grande-Bretagne est basé sur la haine de la religion romaine. C'est pourquoi nous devons éviter tout ce qui pourrait nous faire paraître tiède à l'égard de cette Église » (F II, XCIX). On ne saurait mieux dénoncer le but patriotique que notre philosophe a toujours assigné au projet de la Réunion.

Du reste, de nouvelles guerres se préparent. Pierre le Grand, au retour de son voyage en Hollande et en Angleterre – il était passé par Hanovre en 1697 – avait vainement essayé à | Vienne (1698) de maintenir l'Empereur dans la coalition **181** contre les Turcs; mais en août, à Rawa, il avait réussi à entraîner Auguste II, roi de Pologne – qui, par ailleurs, se rapproche du Brandebourg dans une alliance contre le nouveau roi (1697) de Suède, Charles XII. En septembre 1699, le Danemark complète la coalition. En février 1700, Auguste II lance l'attaque sur Riga. On sait la suite : Charles XII écrase ses adversaires et défait les armées du Tzar à Narva (30 novembre). Le bruit court que Pierre le Grand a abandonné ses soldats : Leibniz n'en croira rien (K VIII, 325). À l'autre extrémité de l'Europe, à Madrid, Charles II, après avoir testé (1698) en faveur du prince-Électeur de Bavière dont le fils meurt le 6 février 1699, refait (octobre 1700) son testament en faveur de Philippe, duc d'Anjou, et meurt en novembre. Voici de nouveau face à face Louis XIV et l'Empereur. L'Angleterre, les Provinces-Unies et la France arrivent presque à une entente. L'Empereur doit payer l'aide du Brandebourg en élevant son Électeur à la dignité de Roi, en Prusse sous le nom de Frédéric Ier (2 juillet). Le 16 novembre le duc d'Anjou devient Philippe V d'Espagne, sans que Louis XIV – contrairement au Testament de Charles II – renonce à maintenir les droits de son petit-fils à la couronne de France. Dès lors, les forces protestantes se regroupent autour de l'Empereur. Enfin, la mort du duc de Gloucester (août 1700) désigne Georges de Hanovre, arrière petit-fils de Jacques I, comme candidat protestant possible au trône d'Angleterre, tandis que Louis XIV est sur le point de reconnaître (septembre) le fils de Jacques II, catholique, comme successeur légitime. Guillaume meurt le 19 mars 1702 : Anne-Stuart, sa belle-sœur, lui succède. Mais, dès à présent, il existe à Londres un parti hanovrien, et Leibniz réfléchit sur « les moyens dont Madame l'Électrice de Bronsvic se doit servir pour assurer le droit effectif de la succession d'Angleterre pour Elle ou pour sa postérité » (K VIII, 218). Leibniz a « souvent écrit là-dessus tant à nos Ministres qu'à M. l'évêque de Salisbury »; maintenant (2 janvier 1701), les événements d'Espagne doivent lever les plus grands obstacles du côté anglais, car quelle république attendre du « prétendu prince de Galles » reconnu par Louis XIV ? Au lieu qu'on pourra et voudra prendre des mesures et liaisons solides « avec une maison protestante des plus considérables » (*ibid.*, 220).

Tandis que Charles XII vole de victoire en victoire (Riga, juillet 1701, Cracovie, juillet 1702, Pultusk, mars 1703, Posen, Thorn, Elbing en octobre et décembre), proclame Stanislas Leczinaki roi de Pologne (juillet 1704), le fait couronner en octobre 1705, contraint (février 1706) le roi en Prusse à une « assurance » contre Auguste de Saxe, – les trois gouvernements anglais, hollandais et impérial déclarent la guerre aux deux couronnes de France et d'Espagne (15 mai 1702). Leibniz, dès 1701, a publié *La justice encouragée contre les chicanes et les menaces d'un Bourbon*, recueil de Lettres sur le testament de Charles II. Maintenant, il conseille : « Il est bon qu'on se hâte à faire des efforts, car l'expérience a fait voir que la maxime de quelques uns qui croient de mater la France à la longue, a été trompeuse; au contraire, c'est elle qui doit chercher à gagner du temps, puisqu'elle est en possession. Il serait à souhaiter que les protestants profitassent des conjonctures, et qu'on se servît de la situation des esprits pour

182

la paix de l'Église chez vous et chez nous » (À Burnet, 12 mai 1702, K VIII, 348-349). En 1703, il rédige *Manifeste contenant les droits de Charles III*, plusieurs fois réédité. Ce n'est pas en vain qu'il s'inquiète : «Les fruits de la campagne de l'an 1703 » (K IX, 51) montrent qu'une fois de plus on a sous-estimé les forces de la France : « il fallait croire plutôt que mépriser la France c'est la servir » (*ibid.,* 52); on aurait dû faire de grandes levées «quand même la France n'en ferait guère, car elle n'a besoin que d'être sur là défensive, puisqu'elle a déjà raflé tout : au lieu que maintenant, c'est elle qui nous attaque encore chez nous, c'est elle qui nous surpasse en préparatifs » (*ibid.*); « Le danger pour la liberté publique, pour la patrie, pour la religion étant extrême, il n'y a rien à ménager : chaque puissance doit faire dans ses États et voisinages autant de monde qu'il lui est possible, et chaque sujet y doit contribuer de son mieux en argent et en denrées, ou en payant de sa personne, comme si l'ennemi était aux frontières prêt à entrer dans le pays et à mettre tout à feu et à sang » (*ibid.,* 53-54). Mobiliser, sélectionner, armer, unifier le cornmandement – par exemple, en mettant l'Électeur Georges-Louis de B.L. à la tête d'une grande armée (*ibid.,* 66) – répartir au mieux les dépenses entre les alliés, recruter partout des soldats – « Je crois qu'on obtiendrait des troupes du Tzar de Moscovie, l'intérêt de ce prince étant d'en avoir par ce moyen de disciplinées à leur retour, qui serviraient de modèles à d'autres » | (*ibid.,* 56) – organiser des **183** banques, surprendre l'ennemi : autant de moyens de lutter. Sinon, les Bourbons ne respecteront personne en Europe : « Je ne dis rien de la religion protestante qui se perdra, si Dieu ne la sauve comme par miracle » (*ibid.,* 59). Le Pape même «sera bientôt réduit à un état de premier aumônier des Bourbons» (*ibid.*). Et Leibniz d'exhorter encore à mieux traiter les soldats : des bons remèdes et de bons chirurgiens, des vivres, et, le plus possible, l'action par la science – sape, artillerie – plutôt qu'à force d'hommes (*ibid.,* 60).

D'ailleurs, l'année 1704 sera meilleure pour les alliés : les victoires de Malborough, en Bavière (fin juin), à Blenheim (13 août), la prise de Gibraltar (1er août), le soulèvement de Catalogne, font plus que balancer la victoire française sur Victor-Amédée. Louis XIV, inquiet, s'efforce, en 1705, de traiter avec les Provinces-Unies. Leibniz apprend la mort de la reine Sophie-Charlotte « avant d'avoir su qu'elle était véritablement malade » (K IX, 116) et perd ainsi une protectrice. Il voit de trop près les dissensions entre cours allemandes – les « brouilleries », opposent constamment Hanovre à Zelle et à Berlin – pour croire la France abattue par les défaites que lui infligent les alliés en Espagne, en Belgique – où Malborough, après avoir pris Ramillies (23 mai 1706), marche sur Lille –, en Italie, où le prince Eugène s'empare de Turin. Du reste, Charles XII, l'allié de Louis XIV, est au même moment l'arbitre de l'Europe. Leibniz, tenté de voir en lui le héros du protestanisme, mais déçu lorsqu'en septembre il l'approche à Altranstadt (Bar 115-116), s'indigne qu'Auguste de Saxe renonce sans honneur à la couronne de Pologne, abandonnant ses serviteurs à la vengeance de Stanislas (K IX, 243, 247, 253).

Toutefois, Charles XII est près de sa perte. Le Tzar contre-attaque en Pologne en 1707, l'emporte en 1708 sur le roi de Suède à Dobroïé et l'écrasera en 1709 à Poltava. La France s'affaiblit sous les coups de Malborough et du prince Eugène, mais leur fait payer assez cher la victoire de Malplaquet (septembre 1709), pour se garder de l'invasion. Aussi les négociations secrètes se multiplient-elles. La lutte demeure incertaine. La mort de l'Empereur, le 17 avril 1711, risque de réunir dans les mains de Charles III l'Empire et l'Espagne. L'Angleterre, aussitôt, prend peur, engage avec Louis XIV les préliminaires de Londres (octobre). Au début de 1712, on **184** commence à se | consulter à Utrecht. En juillet, les Anglais consentent l'armistice, Villars s'empare de Denain : « le revers de Denain a plus découragé les Hollandais que la retraite des

Anglais » (K IX, 366); en août, le prince Eugène se retire; en novembre, le Portugal signe à son tour l'armistice : la coalition se défait. Leibniz constate avec tristesse : « On songe fort à Ratisbonne à des Plénipotentiaires que l'Empire peut envoyer à Utrecht, mais non pas assez à envoyer des troupes au Rhin, ce qui vaudrait mieux que tous les Plénipotentiaires » (K IX, 354).

Entre temps, il a poursuivi la propagande pour son système, rêvant toujours de la répandre jusqu'en Chine par les missions, soit protestantes, soit romaines, rencontrant Wolf à Berlin en 1707, luttant partout pour la création d'Académies de Sciences (il vient, en 1700, d'être nommé membre de celle de Paris) à Dresde, Moscou, Kiew, Astrakan, Petersbourg (F VII, 418). S'il ne publie guère jusqu'à la *Théodicée* (1710) que des ouvrages historiques et politiques, il fonde, en 1700, le *Monatlicher Auszug aus allerhand neuherausgegeben nützlichen und artigen Büchern*, qu'il confie à Eccard, son secrétaire depuis 1698, et gagne, par ses articles et ses lettres, une audience européenne. En France, le marquis de l'Hospital[1], à Groningue, jusqu'en 1705, Jacques Bernouilli, puis à Bâle avec son frère Jean (que l'Hospital a initié à Paris), font connaître son Analyse qui soulève, à partir de 1699, avec les ouvrages de Nicolas Fatio de Duillier et de Wallis, des controverses incessantes sur la *priorité* de l'invention. À la fin de sa vie, Leibniz aura encore à se défendre :

> [...] si l'on se contente de soutenir que M. Newton a eu avant moi certaines inventions mathématiques sans les avoir publiées, je n'ai point sujet de m'en plaindre beaucoup. Mais si l'on passe plus loin et m'accuse de les avoir pris de lui, on blesse la vérité et ma réputation en même temps, et l'on me

---

1. *L'analyse des infiniment petits pour l'intelligence des lignes courbes*, Paris, 1696, ne traite que du calcul différentiel, car, pour le calcul intégral, « M. Leibniz m'ayant écrit qu'il y travaillait dans un Traité qu'il intitule *De scientia infinitii*, je n'ai eu garde de priver le public d'un si bel ouvrage... ».

forcera de dire des choses à mon tour qui pourront déplaire à
ceux qui m'insultent si mal à propos (K IX, 372).

S'il a eu la joie d'amener Malebranche à avouer les erreurs de
la mécanique cartésienne (1699), il a toujours à disputer contre
Nicaise, Varignon, Hartsoeker (1706-1713) pour préciser et
185 imposer | sa Dynamique. Il donne des échantillons de sa doc-
trine sur les substances, sur le principe de vie (*Hist. Ouvrages des
Savants*, 1705); il polémique avec le P. Lamy sur l'argument
ontologique de Descartes (*Mémoire Trévoux*, 1701; *Suppl. Journal
des Savants,* 1709); à propos du livre de Jaquelot contre Bayle,
il publie ses observations sur la conformité de la foi et de la
raison (*Acta*, 1705). Cependant, pour la période qui nous
occupe, c'est surtout aux noms de Locke, de Bayle et du
P. J. des Bosses, que l'on peut, en schématisant, rattacher la
production philosophique de Leibniz. En Locke il découvrait
un adversaire du cartésianisme, mais, pour la religion, un
adversaire dangereux par l'empirisme le portant à trop oublier
que, s'il n'est rien dans l'entendement qui ne vienne des sens,
l'entendement lui-même n'en vient pas. Les prétentions du
Hanovre au trône d'Angleterre, l'importance qu'y prend la
question religieuse, intéressent alors Leibniz d'une façon toute
particulière à la philosophie anglaise. Reprenant l'*Essai sur
l'Entendement humain*, il l'annote paragraphe par paragraphe,
et en vient ainsi à exposer sa propre théorie de la connaissance.
Il tente d'entrer en rapports avec Locke; le 27 février 1702, il
écrit à Burnet : « À l'égard de Locke, je voudrais qu'il eût
marqué les endroits qui lui ont paru obscurs dans ce que je vous
avais communiqué[1]. Mais puisqu'il ne vous a point donné
ordre de me le dire, il ne faut point insister là-dessus » (K VIII,
339). Le dialogue ne s'engage pas. « La mort de M. Locke m'a
ôté l'envie de publier mes remarques sur ses ouvrages; j'aime

---

1. Sans doute au sujet des « livres échangés entre Mr l'évêque de Worcester
et Mr Locke » (K VIII, 86).

mieux publier maintenant mes pensées indépendamment de ceux d'un autre », écrira-t-il, toujours à Burnet, le 26 mai 1706 (K IX, 217-218). Dans la même lettre, il rassemble ses critiques fondamentales : Locke n'eût pu donner des démonstrations de morale, car « l'art de démontrer n'était pas son fait » ; il n'a pas vu que l'âme est souvent sans aperception (nous dirions aujourd'hui : qu'il y a une pensée inconsciente) ; il n'explique pas bien l'identité de la personne ; il

> n'a pas assez bien approfondi l'origine des vérités nécessaires qui ne dépendent pas des sens, ou expériences, ou faits, mais de la considération de la nature de notre âme, laquelle est un être, une substance, ayant de l'unité, de l'identité, de l'action, de la passion, de la durée, etc. Il ne faut pas s'étonner | si ces idées et **186** les vérités qui en dépendent se trouvent en nous, quoiqu'on ait besoin que des expériences excitent notre réflexion ou attention, pour nous faire prendre garde à ce que notre propre nature nous fournit. Il me semble qu'en toutes ces matières, M. Locke a raisonné un peu à la légère quoique je confesse qu'il dit d'ailleurs une infinité de choses belles, profondes et utiles (*ibid.*, 218-219. Cf. *ibid.*, X, 220, 288, XI, 39).

Pour ne pas gêner les négociations iréniques, Leibniz, on s'en souvient, avait sursis à la rédaction de sa *Théodicée*. Ces négociations lui avaient pourtant fourni l'occasion de s'expliquer sur la compatibilité de l'omniscience divine, du péché Originel, de la liberté et de la responsabilité de l'homme, dans une importante lettre à Molanus de février 1698 (Schrecker, *op. cit.*, 83). Plus tard, en 1701, Toland était arrivé à Hanovre avec la suite des Ambassadeurs anglais, et Leibniz en lisait et commentait *Le Christianisme non mystérieux*, publié en 1697. Protégé par Sophie-Charlotte à laquelle il dédie ses *Lettres à Serena* (1701), Toland, disciple imprudent de Locke, avait soulevé contre lui la colère de tous les orthodoxes en professant un déisme sans traditions ni prêtres où il voyait le christianisme primitif : la foi et la raison restant inconciliables, c'est le parti de la raison qu'il fallait embrasser. Bayle, de son côté, qui n'avait été chassé de France par la Révocation de l'Édit de Nantes que pour venir se heurter en Hollande à l'intransigeance de ses coreligionnaires, en particulier de Jurieu, prêchait la tolérance, s'opposait à tout dogmatisme théologique ou philosophique, s'armait de son érudition pour affronter les doctrines les unes aux autres ou souligner leur incohérence interne. Leibniz correspond avec lui depuis 1687. La deuxième édition du *Dictionnaire* parait en 1702 et, l'été, à Berlin, Leibniz le commente à la Cour. Les deux années 1705-1706, Bayle controverse avec Jaquelot et Leclerc, et Leibniz, animé par cette polémique, écrit le *Discours de la conformité de la foi avec la raison* qui ouvre la *Théodicée*. D'ailleurs, la rupture des négociations religieuses entre Hanovre et Berlin lui rend, la même année, toute sa liberté d'expression : il pourra s'adresser à la fois aux protestants et aux catholiques. En janvier-février 1707, il esquisse la *Théodicée* qui verra le jour en 1710, en même temps que le petit Traité : *Causa Dei asserta per justitiam ejus*, écrit en 1709. Dans une lettre à l'Électrice Sophie d'avril 1709, Leibniz résume le propos de sa *Théodicée*[1] :

187 | Je suis persuadé que la Religion ne doit rien avoir qui soit contraire à la Raison [...]. J'entends par Raison non pas la faculté de raisonner, qui peut être bien et mal employée, mais l'enchaînement des vérités qui ne peut produire que des vérités, et une vérité ne saurait être contraire à une autre [...] il nous faudrait des Missionnaires de la Raison en Europe, pour prêcher la Religion naturelle, sur laquelle la Révélation même est fondée, et sans laquelle la Révélation sera toujours mal prise (K IX, 300).

À l'Intelligence suprême rien ne peut échapper : les Écritures nous enseignent que tous nos actes entrent en ligne de compte,

---

1. Sur le titre : « *... est enim Theodicaea quasi scientiae quoddam genus, doctrina scilicet de justitia (id est sapientia simul et bonitate) Dei* » (P II, 437).

que les âmes sont immortelles, que la béatitude est promise aux justes, que nous pouvons déjà en avoir un avant-goût, et que la bonne volonté suffit. Mais combien d'hommes pratiquent cette doctrine ? Quant aux théologiens, les uns « veulent qu'une doctrine paraisse bien absurde pour mériter d'être crue, et ils appellent cela le triomphe de la foi » (*ibid.,* 302), les autres ont du chagrin contre ceux qui ne s'enfoncent pas dans l'ignorance. Et les malicieux se moquent des Théologiens. Certains conçoivent trois substances infinies et distinctes pour enseigner la Sainte-Trinité ; d'autres damnent les païens et tous ceux qui n'ont pas connu le Christ en sorte que Jésus-Christ « bien loin d'être le sauveur des hommes, aurait été la cause de leur perte » : on va plus loin, « toutes les actions vertueuses des payens étaient des crimes » (*ibid.,* 305), les enfants qui meurent avant le baptême sont damnés (*ibid.*). Autant d'affirmations contraires à l'Intelligence ou à la Justice divine, et que Leibniz veut combattre dans son Essai.

Dès 1712, la *Théodicée* est traduite en latin – mais cette traduction ne sera publiée que sept ans plus tard – par le P. J. des Bosses. Leibniz a déjà engagé avec lui, depuis 1706, une Correspondance dont la valeur a été diversement appréciée par les commentateurs. Les uns, comme Ch. Secretan, A. Lemoine, Erdmann, Zeller, Lachelier, contestent la bonne foi de Leibniz ; d'autres, comme Maurice Blondel, estiment au contraire que ces Lettres sont capitales. C'est que le problème traité est, une fois de plus, celui de la Transsubstantiation et que la virtuosité logicienne de notre philosophe réussit à défendre une hypothèse dont son correspondant jésuite pouvait | s'accommoder. Mais le luthérien Leibniz ne se cache **188** pas de ne point croire à la Transsubstantiation catholique, et il ne présente lui-même son hypothèse que comme possible. L'accusation de mauvaise foi semble fort peu justifiée. Au reste, l'intérêt de la Correspondance n'est pas là. La *Monadologie*, en composant le monde de substances sans portes ni fenêtres, n'ayant l'une sur l'autre qu'une action *idéale*, ne rendait pas compte de l'union *réelle* des monades, de l'unité réelle des objets. Elle expliquait les phénomènes bien fondés, mais bien fondés *a parte subjecti* par la fonction unifiante de l'entendement ou par la confusion des sens. Elle ne fondait pas les phénomènes sur une liaison réelle *a parte objecti*; en sorte qu'il restait toujours à savoir comment se pouvaient concilier le point de vue de la monade et celui de la monadologie. Le système, sous son aspect logico-mathématique, s'inscrivait dans une perspective idéaliste qui n'éclairait que l'*expression* de l'absolu et laissait échapper la réalité absolue elle-même. Or, il est peu conforme à l'éclectisme de Leibniz de ne retenir qu'une thèse en abandonnant l'antithèse : si Platon l'inclinait vers l'idéalisme, les leçons d'Aristote, retenues par l'Église, sa Dynamique, sa Morale, ne lui permettaient pas de renoncer à l'ontologie réaliste. C'est ce passage de l'idéalisme au réalisme que tente la Correspondance avec Des Bosses : aussi nous paraît-il qu'il faut lui ménager dans l'exposé du leibnizianisme une place beaucoup plus importante qu'il n'est d'usage. La théorie du *vinculum substantiale*, lien réel entre monades, a plus que l'intérêt anecdotique d'une hypothèse en *comme si* sur un point de théologie : la théologie ne se sépare pas de la philosophie chez notre auteur, et l'on verra que la Correspondance avec Des Bosses répond à une question à laquelle Leibniz ne pouvait se soustraire.

Pour propager ses idées et pour réaliser ses projets d'organisation sociale, Leibniz se tourne vers Pierre le Grand. Il l'avait approché en 1697 (F VII, 421) et, déjà, lui avait remis un Mémoire « sur l'établissement d'une Société des sciences en Russie » (*ibid.,* 404) dans lequel, reprenant son rêve d'une Encyclopédie, il invite le Tzar à faire rédiger en russe une Encyclopédie des sciences et des arts, et à ouvrir son pays à tout le monde. Une autre Exhortation (*ibid.,* 416) presse Sa Majesté Czarienne d'attirer dans ses États les personnes capa-

bles, de fonder | « bâtiments, jardins, bibliothèques, cabinets, **189**
observatoires, laboratoires, etc. », de promouvoir

> les ordonnances, lois et statuts qu'il faudrait faire et les bons
> ordres qu'il faudrait donner pour introduire les bonnes connais-
> sances, pour les faire recevoir des peuples ; pour bien faire
> instruire la jeunesse, et pour éviter dès à présent les abus qui s'y
> peuvent glisser, et dont les études ne sont que trop infectées en
> Europe.

La Russie offre un terrain d'expérience neuf, *tabula rasa* (*ibid.,*
423), sous le commandement d'un Prince qui, selon le vœu
cartésien, pourrait imprimer à son œuvre une grande unité :
« parce qu'il est bon qu'un tel dessein soit exécuté uniment par
un même esprit qui le dirige, comme une ville est toujours plus
belle quand elle est bâtie tout d'un coup, que lorsqu'elle s'est
formée peu à peu à diverses reprises » (*ibid.,* 416, 466-467). Et,
précise Leibniz, dans un Mémoire pour Le Fort, le Tzar est le
Héros qui peut combattre les Turcs et permettre le passage
des Missionnaires vers la Chine ; il est le prince qui va
« débarbariser » ses États. Que faire pour cela ?

> 1) Former un établissement général pour les sciences et arts ;
> 2) Attirer des étrangers capables ; 3) Faire venir des choses
> étrangères qui le méritent ; 4) Faire voyager des sujets avec les
> précautions convenables ; 5) Instruire les peuples chez eux ;
> 6) Dresser des relations exactes du pays pour connaître ses
> besoins ; 7) Suppléer à ce qui lui manque (*ibid.,* 432-433).

Depuis 1697, Leibniz n'a cessé de s'intéresser à la Russie et de
prendre contact avec des personnalités de l'entourage du Tzar.
En décembre 1708, conformément au désir de Son Excellence
le ministre plénipotentiaire du Tzar, il projette un Mémoire : il
y souligne l'importance de l'éducation de la jeunesse, la valeur
de la méthode dans l'enseignement des sciences et des arts, de
leur centralisation, d'une bonne bibliothèque en toutes langues
comprenant :

> 1) Mathèse, avec la mécanique (y compris la géographie unie à l'astronomie, l'art maritime et l'art militaire, ainsi que l'architecture); 2) la physique, selon les trois règnes de la nature, à savoir le minéral, le végétal et l'animal (à quoi se rattachent l'agriculture, les travaux des mines, la chimie, la botanique, l'anatomie et la médecine, avec les arts naturels de toute espèce); et enfin 3) l'histoire, où sont renfermées des instructions précises sur les temps et les lieux comme sur les événements remarquables (y compris les descriptions et détails des royaumes, États et pays, comme | encore, et surtout, des itinéraires ou livres de voyage) (*ibid.,* 472).

190

Avec cela, bien entendu, des cabinets d'expériences : vivaria, jardins des plantes, arsenaux, etc.; de bons chimistes et artificiers étudieraient les emplois du feu; de plus, «S. M. Czarienne pourrait rendre d'immenses services à la navigation et à la géographie en prenant les meilleures dispositions en vue d'observations astronomiques» (*ibid.,* 175).

À Torgau, en 1711, Leibniz est présenté au Tzar par Anton-Ulrich. Il le revoit en 1712, à Carlsbadt et à Dresde. Le 25 octobre il peut écrire à Anton-Ulrich : «Votre Altesse Électorale trouvera extraordinaire que je dois être en quelque façon le Solon de la Russie, quoique de loin, c'est-à-dire le Czar m'a fait dire par le Comte Golofkin son grand Chancelier que je dois redresser les lois et projeter des règlements sur le droit et l'administration de la justice». Et, de fait, le 1er novembre, Pierre le Grand le nomme son Conseiller privé. Leibniz lui parlera pour la dernière fois à Pyrmont en 1716.

Il engage son Protecteur à ordonner des observations sur les déclinaisons magnétiques; il espère «que nous apprendrons par son moyen si l'Asie est attachée à l'Amérique»; il lui propose, entre autres instruments, sa Machine arithmétique : «elle avance à grands pas; […] elle pourra servir un jour de présent au Monarque de Chine»[1]. Par le Tzar, il

---

1. Cf. L. Richter, *Leibniz und sein Russlandbild*, Berlin, 1946.

compte avancer ses recherches de linguistique. Le dernier état
de ses hypothèses sur la filiation des langues nous est fourni
par un tableau de 1710. À partir du tronc originel, l'*Ursprache*,
deux branches se détachent : la Japhétique (NO Asie, Europe)
et l'Aramique (SO Asie, Afrique) qui s'entremêlent dans
le Persan, l'Araméen et le Georgien. Tandis que la branche
aramique se subdivise en Arabe et en Égyptien (nous n'énu-
mérons pas les sous-classes), la branche japhétique donne le
Scythe et le Celtique. Du Scythe nous voyons sortir le Turc,
le Slave, le Finnois et le Grec ; du Celtique, le Germain et le
Celte. Le mélange germanique-celtique engendre les langues
apennines, pyrénéennes et celles de l'Ouest européen
(français, italien, etc.) où s'introduisent des éléments de Grec.

   De Dresde où il a rencontré le Tzar (novembre 1712),
Leibniz, qui se sent de plus en plus à l'étroit à Hanovre, part
pour Vienne sans demander l'autorisation à son Prince. Il y
demeurera | jusqu'à l'automne 1714. La guerre se termine. Le **191**
Traité de Rastadt, discuté dès novembre et signé le 6 mars
1714, complète le Traité d'Utrecht (11 avril 1713). À Vienne,
Leibniz est accueilli par Sa Majesté « à titre de serviteur le plus
ancien qu'Elle ait ici » : « L'Empereur m'a accordé la distinction de me donner audience dans sa retirade comme à un de ses
Ministres et comme à des personnes d'une admission particulière. Il ne l'accorde point aux Ministres étrangers, ni à
des conseillers Impériaux Auliques » (K IX, 414). Charles VI
l'élève à la dignité de *Reichhofrat*, la plus haute pour un
protestant, et – sans doute à cette date – en fait un Baron.
Leibniz consacre ses efforts à la fondation d'une Académie
des Sciences. Au dernier moment, les Jésuites qui se flattaient
de le convertir – comme ils venaient en 1710 de convertir
Anton-Ulrich – devant son refus obstiné renversent ses projets
et lui sont désormais hostiles. Mais il a écrit pour l'entourage
du duc d'Orléans le texte qu'on intitulera plus tard (1720) la
Monadologie, et les *Principes de la nature et de la grâce*

admirés par le Prince Eugène, le Général le plus illustre de l'Empire, tant de fois vainqueur de Louis XIV. Deux deuils le frappent : Anton-Ulrich meurt le 27 mars 1714; puis, le 8 juin, à l'âge de 84 ans, la Princesse Sophie. Il se sent de plus en plus seul. Le 12 août, la mort de la reine Anne laisse le trône à Georges-Louis, proclamé roi d'Angleterre sous le nom de Georges Ier. Leibniz prend aussitôt le chemin du retour. Le 8 octobre, il écrit à Georges Ier son espoir de le rejoindre à Londres : le roi lui fait répondre de rester à Hanovre.

Désemparé, malade, « touché plus que je ne saurais dire, de voir que, pendant que l'Europe me rend justice, on ne le fait pas où j'aurais le plus le droit de l'attendre » (Gu II, 313), Leibniz se remet à l'Histoire de la Maison de Brunswick. Il échange avec Clarke les lettres qui précisent sous son aspect définitif la théorie de l'espace et du temps (1715-1716). Il songe à se retirer à Paris et s'adresse pour cela au P. J. Tournemine en lui soumettant un Essai *De origine Francorum* (1715). Mais il faudrait se convertir. Il projette en 1716 de vivre à Vienne. De ses Lettres, il voudrait extraire des passages touchant ses Mathématiques, sa Dynamique, sa Philosophie, son Droit. Après l'entrevue de Pyrmont (juillet 1716) avec le Tzar, il ne quitte plus Hanovre et s'occupe de son œuvre historique.

En novembre, il subit un accès de goutte et il meurt, le 14, | à neuf heures du soir. Il fut enterré comme un chien. Seule, l'Académie de Paris devait lui accorder – le 13 novembre 1717 – par la bouche de Fontenelle, l'*Éloge* dû à son génie.

Il est facile de tirer l'image de Leibniz du portrait esquissé par lui pour une consultation médicale (K I, XII-XV; F nl, 388-389) confirmé par celui que nous a laissé son secrétaire Eckart (Gu II, 334-338) qui le communiqua à Fontenelle pour son *Éloge*.

De taille moyenne, voûté, large d'épaules mais menu, le poil rare, les jambes torses comme celles de Scarron, les extré-mités longues, la main sillonnée de lignes innombrables, il penchait une grosse tête dégarnie assez tôt de ses cheveux raides châtain-foncé, une loupe au sommet du crâne, atteignant d'année en année la grosseur d'un œuf de pigeon : son œil myope, mais perçant et infatigable dans la vision proche, lui faisait préférer, soit pour lire, soit pour écrire, les caractères minuscules.

Il hésite à classer son tempérament. Il n'est purement ni sanguin (à cause de la pâleur de son visage et de sa répugnance au mouvement), ni bilieux (à cause de son peu de soif, de ses cheveux droits, de son appétit, de son sommeil profond), ni flegmatique (à cause de sa mobilité mentale et affective), ni mélancolique (il ne souffre pas de la rate, son intelligence et sa volonté sont rapides). Tantôt il se voit surtout bilieux (colérique), tantôt surtout pituitaire (flegmatique).

De complexion robuste, il est gagné par les malaises – aigreurs d'estomac, vertiges, dermatoses, irritabilité – de la goutte qu'il favorise par l'excès de nourriture, le manque d'exercice et dont l'évolution classique lui rend la marche douloureuse à partir de la cinquantaine. À la fin, les jambes comprimées par les éclisses qu'il s'est fait construire, ne quittant presque plus son lit, il ne boit qu'un peu de lait à midi et s'endort aussitôt après son souper. Le plus souvent, il mangeait seul, sans heures fixes, et buvait peu : du vin coupé, un mélange de vin doux et de vin sur, relevé d'un sirop de cerise, de la bière, du café surtout. Levé tôt, couché tard, vers 1 ou 2 heures, il s'endormait parfois sur sa chaise où il lui arrivait de rester plusieurs jours lorsqu'une méditation l'absorbait. Il aimait les douceurs et les parfums violents. Eut-il une vie amoureuse ? Rien ne confirme la légende d'un | enfant naturel, 193 Guillaume Dinninger, qui lui aurait servi de domestique. Il ne pense au mariage qu'à cinquante ans : « mais la personne qu'il avait en vue, dit Fontenelle, voulut avoir avoir le temps de faire ses réflexions. Cela donna à M. Leibniz le loisir de faire aussi les siennes, et il ne se maria point ».

Sans apparence dans le monde (K V, 41), « je confesse [...] de manquer souventes fois aux cérémonies et de ne donner pas trop bonne opinion de moi au premier abord [...] et s'il faut boire pour se faire valoir, vous jugerez bien que ce ne serait point mon élément » (K III, 226-227). Lent à la répartie, inéloquent dans la conversation (K V, 60), il parlait trop vite, d'une voix grêle, aiguë, claire, qui s'embarrassait dans les gutturales et n'articulait point les K. Pourtant, sa déférence au social, son onction, son respect de l'autorité et de la compétence, son inépuisable savoir – c'est mon dictionnaire vivant, disait Georges-Louis – son égalité d'humeur, son entrain, son soin à ne nuire à personne, son habileté à faire chacun parler de ce qu'il connaissait le mieux, ne tardaient pas à relever la première opinion que l'on formait sur lui. Né diplomate (F IV, L), quoique sujet à s'emporter et impatient des contradictions, il savait comme on pousse ses mérites, il veillait minutieusement à ses intérêts et, souple politique, il n'hésitait pas, au besoin sous le masque de l'anonymat, à jouer de duplicité : « Il est, fâcheux, regrettait-il, qu'on doit employer ces détours pour attirer les gens à leur devoir; mais la sagesse veut qu'on s'accommode aux hommes et aux choses, et qu'on préfère un bien considérable à un petit mal » (F III, 265). Nul moins que lui n'était prêt à prendre les mots pour les choses. Il appelle souvent « chimères » les projets qu'il présente aux princes : mais sa politesse l'exige et son sens du concret mesure les obstacles. Si ses projets nous semblent, certains, chimériques, c'est pour les transposer à l'échelle de notre temps; nous oublions trop que les princes recouraient parfois – bientôt Voltaire, Rousseau, Diderot... – aux lumières des philosophes, ce qui, aujourd'hui, ferait rire. Or, tout politique qu'il était, Leibniz ne cédait point sur le fond des principes. Son irénisme, son esprit de tolérance en faisaient un suspect pour tous les partis religieux : lorsqu'on voit cependant comment il résista aux tentations de Rome, quelque avantage qu'il en eût

tiré, on ne peut douter de sa foi, au dessus des dogmes. Et le
patriotisme, auquel était liée | sa confession, a été incontes- **194**
tablement la grande passion de sa vie.

À la conversation il préférait la lecture et la méditation
solitaires. La douleur pas plus que 'a joie ne le touchait
profonfondément; son rire s'arrêtait aux lèvres plutôt qu'il ne
descendait jusqu'au cœur. De faible imagination visuelle qu'il
attribuait à la médiocrité de sa vue – faut-il en rapprocher ses
thèses sur la « pensée aveugle »? – une perte présente, même
minime, l'affectait davantage qu'une grande perte passée.
Timide à entreprendre, il était à persévérer d'une patience
inlassable. Il consacrait beaucoup de temps à sa Correspondance, corrigeant et recopiant jusqu'à trois fois les lettres
importantes. Il ne se mettait en voyage qu'un dimanche ou un
jour de fête et s'occupait, pendant le trajet, à quelque
« échantillon » de ses Mathématiques.

> Il lisait beaucoup [dit Eckart] faisait de nombreux extraits et,
> à propos de presque chaque livre remarquable, notait ses
> réflexions sur de petites fiches; mais, dès qu'il les avait écrites,
> il les rangeait et ne les reprenait jamais parce que sa mémoire
> était tellement incomparable qu'il pouvait réciter par cœur les
> plus beaux passages des poètes anciens – en particulier, de
> Virgile –, les Cantiques et tout ce qu'il avait lu, de sa jeunesse à
> un âge avancé (Gu II, 337).

Cette mémoire nourrissant une intelligence capable de tout
concilier, il arrive que l'on s'inquiète de tant de virtuosité.
Certains voudraient prendre à la lettre la réponse ironiquement
méprisante de Leibniz au sot théologien de Tübingen qui lui
demandait si la *Théodicée* n'était pas une plaisanterie :

> Tu as frappé juste (*du hast den Nagel auf den Kopf getroffen*) et
> je m'étonne que personne encore avant toi n'ait ainsi aperçu
> mon intention. Car ce n'est pas l'affaire des philosophes de
> traiter toujours les choses avec sérieux, eux qui, en forgeant des

> hypothèses, comme tu l'observes judicieusement, font jouer
> les forces de leur esprit (Gu II, 256-257).

Il suffit de suivre Leibniz en son évolution pour voir avec
quelle opiniâtreté, quels scrupules s'est constitué son
Système. Écoutons plutôt Diderot parlant de notre philosophe : « c'est une machine à réflexion comme le métier à bas
est une machine à ourdissage ; c'est un être qui se plaît à
méditer ; c'est un sage ou un fou, comme il vous plaira, qui fait
un cas infini de la louange de ses semblables, qui aime le son de
l'éloge comme l'avare le son d'un écu [...] » [1]. Mais une tête
des plus fortes de tous les temps.

---

1. *Œuvres*, éd. Assezat, II, p. 310.

Deuxième partie

LE SYSTÈME

| Après avoir cherché comment s'est formé le système, il nous reste à en prendre une vue générale. Il ne saurait être question, dans les cadres de cet ouvrage, d'en donner un tableau complet. Nous ne reviendrons pas ou passerons un peu rapidement sur des thèmes fondamentaux – comme l'esprit de la Caractéristique ou le problème de la liberté – qu'il a fallu développer pour suivre le leibnizianisme dans son évolution ; et nous en négligerons d'autres, d'accès facile ou moins spécifiquement leibniziens. Bref, dégager les grandes lignes qui puissent guider un lecteur dans la lecture – irremplaçable – de notre philosophe.

DIEU

Or, de quelque côté que l'on aborde la doctrine – ontologie ou théorie de la connaissance – on y touche Dieu aussitôt. Qu'il existe, les preuves ne manquent pas. Si l'argument ontologique reste logiquement inachevé tant qu'on ne montre pas que l'idée de Dieu est non-contradictoire, le mouvement renvoie à un Premier Moteur, l'harmonie partout répandue dans l'infinité actuelle des organismes et l'harmonie préétablie entre l'âme et le corps témoignent d'un Suprême Harmo-

niste, le principe de raison exige, à l'origine radicale des
choses, une Raison qui soit la source des possibles et une
Volonté qui choisisse entre ces possibles.

198   Car rien n'est plus odieux à Leibniz que la pensées d'un
| Dieu-Nature à la façon de Spinoza, substance unique hors de
laquelle tout « serait passager et s'évanouirait en simples
accidents ou modifications » (E 720 b); Spinoza « paraît avoir
enseigné expressément une nécessité aveugle, ayant refusé
l'entendement et la volonté à l'Auteur des choses, et s'imagi-
nant que le bien et la perfection n'ont rapport qu'à nous et non
pas à Lui » (*Théod.* II, § 173). Mais un Dieu créateur des vérités
éternelles à la manière de Descartes ne vaut guère davantage :
en effet, si sa volonté ne suit plus son entendement, elle n'a pas
le bien pour motif, elle ne choisit plus, elle agit en aveugle, ce
n'est plus une volonté; et son entendement, ne fondant plus le
vrai, devient du même coup une chimère (P IV, 285). Non, pour
Leibniz, on doit croire en un Dieu-Personne dont

> la puissance va à l'être, la sagesse ou l'entendement au vrai, et
> la volonté au bien. Et cette cause intelligente doit être infinie de
> toutes les manières, et absolument parfaite en puissance, en
> sagesse et en bonté, puisqu'elle va à tout ce qui est possible. Et
> comme tout est lié, il n'y a pas lieu d'en admettre plus d'une.
> Son entendement est la source des essences, et sa volonté est
> l'origine des existences (*Théod.* I, § 7).

Supramondain, cause première, Dieu ne peut être
déterminé que par soi : sa spontanéité est absolue. Et comme
il peut choisir entre tous les possibles qu'il trouve en son
entendement, sa liberté est infinie. Mais comment choisit-il ?

> La sagesse de Dieu, non contente d'embrasser tous les possi-
> bles, les pénètre, les compare, les pèse les uns contre les autres,
> pour en estimer les degrés de perfection ou d'imperfection, le
> fort et le faible, le bien et le mal : elle va même au delà des
> combinaisons finies, elle en fait une infinité d'infinies, c'est-à-

dire une infinité de suites possibles de l'Univers, dont chacune
contient une infinité de Créatures ; et par ce moyen la Sagesse
divine distribue tous les possibles qu'elle avait déjà envisagés à
part en autant de systèmes universels qu'elle compare encore
entre eux : et le résultat de toutes ces comparaisons et réflexions
est le choix du meilleur d'entre tous ces systèmes possibles, que
la sagesse fait pour satisfaire pleinement à la bonté ; ce qui est
justement le plan de l'Univers actuel. Et toutes ces opérations
de l'entendement divin, quoiqu'elles aient entre elles un ordre
et une priorité de nature, | se font toujours ensemble, sans qu'il   **199**
y ait entre elles aucune priorité de temps (*Théod.* II, § 225).

Ainsi, « dans l'origine même des choses, s'exerce une certaine
mathématique divine ou mécanique métaphysique, où prend
place la détermination du maximum d'existence », détermination aussi rigoureuse que celle de *maximis* et *minimis* mathématiques ou, en statique, des lois de l'équilibre (P VII, 304). Ce
mécanisme, toutefois, n'a rien d'une aveugle nécessité ;
quoique Dieu « soit incliné à agir, il ne s'ensuit pas qu'il soit
nécessité par cette inclination à produire tout ce qu'il peut. Il
ne produira que ce qu'il veut, car son inclination le porte au
bien » (*Théod.* II, § 199). Qu'on ne prenne pas à la lettre une
comparaison :

> à proprement parler, les motifs n'agissent point sur l'esprit
> comme les poids sur la balance ; mais c'est plutôt l'esprit qui
> agit en vertu des motifs, comme s'ils étaient hors de lui, comme
> le poids est distingué de la balance ; et comme si dans l'esprit
> il y avait d'autres dispositions pour agir que les motifs, en
> vertu desquelles l'esprit rejetterait ou accepterait les motifs »
> (*À Clarke*, V, § 15).

Le mécanisme métaphysique n'est un Fatum qu'au sens où
Fatum, venant de *fari* (parler, prononcer),

> signifie un jugement, un décret de Dieu, l'arrêt de sa sagesse.
> Dire qu'on ne peut pas faire une chose, seulement parce qu'on

ne le veut pas, c'est abuser des termes. Le Sage ne veut que le bon : est-ce donc une servitude, quand la volonté agit suivant la sagesse ? Et peut-on être moins esclave, que d'agir par son propre choix suivant la plus parfaite raison ? (*Théod.* II, § 228).

Dieu est libre. Sa bonté le porte à créer « afin de se communiquer ; et cette même bonté jointe à la sagesse le porte à créer le meilleur : cela comprend toute la suite, l'effet et les voies » (*ibid.*). Il crée pour manifester sa gloire (*Disc.*, § XIV) : la gloire

est la satisfaction qu'on trouve dans la connaissance de ses propres perfections ; et dans ce sens Dieu la possède toujours : mais quand la gloire signifie que les autres en prennent connaissance, l'on peut dire que Dieu ne l'acquiert que quand il se fait connaître à des Créatures intelligentes : quoiqu'il soit vrai que Dieu n'obtient pas par là un nouveau bien, et que ce sont plutôt les Créatures raisonnables qui s'en trouvent bien, lorsqu'elles envisagent comme il faut la gloire de Dieu (*Théod.* II, § 109).

200 | LES SUBSTANCES SIMPLES

Un choix divin est à l'origine du monde. Toute existence, donc, est contingente, et il n'existe – là-dessus Leibniz n'a jamais varié – que des substances individuelles. Leur notion (dans l'entendement divin) enferme tout ce qui leur arrive. Dieu « les produit continuellement par une manière d'émanation comme nous produisons nos pensées » (*Disc.*, § XIV)[1]. La substance est *indivisible* et, par là même, selon l'argument du *Phédon*, *impérissable* : « car tout être par agrégation suppose des êtres doués d'une véritable unité parce qu'il ne tient sa réalité que de celle de ceux dont il est composé, de sorte qu'il

1. Ou du moins, précise Leibniz, « je n'admets cette création dans la suite des temps qu'à l'égard de l'âme raisonnable et tiens que toutes les formes qui ne pensent point ont été créées avec le monde » (P II, 117).

n'en aura point du tout si chaque être dont il est composé est encore un être par agrégation » (P II, 96). Ou encore : « le pluriel suppose le singulier, et là où il n'y a pas un être, il y aura encore moins plusieurs êtres » ; or, « ce qui n'est pas véritablement *un* être n'est pas non plus véritablement un *être* » (*ibid.,* 97). Comme, en vertu de sa notion complète, la substance enveloppe ses états passés et futurs, son indivisibilité ne saurait être ni celle du point mathématique qui n'est qu'une abstraction, ni celle – seulement apparente puisqu'il est composé de parties – d'un atome matériel qui, d'ailleurs, ne consistant qu'en une masse figurée d'une dureté infinies, ne porte pas en lui la raison de ses changements (P II, 78) : enfin, points mathématiques, atomes d'Epicure, homogènes, se répétant, seraient inconciliables avec la perfection des ouvrages de Dieu obtenant, au moyen des voies les plus simples, la plus grande variété, richesse ou abondance des fins ou effets (*Disc.,* § 5). L'indivisibilité de la substance est celle d'une Forme ; il faut la concevoir « à l'imitation de la notion que nous avons des Âmes » (P IV, 479) douées d'appétition et de perception. « Atome formel » (*ibid.,* 478), « point métaphysique » (*ibid.,* 482), « automate spirituel ou formel » (*ibid.,* 485), « monade » enfin (E 145 a), , autant de termes pour désigner ces âmes, ces substances simples dont le fonds est activité, force (P IV, 469), puisque, avons-nous vu, pour Leibniz, inspiré par la Scolastique, être et agir sont synonymes. Ces âmes « ont quelque chose de vital et une espèce de perception, et les points mathématiques sont leur point de vue pour | exprimer l'univers » **201** (P IV, 482-483) : *eine kleine in einen Punct begriffene Welt,* disait Leibniz en 1671. Indivisible, donc impérissable, spirituelle, donc active et douée de perception, la substance jouit d'une parfaite spontanéité : c'est « un être accompli, qui se suffit lui-même à déterminer en vertu de sa propre nature tout ce qui lui doit arriver » (P II, 71). On ne comprendrait pas, en effet, qu'une Monade puisse être altérée ou changée dans son intérieur par quelque autre créature, puisqu'on n'y saurait rien transposer, ni concevoir en elle aucun mouvement interne qui puisse être excité, dirigé, augmenté ou diminué là-dedans, comme cela se peut dans les composés où il y a des changements entre les parties (*Monad.*, § 7).

Il en résulte « que nous ne sommes entraînés qu'en apparence, et que dans la rigueur des expressions métaphysiques, nous sommes dans une parfaite indépendance à l'égard de l'influence de toutes les autres créatures » (P IV, 485). C'est que Dieu ne crée pas une substance, mais un univers de substances qui « s'accordent parfaitement » (P II, 47), s'entr'expriment » (*ibid.*, 95), leurs perceptions ou expressions étant « proportionnelles » (*Disc.*, § XIV), « obligées pour ainsi dire de s'accommoder entre elles. Car il peut arriver qu'un changement qui augmente l'expression de l'une diminue celle de l'autre » (*Disc.*, § XV) ; « et lorsqu'on dit que l'une agit sur l'autre, c'est que l'expression distincte de celle qui pâtit se diminue, et s'augmente dans celle qui agit, conformément à la suite des pensées que sa notion enveloppe » (P II, 47). Chacune ne recevant d'action externe que de Dieu qui les maintient à l'existence, il n'y a pas entre elles d'influence physique, mais seulement l'influence idéale, la concomitance qui leur fait exprimer « toutes tout l'univers, comme chaque situation exprime la ville » (P II, 19).

Car Dieu tournant pour ainsi dire de tous côtés et de toutes les façons le système général des phénomènes qu'il trouve bon de produire pour manifester sa gloire et regardant toutes les faces du monde de toutes les manières possibles, puisqu'il n'y a point de rapport qui échappe à son omniscience, le résultat de chaque vue de l'univers, comme regardé d'un certain endroit, est une substance qui exprime l'univers conformément à cette vue, si Dieu trouve bon de rendre sa pensée effective et de produire cette substance (*Disc.*, § XIV). Enfin, pour me servir d'une comparaison, je dirai qu'à l'égard de cette concomitance | que je soutiens, c'est comme à l'égard de plusieurs différentes bandes de musiciens ou chœurs, jouant séparément leurs parties, et placés en sorte qu'ils ne se voient et même ne s'entendent point, qui peuvent néanmoins s'accorder parfaitement en suivant seulement leurs notes, chacun les siennes, de sorte que celui qui les écoute tous y trouve une harmonie merveilleuse et bien plus surprenante que s'il y avait de la connexion entre eux (P II, 95).

LA HIÉRARCHIE DES SUBSTANCES

Au moins jusqu'au *Pacidius* de 1676, Leibniz n'a reconnu que deux espèces de monades : les Esprits et les substances matérielles. Il ne pouvait en rester là. Le calcul infinitésimal confirmant l'usage du principe de continuité, la Dynamique exigeant une élasticité à l'infini et rendant la finalité immanente, la Biologie de son temps, enfin armée du microscope, ralliant un Malebranche ou un Regis à la doctrine de l'emboîtement des germes, tout le poussait à rétablir partout des gradations et à renouveler les perspectives aristotéliciennes d'une hiérarchie de formes ou substances. Il hésite longtemps à accorder une âme aux bêtes : où seraient-elles après la mort ? Comment justifier à leur égard les sanctions éternelles ? Mais « les transformations de Messieurs Swammerdam, Malpihi et Leeuwenhoek » viennent à son secours[1], et lui font « admettre plus aisément que l'animal, et toute autre substance organisée ne commencent point, lorsque nous le croyons, et que sa génération apparente n'est qu'un développement et une espèce d'augmentation » (PIV, 480). Il ne restait, à la manière de Platon, qu'à appliquer à la mort (apparente) l'hypothèse qu'on

1. Vers 1686 sans doute : « J'ai appris depuis quelque temps que M. Leeuwenhoeck… », écrit-il à Arnauld (P II, 122).

venait d'appliquer à la naissance (apparente): l'âme des animaux, si on en admettait l'existence, était indestructible.

> Il est donc naturel que l'animal ayant toujours été vivant et organisé (comme des personnes de grande pénétration commencent à le reconnaître) il le demeure aussi toujours. Et puisque ainsi il n'y a point de première naissance ni de génération entièrement nouvelle de l'animal, il s'ensuit qu'il n'y en aura point d'extinction finale, ni de mort entière prise à la rigueur métaphysique; et que par conséquent au | lieu de la transmigration des âmes, il n'y a qu'une transformation d'un même animal, selon que les organes sont pliés différemment et plus ou moins développés (P IV, 481);

203

c'est « comme Arlequin qu'on voulait dépouiller sur le Théâtre, mais on n'en put venir à bout, parce qu'il avait je ne sais combien d'habits les uns sur les autres […] » (NE III, VI, § 42). L'animal avec l'âme subsiste toujours.

Bien mieux :

> Je n'ose pas assurer que les plantes n'ont point d'âme, ni vie, ni forme substantielle; car, quoique une partie de l'arbre plantée ou greffée puisse produire un arbre de la même espèce, il se peut qu'il y soit une partie séminale qui contienne déjà un nouveau végétal, comme peut-être il y a déjà des animaux vivants quoique très petits dans la semence des animaux, qui pourront être transformés dans un animal semblable […]. Et peut-être qu'il y a une infinité de degrés dans les formes des substances corporelles (P II, 92); […] peut-être que ce bloc de marbre n'est qu'un tas d'une infinité de corps vivants ou comme un lac plein de poissons (*ibid.,* 100-101). Déjà, on ne sait parfois dans quel règne se doivent classer certains corps, comme l'ambre gris (Cout *Op,* 445).

Leibniz semblerait entrevoir la doctrine évolutioniste :

> Peut-être que dans quelque temps ou dans quelque lieu de l'univers, les espèces des animaux sont ou étaient ou seront

plus sujets à changer, qu'elles ne sont présentement parmi nous, et plusieurs animaux qui ont quelque chose du chat, comme le lion, le tigre et le lynx pourraient avoir été d'une même race et pourront être maintenant comme des sous-divisions nouvelles de l'ancienne espèce des chats » (NE III, V, § 23, *ibid.*, § 36).

Il est vrai que nous n'observons pas dans la nature toutes les espèces possibles et que certains chaînons semblent manquer :

> J'ai des raisons pour croire que toutes les espèces possibles ne sont point compossibles dans l'univers tout grand qu'il est, et cela non seulement par rapport aux choses qui sont ensemble en même temps, mais même par rapport à toute la suite des choses. C'est-à-dire je crois qu'il y a nécessairement des espèces qui n'ont jamais été et ne seront jamais n'étant pas compatibles avec cette suite de créatures que Dieu a choisie […]. La loi de la continuité porte que la Nature ne laisse point de vide dans l'ordre qu'elle suit ; mais toute forme ou espèce n'est pas de tout ordre (*ibid.*, IV, XVI, § 12).

| Un panpsychisme autorisant une infinité de degrés dans **204** les formes ne s'accorde-t-il pas, mieux que toutre autre doctrine, à l'infinie richesse créatrice d'un Dieu qui choisit le meilleur ? Sans doute – écrit Leibniz au P. Des Bosses le 31 juillet 1709 – on ne peut pas prouver que les brutes sont animées, puisqu'on ne peut introspecter leur âme ; à ce compte, on ne démontre pas non plus que les autres hommes ne sont pas de pures machines : seulement, nous avons de l'existence de ces âmes une certitude morale, et cette certitude est conforme au principe du meilleur : « Bien donc qu'il n'y ait point de nécessité absolue à ce que tout corps organique soit animé, il faut juger pourtant que Dieu n'a pas négligé l'occasion de le douer d'âme puisque sa Sagesse produit autant de perfection que possible » (P II, 378). Dès lors,

vouloir renfermer dans l'homme presque seul la véritable unité ou substance, c'est être aussi borné en métaphysique que l'étaient en Physique ceux qui enfermaient le monde dans une boule. Et les substances véritables étant autant d'expressions de tout l'univers pris dans un certain sens, et autant de replications des œuvres divines, il est conforme à la grandeur et à la beauté des ouvrages de Dieu, puisque ces substances ne s'entr'empêchent pas, d'en faire dans cet univers autant qu'il se peut et autant que des raisons supérieures permettent (P II, 98).

Et la multitude des âmes

> ne doit pas nous faire de peine, non plus que celle des atomes des gassendistes, qui sont aussi indestructibles que ces âmes. Au contraire, c'est une perfection de la nature d'en avoir beaucoup, une âme ou bien une substance animée étant infiniment plus parfaite qu'un atome qui est sans aucune variété ou subdivision, au lieu que chaque chose animée contient un monde de diversités dans une véritable unité (*ibid.*, 99).

Cette infinité de substances, dont il n'existe pas deux exemplaires identiques, non seulement l'Analyse des courbes qui ne comportent pas deux points caractéristiques identiques en exprime la possibilité, mais encore le microscope semble en confirmer l'existence en nous montrant « une quantité prodigieuse d'animaux dans une goutte d'eau imbue de poivre » :

> car il y a peut-être jusqu'à 800000 petits animaux visibles dans une goutte d'eau, et chacun de ces animaux est quasi encore aussi loin des premiers éléments que nous le sommes, puisqu'il est encore un corps qui a beaucoup de rapport aux animaux ordinaires. Il | y a même lieu de craindre qu'il n'y ait peut-être point d'éléments, tout étant effectivement divisé à l'infini en corps organiques. Car si ces animaux organiques étaient encore composés d'animaux ou plantes ou corps hétérogènes à l'infini, il est visible qu'il n'y aurait points d'éléments (P I, 335).

205

Ainsi, en vertu du principe de continuité, la nature n'étant pas « faite à bâton rompu » (NE III, VI, § 24), une infinité de substances hiérarchisées à l'infini selon leur perfection, compose l'univers. Les plantes ne sont sans doute que des animaux imparfaits (P II, 122 ; E 732 b) ; et ce que nous appelons matière, où le repos n'est qu'apparent, se résout en âmes ou monades qui l'animent de mouvements. Il semble donc que des substances les plus basses à la plus haute, de la matière à l'homme en passant par la plante et par l'animal, de l'homme à Dieu en passant par les Esprits supérieurs, génies ou anges (NE IV, XVII, § 15), nous parcourions continûment, sans rencontrer deux degrés identiques – car il n'existe pas deux substances identiques – une courbe infinie de perfections croissantes. Mais encore faut-il s'entendre. Cela est certainement vrai – et nous allons y revenir – tant qu'on ne pense qu'à l'infinie variété des perceptions, des plus obscures aux plus distinctes, dont sont capables les substances. Au contraire, lorsque l'on pense à la nature même des substances, la présence de la raison, à partir de l'homme, introduit risemblablement, dans le leibnizianisme, une coupure entre les êtres. Sans doute, les trois règnes sont liés : métaphysiquement, par la perception inhérente à toutes les substances, physiquement par l'unité biologique qui préside à la variété de la Création ; et même, Leibniz ne rejette pas absolument l'hypothèse « qu'il y ait un moyen naturel d'élever une âme sensitive au degré d'âme raisonnable » (*Théod.* I, § 91). Mais, ajoute-t-il aussitôt, il a peine à concevoir cette hypothèse. En effet, « si nous distinguons l'homme de la bête par la faculté de raisonner, il n'y a point de milieu, il faut que l'animal dont il s'agit l'ait ou ne l'ait pas [...] » (NE IV, IV, § 16). Il est plus raisonnable de croire que l'homonculus spermatique est animé d'une âme sensitive, mais destituée de raison, que Dieu remplace par une âme raisonnable.

206

> Ainsi les âmes brutes auraient toutes été créées dès le commen-
> cement du monde suivant cette fécondité de semences men-
> tionnée dans la Genèse ; mais l'âme raisonnable n'est créée que
> dans le | temps de la formation de son corps, étant entièrement
> différente des autres âmes que nous connaissons, parce qu'elle
> est capable de réflexion et imite en petit la Nature divine
> (P II, 76).

La naissance d'un Esprit apparaît donc comme une Grâce et,
quoique prévue dans le plan divin, un miracle. Il semble bien
qu'une discontinuité de nature s'institue dans la hiérarchie des
substances.

Tandis que les âmes brutes, les monades en général, ne
sont douées que d'appétition (ou spontanéité) et de perception,
il appartient aux seuls esprits de connaître Dieu, de découvrir
des vérités éternelles, d'être *conscii sui* : « la différence entre
les substances intelligentes et celles qui ne le sont point est
aussi grande que celle qu'il y a entre le miroir et celui qui voit »
(*Disc.*, § XXXV). Les simples âmes

> ne connaissent pas ce qu'elles sont, ni ce qu'elles font, et par
> conséquent, ne pouvant faire des réflexions, elles ne sauraient
> découvrir des vérités nécessaires et universelles. C'est aussi
> faute de réflexion en elles-mêmes qu'elles n'ont point de
> qualité morale, d'où vient que, passant par mille transfor-
> mations à peu près comme nous voyons qu'une chenille se
> change en papillon, c'est autant pour la morale ou pratique
> comme si on disait qu'elles périssent, et on le peut même dire
> physiquement, comme nous disons que les corps périssent par
> leur corruption. Mais l'âme intelligente connaissant ce qu'elle
> est, et pouvant dire ce *moi* qui dit beaucoup, ne demeure pas
> seulement et subsiste métaphysiquement bien plus que les
> autres, mais elle demeure encore la même moralement et fait le
> même personnage (*Disc.*, § XXXV).

Dès lors, la justice divine est sauve à l'égard de l'âme des
bêtes : incapables de réflexion ou conscience, elles sont

« insusceptibles de bonheur et de malheur » (P II, 126); elles ne sont qu'impérissables, alors que les esprits sont immortels (*ibid.,* 72); elles expriment plutôt le monde que Dieu, quand ils expriment plutôt Dieu que le monde (*Disc.,* § XXXV). Aussi l'économie que Dieu observe à l'égard des simples monades

> est celle d'un ouvrier, ou machiniste; mais à l'égard des esprits, Dieu fait la fonction de prince ou de législateur qui est infiniment plus relevée [...]. Et c'est cette Société ou République générale des esprits sous ce souverain monarque qui est la plus noble partie de l'univers, composée d'autant de petits dieux sous ce grand Dieu. Car on peut dire que les esprits créés ne diffèrent de | Dieu que de plus à moins, du fini à l'infini. Et on peut assurer véritablement que tout l'univers n'a été fait que pour contribuer à l'ornement et au bonheur de cette cité de Dieu (P II, 124-125).

207

L'INCONSCIENT

Revenons à la perception. Si l'irréductibilité de l'acte réflexif entraîne une discontinuité de nature dans la hiérarchie des substances entre monades brutes et esprits, nous retrouvons la continuité en ne considérant que la perception qui leur est commune. De la *mens momentanea* qui fonde la matière à la parfaite distinction de l'intuition divine, du plus obscur au clair et du clair au distinct, s'échelonnent à l'infini tous les degrés de perception. En effet, « l'expression est commune à toutes les formes, et c'est un genre dont la perception naturelle, le sentiment animal et la connaissance intellectuelle sont des espèces » (P II, 112) : la perception est l'expression du multiple dans l'un (*ibid.,* 311). Or, le multiple est infini, tandis que toute substance, sauf Dieu, est nécessairement finie : il n'est donc pas possible « que notre âme puisse atteindre à tout en particulier; c'est pourquoi nos sentiments confus sont le résultat d'une infinité de perceptions qui est tout à fait infinie » (*Disc.*, § XXXIII). Cette limitation des créatures est liée à un point de vue : mais comme il n'y a pas de vide dans la création, il n'y a pas de point de vue inoccupé ; il faut par conséquent que, de Dieu à la plus basse des monades, la perception se dégrade à l'infini, d'une manière continue et sans répétition. Il convient ici d'insister. L'emploi simultané du principe de continuité et du principe des indiscernables, c'est tout le leibnizianisme, mais aussi la difficulté centrale du leibnizianisme. Ces principes se contredisent de la façon la plus grossière si, cédant au prestige du spatial et les pensant par des images de géométrie élémentaire, on tente vainement de composer la continuité d'une ligne à partir de points-corpuscules discontinus et identiques. Pour s'aider de la géométrie, on doit considérer le point, non comme un minimum, mais, selon l'origine même du calcul infinitésimal chez Leibniz, comme une limite du continu ; ce point-limite, sur la courbe, est un point caractéristique, un angle de tangence et, pour certaines courbes, on n'en trouve pas deux identiques. Cependant, ce | n'est là encore qu'une image d'approche. On fait un pas de plus en rappelant que, dès Mayence, à propos des âmes (de leur point de vue, justement), Leibniz a conçu l'angle comme non-étendu. Enfin, on en viendra à se convaincre que la limitation des substances est analogue à celle d'un concept défini : Dieu les produit comme nous produisons nos pensées. On comprend donc qu'une hiérarchie de substances limitées, situées, chacune différenciée par le point de vue d'où elle exprime l'univers, forme un tissu infiniment varié de clartés dans la perception. Du reste, tout se tient, tout est conspirant : tout accroissement de clarté en une monade se compense par un obscurcissement en une autre, la cause entière passe dans l'effet entier : c'est le principe de la Dynamique leibnizienne. Cela signifie que l'analyse de l'effet, aussi bien dans la perception que dans l'appétition, doit être poursuivie jusqu'au différentielles – du tumulte marin au bruit de chaque vague, et de la vague aux gouttelettes – et, par là, nous plongeons dans les abîmes de l'inconscient ; ou, réciproquement – nous remontons alors de ces abimes –, que l'intégration des effets différentiels produit des perceptions et des appétitions de plus en plus sensibles. Car :

> on ne serait jamais éveillé.par le plus grand bruit du monde, si on n'avait quelque perception de son commencement, qui est petit, comme on ne romprait jamais une corde par le plus grand effort du monde, si elle n'était tendue et allongée un peu par de moindres efforts, quoique cette petite extension, qu'ils font, ne paraisse pas (NE, Avant-Propos).

Par suite, pour parler le langage des phénomènes, rien n'a lieu dans notre univers, où tout est lié, qui ne se répercute dans notre organisme et qui, à cause de l'harmonie de l'âme et du corps, n'excite quelque perception. L'expression

> arrive par tout, parce que les substances sympathisent avec toutes les autres et reçoivent quelque changement proportionnel répondant au moindre changement qui arrive dans tout l'univers, quoique ce changement soit plus ou moins notable à mesure que les autres corps ou leurs actions ont plus ou moins de rapport au nôtre. C'est de quoi, je crois, que M. Descartes serait demeuré d'accord lui-même, car il accorderait sans doute qu'à cause de la continuité et divisibilité de toute la matière le moindre mouvement étend son effet sur les corps voisins, et par conséquent de voisin à voisin à l'infini, mais diminué à la proportion[1] ; | ainsi notre corps doit être affecté en quelque **209** sorte par les changements de tous les autres. Or, à tous les mouvements de notre corps répondent certaines perceptions ou pensées plus ou moins confuses de notre âme, donc l'âme aussi aura quelque pensée de tous les mouvements de l'univers, et

---

1. Descartes l'accorde en effet, mais parce qu'il nie – contrairement à Leibniz – toute inertie ou tardivité naturelle dans les corps : d'où il conclut « que, lors seulement qu'un homme se promène, il fait tant soit peu mouvoir toute la masse de la terre… » (AT II, 467).

> selon moi toute autre âme ou substance en aura quelque per-
> ception ou expression. Il est vrai que nous ne nous apercevons
> pas distinctement de tous les mouvements de notre corps,
> comme par exemple de celui de la lymphe, mais (pour me servir
> d'un exemple que j'ai déjà employé) c'est comme il faut bien
> que j'aie quelque perception du mouvement de chaque vague
> du rivage afin de me pouvoir apercevoir de ce qui résulte de leur
> assemblage, savoir, de ce grand bruit qu'on entend proche de la
> mer […] (P II, 112-113).

De même, les états successifs de l'âme étant liés les uns aux
autres, et liés à tout l'univers, lorsque, dans notre sommeil, on
approche de notre corps une épingle, avant même qu'elle nous
touche, son mouvement imprime en nous un changement
inconscient (P II, 114, 91).

Après avoir considéré surtout l'ensemble des monades,
attachons-nous à l'une quelconque d'ente elles. Si tout se tient,
c'est que tout se conserve dans l'univers et dans chaque
monade : tout événement laisse traces. Cette conservation
ne fait d'ailleurs qu'exprimer dans le temps l'implication des
prédicats dans la notion complète de chaque substance : la
substance, en effet, n'exprimerait plus sa notion, c'est-à-dire
ne soutiendrait plus avec elle « un rapport réglé et constant »
(P II, 112) – ou alors, la notion ne serait plus complète – si ce qui
lui arrive s'anéantissait au fur et à mesure. C'est pourquoi les
perceptions insensibles

> marquent encore et constituent le même individu qui est carac-
> térisé par les traces qu'elles conservent des états précédents de
> cet individu, en faisant la connexion avec son état présent ; et
> elles se peuvent connaître par un esprit supérieur, quand même
> cet individu ne les sentirait pas, c'est-à-dire lorsque le souvenir
> exprès n'y serait plus (NE, Avant-Propos).

Mais on ne peut parler de perception sans, du même coup,
engager l'appétition de la substance, puisque l'appétition n'est

rien que la tendance | d'une perception à l'autre. Ne plus agir **210**
équivaudrait à ne plus être : il n'y a pas davantage de repos
psychique qu'il n'y a de repos physique ; mais, de même que
nous ne discernons pas les mouvements moléculaires d'un
corps dit immobile, de même l'activité de la substance peut
ne plus paraître. C'est ainsi que l'action ou la perception
manifeste se dégrade en dispositions, habitudes : nous sommes
empiriques dans les trois quarts de nos actions, le meunier
n'entend plus que son moulin tourne. Ainsi encore que nous
nous endormons : l'attention, nécessairement limitée, n'est en
éveil sur un objet qu'en restant en sommeil à l'égard d'un
autre, « et ce sommeil devient général lorsque notre attention
cesse à l'égard de tous les objets ensemble. C'est aussi un
moyen de s'endormir, quand on partage l'attention pour
l'affaiblir » (NE II, I, § 24). Enfin l'expérience de l'évanouis-
sement et du vertige confirmerait encore, s'il en était besoin, la
thèse de l'inconscient.

L'inconscient est inhérent à toute substance créée et l'on
trouve dans l'univers, en continuité, tous les degrés de perception. Mais – les commentateurs du leibnizianisme ne le remar-
quent pas assez – cette continuité de degrés n'efface point la
différence de nature entre simples monades et esprits. Il y a
deux espèces d'inconscient : l'inconscient de perception propre
aux simples monades en tant qu'elles *ne sont que* des miroirs
de l'univers ; l'inconscient d'imitation, lequel appartient seulement aux esprits en tant qu'ils ne sont pas seulement des
miroirs mais des miroirs doués de réflexion. Dès lors, tout
change, car c'est de part en part que la substance intelligente
est pénétrée d'intelligence ; sa perception reste soumise aux
lois générales de l'expression, mais n'en devient pas pour cela
celle d'une substance brute ; elle enveloppe au plus obscur la
possibilité d'une connaissance réflexive, alors que l'animal ne
saurait dépasser l'instinct ou le sentiment brut. Insistons un
peu sur ce point.

Il est clair que la réflexion elle-même suppose en nous l'inconscient. En effet,

> il n'est pas possible que nous réfléchissions toujours expressément sur toutes nos pensées. Autrement l'esprit ferait réflexion sur chaque réflexion à l'infini sans jamais pouvoir passer à une nouvelle pensée. Par exemple, en m'apercevant de quelque sentiment présent, je devrais toujours penser que j'y pense, et penser encore que je pense | d'y penser et ainsi à l'infini. Mais il faut bien que je cesse de réfléchir sur toutes ces réflexions et qu'il y ait enfin quelque pensée qu'on laisse passer sans y penser ; autrement, on demeurerait toujours sur la même chose (NE II, I, § 19).

211

Cependant, il serait contraire au principe de continuité que la réflexion cessât brusquement et qu'il y eût une coupure entre l'irréfléchi et le réfléchi. Sans doute, il importe de fixer un vocabulaire qui évite l'équivocation : « Ainsi, ces expressions qui sont dans notre âme, soit qu'on les conçoive ou non, peuvent être appelées *idées*, mais celles qu'on conçoit ou forme, se peuvent dire *notions*, *conceptus* » (*Disc.*, § XXVII) ; ainsi encore qu'il vaut mieux réserver le nom d'*appétitions* aux efforts qui résultent des perceptions insensibles – « quoiqu'il y ait aussi des appétitions aperceptibles » – et celui de *volitions* aux appétitions réfléchies en fonction du bien et du mal (NE II, XXI, § 5). Mais, encore une fois, la continuité règne partout, et rien ne serait plus faux que de juxtaposer réflexion à irréflexion, aperception à perception, et, en nous, connaissance humaine à « connaissance » animale. Que l'on n'aille pas se méprendre sur une métaphore : si « la différence entre les substances intelligentes et celles qui ne le sont point est aussi grande que celle qu'il y a entre le miroir et celui qui voit », l'esprit est un miroir qui voit et l'on ne doit pas plus le séparer de ses perceptions que l'on n'aurait le droit de le séparer de ses motifs, comme Clarke, nous le savons, se laissant abuser par la métaphore de la balance, était sur le point de le faire. La perception

de l'homme est toujours perception humaine et, même dégra-
dée en habitude, sa mémoire est d'un autre ordre que le simple
écho des consécutions empiriques. Nous ne devons pas « faire
un divorce entre l'aperceptible et la vérité qui se conserve par
les perceptions insensibles »; ce divorce « ne serait point raisonnable, parce que les perceptions insensibles pour le présent
se peuvent développer un jour, car il n'y a rien d'inutile et
l'éternité donne un grand champ aux changements » (NE II,
XXVII, § 17). Nous jugeons et nous raisonnons; mais jugement
et raisonnement peuvent devenir implicites. Une longue
chaîne de conséquences « doit envelopper le souvenir d'une
démonstration passée » et, même pendant que dure la démonstration présente, « on ne saurait la comprendre tout entière à la
fois » (*ibid.*, IV, I, § 8). Dans la connaissance empirique, | bien 212
que la convenance ou la disconvenance des idées ne nous
apparaisse pas, « nous la sentons confusément, sans nous en
apercevoir » (*ibid.*, § 2). Qui plus est :

> les plaisirs même des sens se réduisent à des plaisirs intellec-
> tuels confusément connus. La musique nous charme, quoique
> sa beauté ne consiste que dans les convenances des nombres et
> dans le compte dont nous ne nous apercevons pas, et que l'âme
> ne laisse pas de faire des battements ou des vibrations des corps
> sonnants, qui se rencontrent par certains intervalles. Les
> plaisirs que la vue trouve dans les proportions sont de la même
> nature; et ceux que causent les autres sens reviendront à
> quelque chose de semblable, quoique nous ne puissions pas
> l'expliquer si distinctement (*Princ. Nat. Gr.*, § 27).

Remontons vers la conscience. « Quant à l'homme, ses
perceptions sont accompagnées de la puissance de réfléchir,
qui passe à l'acte lorsqu'il y a de quoi » (NE II, IX, § 14). Un
siècle avant Hegel, Leibniz professe que l'esprit est essentiellement inquiétude (*Unruhe, uneasiness*) (*ibid.*, XX, § 6), c'est-à-
dire soumis « aux petites sollicitations imperceptibles qui nous
tiennent toujours en haleine ». Ce sont ces petites perceptions

« qui nous déterminent en bien des rencontres sans qu'on y pense, et qui trompent le vulgaire par l'apparence d'une indifférence d'équilibre, comme si nous étions indifférents de tourner par exemple à droite ou à gauche » (*ibid.*, Avant-Propos). Ainsi, l'entendement détermine la volonté suivant la prévalence de perceptions et raisons (*ibid.*, II, XXI, § 8) plus ou moins conscientes ; et « toute croyance consistant dans la mémoire de la vue passée des preuves ou raisons, il n'est pas en notre pouvoir ni en notre franc arbitre de croire ou de ne croire pas, puisque la mémoire n'est pas une chose qui dépend de notre volonté » (*ibid.*, IV, § 8). Nos jugements et, par conséquent, les raisonnements qui les enchaînent ont leurs racines dans l'inconscient. Mais un inconscient d'imitation et non de simple perception. L'examen de la connaissance va nous le montrer mieux encore.

LA CONNAISSANCE

Si l'on prend « connaissance » au sens large de « conscience » – dans l'acception où l'entendent nos psychologues, mais qui ne se trouve pas encore chez Leibniz 213 – alors, on peut parler d'une connaissance | animale et même lui attribuer une certaine perception : car, bien que privées d'entendement, les bêtes ont

> la faculté de s'apercevoir des impressions plus remarquables et plus distinguées, comme le sanglier s'aperçoit d'une personne qui lui crie, et va droit à cette personne dont il n'avait eu déjà auparavant qu'une perception nue mais confuse, comme de tous les autres objets qui tombaient sous ses yeux et dont les rayons frappaient son cristallin (NE II, XXI, § 5).

Mais, de même que l'amour dont témoignent les animaux n'est qu'un agrément « augmenté par l'accoutumance » (*ibid.,* II, XI, § 7), de même

> les consécutions des bêtes ne sont qu'une ombre du raisonnement, c'est-à-dire, ne sont qu'une connexion d'imagination et un passage d'une image à une autre, parce dans une rencontre nouvelle, qui paraît semblable à la précédente, elles s'attendent de nouveau à ce qu'elles y ont trouvé joint autrefois, comme si les choses étaient liées en effet, parce que leurs images le sont dans la mémoire (NE, Avant-Propos).

Cette mémoire « imite la raison » (*Monad.*, § 26), mais les bêtes ne savent point, quand quelque chose se répète, « si la même raison a lieu » (NE IV, XVII, § 1) et, incapables d'abstractions, elles réagissent aux signaux sans entendre les signes (*ibid.*, II, XI, § 10). Il y a, si l'on veut, une sorte de parallélisme entre la connaissance animale et la connaissance humaine comme, en vertu de l'harmonie préétablie, entre les mouvements du corps et les perceptions de l'âme ; cela tient à ce que les bêtes obéissent à la raison de la même façon que les miroirs obéissent aux lois de l'optique ; mais cette raison est hors d'elles, elle est en Dieu qui les manie en machiniste, au lieu que l'homme l'a en lui et peut en prendre conscience. D'où, conséquence capitale : la connaissance ou, plutôt, l'ombre de connaissance qu'on peut attribuer aux bêtes est prisonnière de l'instant, reste attachée au point de vue qui détermine la monade.

Il n'en va plus de même pour l'Esprit. Certes, le point de vue que lui assigne sa notion complète a fixé dans l'éternité tout de qui lui arrive dans le temps ; mais ce qui lui arrive ne concerne que son histoire et l'histoire de ses pensées. Il entre encore dans la notion complète d'un Esprit – d'être un Esprit, c'est-à-dire d'être capable de connaître les vérités nécessaires et éternelles, par là, d'être élevé aux actes réflexifs (*Monad.*, § 29-30).

214   Il n'est pas seulement un miroir de | l'univers des créatures,
mais encore une image de la divinité. L'esprit n'est pas seulement une perception des ouvrages de Dieu, mais il est même
capable de produire quelque chose qui leur ressemble, quoique
en petit. Car, pour ne rien dire des merveilles des songes, où
nous inventons sans peine, et sans en avoir même la volonté,
des choses auxquelles il faudrait penser longtemps pour les
trouver quand on veille ; notre âme est architectonique encore
dans les actions volontaires, et, découvrant les sciences suivant
lesquelles Dieu a réglé les choses (*pondere, mensura, numero*),
elle imite dans son département et dans son petit monde, où
il lui est permis de s'exercer, ce que Dieu fait dans le grand
(*Princ. Nat. Gr.*, § 14).

Ainsi, en tant que situé, un Esprit exprime l'univers des
créatures et il peut connaître le monde ; mais en tant qu'il
exprime Dieu, qu'il l'imite, qu'il le découvre au plus intime de
lui-même, il échappe à tout point de vue, il se libère, il est au
point de vue des points de vue, tourné vers les vérités éternelles
et immatérielles (*ibid.*, § 5). De même que nous distinguions
plus haut un inconscient de perception et un inconscient d'imitation, de même nous pouvons ici distinguer une connaissance
liée à l'entr'expression des substances et une connaissance
d'imitation de Dieu. La première a pour base des perceptions
et des pensées ; la seconde des idées ou concepts. Car « nous
avons toujours toutes les Idées pures ou distinctes indépendamment des sens ; mais les pensées répondent toujours à
quelque sensation » (NE II, I, § 23 ; XXI, § 5). D'un côté, le monde
réel, le contingent, les vérités de fait qui, de la perception au
sentiment et du sentiment à l'aperception réflexive, de l'empirique à l'expérimental, du probable au certain, se dégagent par
induction, sous le principe de raison, et ne nous permettent
jamais d'achever l'analyse ; et, de l'autre côté, le possible, le
nécessaire, les vérités de raison « qui ne nous peuvent jamais
faire aller au delà de ce qui est dans nos idées distinctes » (*ibid.*,

IV, VIII, § 5), mais qui, déduites sous le principe de contradiction, sont résolubles en identiques. Cependant, c'est le
même Esprit qui se tourne d'un côté ou de l'autre ; et comme la
liaison universelle s'exprime dans la Création, il retrouve dans
la Nature la marque de sa propre nature.

Or, la nature d'une substance intelligente se définissant à la
fois, spécifiquement, par son essence, rationnelle, et, indivi-
duellement, par sa notion complète, elle implique un double
innéisme : | un innéisme des idées, un innéisme des fonctions   **215**
logiques. En effet, puisque

> notre âme exprime Dieu et l'univers et toutes les essences aussi
> bien que toutes les existences, naturellement rien ne nous entre
> dans l'esprit par le dehors, et c'est une mauvaise habitude que
> nous avons de penser comme si notre âme recevait quelques
> espèces messagères et comme si elle avait des portes et des
> fenêtres. Nous avons dans l'esprit toutes ces formes, et même
> de tout temps, parce que l'esprit exprime toujours toutes ses
> pensées futures, et pense déjà confusément à tout ce qu'il
> pensera jamais distinctement. Et rien ne nous saurait être
> appris, dont nous n'ayons déjà dans l'esprit l'idée qui est
> comme la matière dont cette pensée se forme (*Disc.*, § XXVI).

Certes, l'expérience est nécessaire, comme le travail du
sculpteur ; toutefois notre esprit n'est point la *tabula rasa* des
empiristes, le marbre indifférent à recevoir une figure ou une
autre :

> Mais s'il y avait des veines dans la pierre, qui marquassent la
> figure d'Hercule préférablement à d'autres figures, cette pierre
> y serait plus déterminée et Hercule y serait comme inné en
> quelque façon, quoiqu'il fallût du travail pour découvrir ces
> veines et pour les nettoyer par la polissure, en retranchant ce qui
> les empêche de paraître. C'est ainsi que les Idées et les vérités
> nous sont innées, comme des inclinations, des dispositions, des
> habitudes ou des virtualités naturelles, et non pas comme des
> actions, quoique ces virtualités soient toujours accompagnées

> de quelques actions souvent insensibles qui y répondent (NE, Avant-Propos).

L'innéisme n'empêche pas les progrès de la connaissance : il la garantit. Il ne faut point

> s'imaginer qu'on puisse lire dans l'âme ces éternelles lois de la raison à livre ouvert, comme l'Édit du Préteur se lit sur son album sans peine et sans recherches ; mais c'est assez qu'on les puisse découvrir en nous à force d'attention, à quoi les occasions sont fournies par les sens (*ibid.*).

On ne s'étonnera donc pas que les propositions premières dans l'ordre logique ne soient pas aussi les premières dans l'ordre chronologique de nos découvertes (*ibid.,* III, § 5) ; nous nous servons des quatre propositions primitives, savoir le principe de contradiction et celui de raison suffisante pour les vérités *a priori*, le « je pense » et « j'ai diverses pensées » pour les vérités de fait, bien avant de les expliciter.

Eu égard aux idées, une connaissance est *obscure* lorsqu'elle | porte sur une notion qui ne suffit pas pour reconnaître l'objet qu'elle représente (par exemple, le souvenir vague d'une fleur que je ne saurais distinguer d'exemplaires voisins), et *claire* dans le cas contraire. Une connaissance claire est *confuse* si, tout en me permettant de discerner l'objet parmi d'autres, je ne puis analyser sa notion cependant complexe : par exemple, les qualités sensibles, les valeurs esthétiques. Une connaissance claire est *distincte*, soit qu'elle se rapporte à une notion simple, primitive, connue par soi, soit, pour une notion composée, que je puisse au moins en donner la définition nominale ou énumération des caractères suffisants. Car la connaissance distincte a elle-même des degrés. Elle est *inadéquate* lorsque, apercevant clairement un à un les caractères qui le composent, je n'aperçois pourtant l'ensemble que d'une manière confuse : il va sans dire que pour une analyse un peu longue ou pour une notion très complexe, notre pensée est

216

toujours *aveugle* en partie, notre attention ne pouvant embrasser l'ensemble, ce qui nous oblige de nous confier, en outre, à la mémoire; de plus, cette pensée aveugle est, en général, *symbolique* parce que nous substituons à la conception explicite, des mots ou autres signes. La connaissance est *adéquate* quand tout ce qui entre dans une notion distincte est à son tour connu distinctement, autrement dit, quand l'analyse est poussée jusqu'à son dernier terme; et si, alors, nous saisissons d'un coup ces éléments distincts, la connaissance adéquate devient *intuitive*. Mais, ajoute Leibniz, il n'y a guère que des notions primitives que nous avons l'idée intuitive (*Meditationes de cognitione...*, P IV, 423 ; NE II, XXII).

Et encore, même intuitive, l'idée ne nous présente pas dans la réalité absolue ce qu'elle représente : elle l'exprime. Entre la perception ou l'image et le mot ou tout autre signe, il n'y a, en ce sens, que la différence du naturel au conventionnel. Aucune représentation n'échappe à la limitation originelle des créatures. Objectera-t-on que l'idée, dans la rigueur des termes, n'est pas la représentation? Bien entendu! Et Leibniz, pour nous le montrer, emprunte à Descartes l'exemple du chiliogone dont nous avons l'idée distincte et une représentation confuse (NE II, XXII, § 13). L'idée ne consiste donc pas en «petites images en quelque sorte» – *non quasi icunculas quasdam* – mais dans les affections ou modifications de notre esprit, répondant à ce que nous pourrions apercevoir en Dieu | (P IV, 426). Seulement, nous ne l'apercevons pas en Dieu. En fait, nous ne pensons jamais sans quelque signe et, d'autre part, les affections ou modifications de notre esprit, même s'il s'agit d'idées simples, contiennent toujours de l'en puissance : Dieu seul pense par acte pur. On voit comment Leibniz se distingue de Malebranche et se sépare partiellement de Descartes. L'évidence de l'idée, même simple, n'est plus chez notre auteur évidence métaphysique, intuition immédiate de l'absolu; par suite, elle déchoit au rang de sentiment psychologique et ne nous offre plus un critère de vérité. La vérité de l'idée simple n'est plus de dévoiler la réalité elle-même : elle est de soutenir un rapport constant et réglé avec cette réalité. Mais il est clair que ce rapport n'est pas intuitionnable puisque le terme absolu reste hors de notre portée. Par conséquent, la croyance en un tel rapport ne serait qu'un acte de foi si nous n'avions à faire qu'avec une idée simple : la cohérence des idées en fait une croyance rationnelle. Or, à quoi cela revient-il, sinon à dire que pour nous la vérité ne réside pas dans l'idée mais dans le rapport entre idées ? Par là nous sortons des limites que nous assigne notre point de vue de créatures. Nous n'avons pas les Idées de Dieu, mais nous nous élevons jusqu'à ses vérités : « lorsque Dieu nous manifeste une vérité nous acquérons celle qui est dans son entendement, car quoiqu'il y ait une différence infinie entre ses idées et les nôtres quant à la perfection et à l'étendue, il est toujours vrai qu'on convient dans le même rapport. C'est donc dans ce rapport qu'on doit placer la vérité » (NE IV, V, § 2). « Il est vrai, ajoute Leibniz, que j'ai attribué aussi la vérité aux idées en disant que les idées sont vraies ou fausses ; mais alors je l'entends en effet de la vérité des propositions qui affirment la possibilité de l'objet de l'idée » (*ibid.*, § 3). Une idée est vraie quand sa notion est possible, ce que nous savons *a priori* lorsque, après analyse, ses éléments n'ont rien entre eux d'incompatible, et, *a posteriori*, par l'expérience de l'existence actuelle de la chose : alors, nous pouvons avoir de l'idée une définition réelle. Une idée est fausse, au contraire, quand elle implique contradiction (P IV, 425). La définition est réelle parce que les rapports sont réels et d'une réalité absolue puisque, nous venons de le lire, nous acquérons la vérité qui est dans l'entendement divin. Aussi Leibniz, après s'être séparé de Descartes à propos des idées, le

218 rejoint à propos du rapport | des idées entre elles : l'évidence est « une source lumineuse » quand « on ne doute point à cause de la liaison qu'on voit entre les idées » (NE IV, XI, § 1-10).

Cependant, «comme la nature des vérités dépend de la nature des idées», on ne trouvera pas chez Leibniz comme chez Descartes le même parallélisme entre évidence et certitude : une loi de physique peut être certaine, elle n'est pas évidente. Car :

> les vérités qui viennent des sens sont confuses, et les vérités qui en dépendent le sont aussi, au moins en partie, au lieu que les idées intellectuelles, et les vérités qui en dépendent, sont distinctes, et ni les uns ni les autres n'ont point leur origine des sens, quoiqu'il soit vrai que nous n'y penserions jamais sans les sens (*ibid.,* I, X, § 11).

L'éclaircissement du savoir ou de l'idée complexe ne nous élève que par l'intuition des rapports qui unissent les éléments. Si le progrès des connaissances exige analyse et synthèse, le progrès de la connaissance est dans la seule voie de l'analyse.

Bien que l'histoire de nos découvertes soit «différente en différents hommes» (*ibid.,* IV, VII, § 9), elle ne laisse pas dans l'ensemble de suivre en tous le mérite ordre d'évolution. Et d'abord, empirique et tournée vers le monde, elle se situe au dessous de l'aperception qui est la conscience ou connaissance réflexive de notre état antérieur (*Princ. Nat. Gr.,* § 4) et qui «dépend d'une attention et d'un ordre» (NE I, I, § 25). La perception obscure de l'enfant à sa naissance obéit à un mécanisme analogue à celui qui régit – sans en expliquer l'origine (*Monad.,* § 17) – la perception des plantes et des animaux (NE II, IX, § 11). Peu à peu le retour des mêmes consécutions forme la mémoire empirique et, du même coup (*Monad.,* § 26), une connaissance par sentiment ou par instinct. Le sentiment est «une perception accompagnée de mémoire, à savoir, dont un certain écho demeure longtemps pour se faire entendre dans l'occasion» (*Princ. Nat. Gr.,* § 4); et «on ne peut connaître par sentiment que les choses qu'on a expérimentées» (P II, 121). Ce sont ces «idées confuses, ou images plutôt, ou si vous voulez impressions, comme couleurs, goûts, etc. » qui « servent plutôt à donner des instincts et à fonder des observations d'expérience, qu'à fournir de la matière à la raison, si ce n'est en tant qu'elles sont accompagnées de perceptions distinctes » (NE IV, XVII, § 9). La convenance ou la disconvenance des idées est **219** sentie avant | d'être conçue (*ibid.*, I, § 2). Elle se manifeste progressivement. Les hommes restent empiriques tant qu'ils « ne se gouvernent que par les sens et les exemples, sans examiner si la même raison a lieu »; cependant, ils s'élèvent au « raisonnable » lorsque, ayant égard aux exemples à mesure qu'ils sont fréquents, ils concluent à la vraisemblance de leur retour, pour se précautionner (*ibid.*, II, XXXIII). La vraisemblance de simple opinion ou d'expérience vague ne nous fait pas passer encore du raisonnable au rationnel. On n'y accède qu'avec une recherche méthodique de la vérité.

> On arrive souvent à de belles vérités par la Synthèse, en allant du simple au composé; mais lorsqu'il s'agit de trouver justement le moyen de faire ce qui se propose, la Synthèse ne suffit pas ordinairement, et souvent ce serait la mer à boire que de vouloir faire toutes les combinaisons requises, quoiqu'on puisse souvent s'y aider par la méthode des exclusions, qui retranche une bonne partie des combinaisons inutiles, et souvent la nature n'admet point d'autre méthode. Mais on n'a pas toujours les moyens de bien suivre celle-ci. C'est donc à l'Analyse de nous donner un fil dans ce Labyrinthe, lorsque cela se peut, car il y a des cas où la nature même de la question exige qu'on aille tâtonner partout, les abrégés n'étant pas toujours possibles (NE IV, II, § 2-7).

En présence de la nature,

> le vrai Criterion en matière des objets des sens est la liaison des phénomènes, c'est-à-dire la connexion de ce qui se passe en différents lieux et temps et dans l'expérience de différents hommes qui sont eux-mêmes les uns aux autres des phénomènes très importants sur cet article. Et la liaison des phéno-

mènes, qui garantit les Vérités de fait à l'égard des choses
sensibles hors de nous, se vérifie par le moyen des vérités de
raison ; comme les apparentes de l'Optique s'éclaircissent par
la Géométrie (*ibid.*, II, 14).

Ainsi, « lors même que les raisons ne paraissent pas » (*ibid.*, XI,
§ 1-10), « le fondement de la vérité des choses contingentes
et singulières est dans le succès qui fait que les phénomènes
des sens sont liés justement comme les vérités intelligibles le
demandent » (*ibid.*, IV, § 2). Les lois sont donc, en Dieu, des
vérités intelligibles et, par conséquent, nécessaires : leur existence seule est contingente, car Dieu eût pu créer un autre
monde. Mais pour nous, limités, qui n'appréhendons pas
distinctement la connexion universelle, cette nécessité des lois
n'est qu'une généralité, une probabilité plus ou moins | forte. **220**
Nous partons de cas singuliers, d'exemples ; les propositions
de fait « peuvent devenir générales en quelque façon, mais
c'est par l'induction ou observation ; de sorte que ce n'est
qu'une multitude de faits semblables, comme lorsqu'on
observe que tout vif argent s'évapore par la force du feu, et ce
n'est pas une généralité parfaite parce qu'on n'en voit point la
nécessité » ; il y a cependant :

> des propositions mixtes qui sont tirées des prémisses, dont
> quelques unes viennent des faits et des observations, et d'autres
> sont des propositions nécessaires : et telles sont quantité de
> conclusions géographiques et astronomiques sur le globe de la
> terre et sur le cours des astres, qui naissent par la combinaison
> des observations des voyageurs et des astronomes avec les
> théorèmes de géométrie et d'arithmétique (*ibid.*, XI, § 13-14).

De toute manière, « quelque nombre d'expériences particulières qu'on puisse avoir d'une vérité universelle, on ne saurait
s'en assurer pour toujours par l'induction, sans en connaître la
nécessité par la raison » (*ibid.*, I, I, § 3). Tant qu'on ignore les
raisons, un exemple peut suffire à ruiner la généralité d'une loi

empirique : ainsi, « les Grecs et les Romains et tous les autres peuples ont toujours remarqué qu'avant le décours de vingt-quatre heures le jour se change en nuit, et la nuit en jour. Mais on se serait trompé si l'on avait cru que la même règle s'observe partout, puisqu'on a vu le contraire dans le séjour de Nova Zembla » (*ibid.*, Avant-Propos). Pourtant, la vraisemblance devient probabilité rationnelle, lorsqu'on calcule ses degrés – mais ce calcul nous manque encore « et c'est un grand défaut de nos Logiques » (*ibid.*, IV, II, § 14 ; XVI, § 5-10). Les sciences expérimentales ne nous donnent pas une certitude absolue,

> Car il n'est point impossible, métaphysiquement parlant, qu'il y ait un songe suivi et durable comme la vie d'un homme ; nais c'est une chose aussi contraire à la raison que pourrait être la fiction d'un livre qui se formerait par le hasard en jetant pêle-mêle les caractères d'imprimerie. Au reste il est vrai aussi que pourvu que les phénomènes soient liés, il n'importe qu'on les appelle songes ou non, puisque l'expérience montre qu'on ne se trompe point dans les mesures qu'on prend sur les phéno-mènes lorsqu'elles sont prises selon les vérités de raison (*ibid.*, IV, II, § 14).

Ces vérités sont nécessaires. Plus nous en prenons conscience, plus nous imitons Dieu. Des propositions dérivées aux propositions primitives nous nous élevons peu à peu | jusqu'à la dernière évidence des propositions identiques. En tout, partout, imitant Dieu et exprimant le monde où s'exprime le Créateur, par la réflexion pure ou par l'observation, l'esprit se découvre inné à lui-même : sa sensibilité et son entendement relèvent de la même nature.

Et point n'est besoin, pour connaître, de pratiquer le doute hyperbolique de Descartes, qui n'est que clinquant pour le peuple (PIV, 354 *sq.*). Mieux vaut s'inspirer de Pascal. D'abord, en bien des rencontres on ne saurait éviter de se rendre à l'autorité (NEIV, XX, § 17) : elle est la base des recher-che historiques, pour ne rien dire de la Vérité révélée. Assurément, ce n'est pas qu'il faille s'y rendre toujours : au contraire, dans la majorité des cas, « il est bien difficile de contenter en même temps la raison et la coutume » (*ibid.*, § 4). Mais « je crois que le bon sens avec l'application peuvent suffire à tout ce qui ne demande pas de la promptitude » (*ibid.*). Pour atteindre la vérité, autant qu'il est possible, il n'est que de partir de termes définis en s'assurant que l'on possède une définition réelle, soulager la mémoire par un choix judicieux de « caractères » qui sont des abrégés de pensées, et respecter les formes de la Logique. La règle cartésienne d'évidence reste inutile et subjective, tant que l'on ne fournit pas les critères du clair et du distinct. Nous ne pouvons nous garder de l'erreur qu'en multi-pliant les preuves de nos raisonnements, à la manière dont des calculateurs se servent de la preuve par 9. Pourtant, notre mémoire n'est jamais infaillible, notre certitude jamais abso-lue. C'est que, contrairement aux prétentions du volontarisme de Descartes, « nous ne croyons jamais ce que nous voulons, mais bien ce que nous voyons le plus apparent », quoique néanmoins nous pouvons nous faire croire indirectement ce que nous voulons, en détournant l'attention d'un objet désa-gréable pour nous appliquer à un autre, qui nous plaît » (*ibid.*, § 12). L'erreur est bien dans notre jugement (*Disc.*, § XIV), mais notre jugement n'est pas en notre libre arbitre. Formée à l'image de Dieu, il faut que notre volonté reste soumise à notre entendement, puisque, nous l'avons vu, ce serait détruire à la fois volonté et entendement que de soutenir l'hypothèse d'un Dieu créateur des vérités éternelles.

| L'ESPACE ET L'ÉTENDUE, LE TEMPS ET LA DURÉE   222

Après avoir montré l'unité de la connaissance propre aux esprits, soit qu'elle s'enveloppe dans le sensible, soit qu'elle se développe des perceptions obscures aux notions distinctes, il

nous faut maintenant passer des substances en elles-mêmes à
leur expression phénoménale, du métaphysique au physique.
La première question est, naturellement, celle de l'espace et du
temps. Comment l'inétendu peut-il engendrer l'étendu; le
qualitatif, le quantitatif; l'indivisible, le divisible?

Chaque substance, on s'en souvient, est *un point de vue* de
Dieu sur l'univers, ensemble des autres substances (*Disc.*,
§ XIV), et cet univers est possible avant d'être réel. Que « point
de vue » n'évoque rien de visuel : « il n'y a – rappelle Leibniz à
Des Bosses, le 16 juin 1712 – entre monades aucune proximité
ou distance spatiale ou absolue; et dire qu'elles sont englobées
en un point ou disséminées dans l'espace, c'est employer
certaines fictions de notre esprit, voulant librement imaginer
ce qui ne peut être que conçu ». Le point de vue est une idée,
une notion complète qu'on ne peut transporter à la façon d'un
point mathématique, inséparable du contexte dont elle précise
le sens et qui la précise en retour : Dieu ne crée pas un Adam
vague (P II, 42). Tout en se distinguant les unes des autres par
les limites idéales qui en font la définition, les idées ne sou-
tiennent pas entre elles des relations extrinsèques, *partes extra
partes*, mais des relations intrinsèques. À coup sûr, le mot que
j'écris a une place spatiale; mais l'idée n'en a pas. De même,
dans l'entendement divin, ce « pays des possibles » (*ibid.*), la
position ou le *Situs* de la substance ne signifie rien d'autre que
son ordre de coexistence possible avec les autres substances.
Cet ordre de coexistence possible est l'espace. L'espace n'est
donc pas une substance : « C'est un rapport, un ordre, non
seulement entre les existants, mais encore entre les possibles
comme s'ils existaient » (NE II, XIII, § 17), « sans entrer dans
leurs manières d'exister » (*À Clarke*, III, § 4). Non perçu mais
conçu, s'il n'y avait point de créatures, il serait dans les idées
de Dieu (*À Clarke*, IV, § 41), et si les substances étaient autres
qu'elles sont, l'espace serait autre (P II, 379). Comme tous les
possibles ne sont pas compossibles, tous les rapports ne

peuvent avoir lieu en un seul système : c'est en ce sens qu'il faut comprendre que l'espace – | et le temps – limitent la **223** capacité du monde et qu'en vertu du principe du meilleur, « il y aura autant d'existences que le permet la capacité du temps et du lieu (c'est-à-dire de l'ordre possible d'existence) » (P VII, 304). *A priori* et, par là même, nécessaire, puisqu'il porte sur des essences aussi bien que sur l'existence, l'espace est, au surplus, indivisible : en effet, un rapport n'est pas composé de ses termes – c'est pourquoi le point n'est pas une partie de l'espace (NE II, XIV, § 10 ; *À Clarke*, V, § 27) – et il n'appartient pas non plus à ses termes, sinon « nous aurions un accident en deux sujets, qui aurait une jambe dans l'un et l'autre dans l'autre » (*À Clarke*, V, § 47). Indivisible et, par conséquent, continu, l'espace est uniforme, plein et non composé de parties : ce qui confirme son idéalité, car, s'il était une substance, son uniformité et l'identité de ses points seraient contraires au principe du meilleur et au principe des indiscernables ; il n'y aurait plus de raison « pourquoi Dieu, gardant les mêmes situations des corps entre eux, ait placé les corps dans l'espace ainsi et non pas autrement ; et pourquoi tout n'a pas été pris à rebours (par exemple) par un échange de l'Orient et de l'Occident » (*À Clarke,* III, § 5) ; un espace vide serait « un attribut sans sujet, une étendue d'aucun étendu » (*ibid.*, IV, § 9) ; les parties de l'espace, se ressemblant parfaitement comme deux unités abstraites, n'offriraient rien de distinguant au choix divin (*ibid.*, IV, § 6-7). Œuvre d'entendement, possibilité de rapports, l'espace permettra de mesurer l'étendue.

À l'ordre de coexistence qui définit l'espace répond l'ordre de succession qui définit le temps. Loin de rester inertes, les idées-points-de-vue de Dieu prétendent à l'existence selon leur quantité d'essence, par un mécanisme métaphysique soumis aux lois de compossibilité : cette prétention préfigure la spontanéité existentielle de la substance. Ces idées compossibles forment un ordre rationnel reflété en chacune d'elles, en sorte que les prédicats d'une substance sont contenus dans sa notion. Or, Dieu n'a pas à les déduire ; il voit par intuition les conséquences dans les principes : sa pensée est dans l'éternel. Pour un entendement fini, l'intuition devient déduction, les rapports éternels de l'inclusion logique – *praedicatum in subjecto* – se changent en rapports temporels de succession légale. Et, de même que si nous considérons, en l'isolant du reste, une infime partie d'une belle peinture, nous n'y voyons

224 | qu'un amas de couleur sans charme, de même, ne considérant qu'une infime partie de l'harmonie universelle, l'entendement fini croit y voir de l'incompatible. En effet,

> la partie du plus court chemin entre deux extrémités est aussi le plus court chemin entre les extrémités de cette partie, mais la partie du meilleur tout n'est pas nécessairement le meilleur qu'on pouvait faire de cette partie, puisque la partie d'une belle chose n'est pas toujours belle, pouvant être tirée du tout, ou prise dans le tout d'une manière irrégulière (*Théod.*, II, § 213).

Cependant, un entendement créé à l'image de l'entendement créateur accepte mal l'incompatible ; il cherche des raisons ; « C'est cette considération des raisons qui achève la notion de l'infini ou de l'indéfini dans les progrès possibles » (NE II, XIV, § 27). En sorte que le temps regarde les choses « qui sont incompatibles et qu'on conçoit pourtant toutes comme existantes, et c'est ce qui fait qu'elles sont successives » (P IV, 568). Autrement dit, l'espace exprime la relation *et* de compatibilité (A *et* B) ; le temps exprime la relation *ou* d'incompatibilité (A *ou* B).

Ainsi, le temps, comme l'espace, est *a priori*, nécessaire, continu parce qu'il consiste en rapports indivisibles ; et, pas plus que l'espace n'est étendu, le temps ne dure : ils sont « de la nature des vérités éternelles qui regardent également le possible et l'existant » (NE II, XIV, § 26). Aussi Dieu n'est-il ni transcendant ni immanent dans le sens où l'entendent ceux qui, comme Newton et Clarke, substantialisent l'espace et le temps : « Je n'ai point dit que Dieu fût *Intelligentia supra-mundana* ni *mundana* » (P VII, 263).

Mais partons maintenant de la substance créée. La perception possible qui lui était attribuée dans l'entendement divin devient une perception actuelle : elle n'*est* plus seulement un point de vue, elle *a* un point de vue sur les autres substances créées. Dès lors, son individualité s'oppose à une altérité, son unité à une multiplicité qu'elle exprime. Cette opposition ne suffirait pas pour fonder l'apparence d'une extériorité *partes extra partes* si la substance jouissait d'une perception aussi distincte que l'intuition divine ; elle ne percevrait alors, en vertu du principe des indiscernables, qu'une multiplicité hétérogène et purement qualitative. Mais la limitation détermine une confusion où les différences s'effacent : toute perception ne s'éclaire que sur le fond d'une infinité de petites perceptions | non distinguées qui, confondant l'hété-   **225** rogène réel en homogène apparent, changent la qualité en quantité. Ainsi se manifeste une étendue sensible, une qualité extensive, pour les bêtes comme pour nous, car elle n'exige que l'*expression* pour apparaître. Fondée sur l'infinité des monades dont la notion individuelle, en Dieu, est à la fois complète et comme refermée sur elle-même, mais, en même temps, se diffuse, par l'expression, dans le contexte universel, cette qualité extensive est, à son tour, le fondement de l'étendue. En effet, les esprits vont plus loin que les bêtes ; ils ne se bornent pas à l'expression, ils sont capables d'*abstraction*. De la qualité extensive qui se répand partout comme la blancheur dans le lait, la dureté dans le diamant, l'antitypie dans la matière (E 692 b), ils abstraient l'idée de l'étendue mathématique. À cette étendue abstraite, homogène, ils peuvent désormais appliquer les rapports de coexistence de l'espace, et c'est pourquoi l'espace sert à mesurer l'étendue. Un double mouvement engendre donc la connaissance de l'espace et de l'étendue : de l'*a priori* au concret, de l'un au multiple, notre raison pose des rapports indivisibles de coexistence, voilà l'espace ; du concret à l'abstrait, du multiple à l'un, notre imagination confond l'hétérogène en homogène et notre entendement en tire l'idée générale, voilà l'étendue. « Tout est indéfini à la rigueur à l'égard de l'étendue, et ce que nous en attribuons au corps ne sont que des phénomènes et des abstractions » (P II, 99). Abstraite d'une multiplicité infinie, l'étendue est infiniment divisible, non seulement parce que nous ne pouvons, par régression, jamais atteindre les monades qui en produisent l'apparence, mais encore parce que la perception des choses nous donne l'occasion de penser à l'espace, c'est-à-dire à notre pouvoir de poser indéfiniment des rapports. Et de même pour la durée : « Le changement des perceptions nous donne occasion de penser au temps, et on le mesure par des changements uniformes […] » (NE II, XIV, § 16). C'est que la durée est au temps ce que l'étendue est à l'espace. La spontanéité indestructible et continue de la substance est comme une prétention à l'infini qui conditionne ses progrès. Les âmes brutes ne dépassent pas la perception du changement ; les esprits en abstraient l'idée de durée : « Une suite de perceptions réveille en nous l'idée de la durée, mais elle ne la fait point. Nos perceptions n'ont jamais une suite assez constante et régulière pour répondre à celle du temps qui est continue, uniforme et simple, comme une ligne droite » (*ibid.*).

226

Apparition des phénomènes

Voilà donc l'espace et le temps, l'étendue et la durée. Ce ne sont pas là des substances et, par suite, les corps, en tant qu'ils participent d'eux, ne sont pas non plus des substances. Il faut y voir des phénomènes qui tirent leur unité apparente, d'une part – comme les qualités extensives – de l'imagination, d'autre part – comme l'étendue, et seulement chez les esprits – de l'entendement. Pour désigner la part de l'imagination, Leibniz compare volontiers les corps à l'arc-en-ciel (P II, 58, 71, 119) et parle d'apparence, de phénomène ou de pensée; pour désigner la part de l'entendement, il les compare à une machine, un tas de pierres (*ibid.*, 75), un troupeau de moutons, un étang rempli de poissons (*ibid.*, 76), un cercle d'hommes qui se prennent par la main, une armée (*ibid.*, 97); car, bien que nous distinguions les soldats, nous disons *une* armée, mais cette unité de l'armée est un être de raison. Des sens ou de l'imagination on s'élève par abstraction aux notions de l'entendement; de ces notions on redescend par confusion aux êtres d'imagination. Le composé « des diamants du Grand-Duc et du Grand Mogol se peut appeler une paire de diamants, mais ce n'est qu'un être de raison, et, quand on les rapprochera l'un de l'autre, ce sera un être d'imagination ou perception, c'est-à-dire un phénomène » (*ibid.*, 96, 76).

> Notre esprit remarque ou conçoit quelques substances véritables qui ont certains modes; ces modes enveloppent des rapports à d'autres substances d'où l'esprit prend occasion de les joindre ensemble dans la pensée et de mettre un nom en ligne de compte pour toutes ces choses ensemble, ce qui sert à la commodité du raisonnement; mais il ne faut pas s'en laisser tromper pour en faire autant de substances ou êtres véritablement réels; cela n'appartient qu'à ceux qui s'arrêtent aux apparences ou bien à ceux qui font des réalités de toutes les abstractions de l'esprit et qui conçoivent le nombre, le temps, le lieu, le mouvement, la figure, les qualités sensibles comme autant d'êtres à part (*ibid.*, 101).

Imagination et entendement ne forment donc par eux-mêmes que des unités subjectives. Que l'on rapproche, à les confondre, les diamants | du Grand Duc et du Grand Mogol, ou deux **227** triangles pour en composer un carré, « le seul attouchement les fera-t-il devenir une substance ? » (*ibid.*, 72). Comme les qualités sensibles, la figure n'est qu'une unité apparente, « et on peut même dire qu'il n'y a point de figure arrêtée et précise dans les corps, à cause de la subdivision actuelle des parties » (*ibid.,* 77, 98);

> il n'y a jamais ni globe sans inégalités, ni droite sans courbures entremêlées, ni courbe d'une certaine nature finie sans mélange de quelque autre, et cela dans les petites parties comme dans les grandes, ce qui fait que la figure, bien loin d'être constitutive des corps, n'est pas seulement une qualité entièrement réelle et déterminée hors de la pensée, et on ne pourra jamais assigner à quelque corps une certaine surface précise, comme on pourrait faire s'il y avait des atomes (*ibid.,* 119). L'étendue est un attribut qui ne saurait constituer un être accompli, on n'en saurait tirer aucune action ni changement, elle exprime seulement un état présent, mais nullement le futur et le passé, comme doit faire la notion d'une substance. Quand deux triangles se trouvent joints, on n'en saurait conclure comment cette jonction s'est faite (*ibid.,* 72).

On voit combien Descartes s'est trompé en ramenant les corps à l'étendue et à ses modes. Avec les figures, il n'y a pas de qualité sensible qui n'enveloppe du confus : la prompte rotation d'une roue dentée « en fait disparaître les dents et paraître à leur place un transparent continuel imaginaire » (NE IV, VX, § 7); un mélange de poudre bleue et de poudre jaune donne l'apparence du vert (P IV, 426). Or, cette confusion irait à l'infini, même si nous accroissions la puissance de nos sens,

> car il n'y a pas d'éléments dans la nature corporelle. S'il y avait des atomes, la connaissance des corps ne pourrait être au dessus de tout esprit fini. Au reste, si quelques couleurs ou qualités disparaîtraient à nos yeux mieux armés ou devenus plus pénétrants, il en naîtrait apparemment d'autres : et il faudrait un accroissement nouveau de notre perspicacité pour les faire disparaître aussi, ce qui pourrait aller à l'infini comme la division actuelle de la matière y va effectivement (NE II, XXIII, § 12).

Et, d'un autre côté, même d'entendement pur, la synthèse de plusieurs êtres ne fait pas – du moins tant qu'il s'agit de notre entendement – un être véritable : « si les parties qui conspirent à un même dessein sont plus propres à composer une véritable substance | que celles qui se touchent, tous les officiers de la **228** compagnie des Indes de Hollande feront une substance réelle, bien mieux qu'un tas de pierres [...] » (P II, 101). Impossible donc d'accorder, sauf à le limiter, « ce droit de bourgeoisie qu'on veut accorder aux êtres par agrégation » (*ibid.,* 102); les corps que nous voyons ne sont pas des substances, mais seulement des « substantiés » ou « substantiats » (*Substantiata appello aggregata substantiarum, velut exercitum hominum, gregem ovium; et talia sunt omnia corpora*) (Cout *Op,* 13), des êtres semi-mentaux (*semimentalia*) (P II, 306).

Pratiquement, nous échappons à ce phénoménisme en distinguant la sensation d'avec l'image fantaisiste, soit, s'il s'agit d'un phénomène, par l'intensité (*vividum*), par l'accord des divers sens (*multiplex*), par la familiarité (*congruum*), soit, en considérant plusieurs phénomènes, par la connexion régulière des antécédents aux conséquents. Néanmoins, quelle que soit notre habileté *de modo distinguendi phaenomena realia ab imaginariis*, nous n'obtenons jamais qu'une certitude morale, et « *nullo argumento absolute demonstrari potest, dari corpora* » (P VII, 320). Cependant, cette certitude morale est une certitude rationnelle, ou alors il faut renoncer à toute connaissance. Si les corps sont des phénomènes, ce sont des phénomènes « réels » ou « fondés ». Sur ce point, la théorie de l'expression garantit notre connaissance mieux que le doute hyperbolique de Descartes.

En effet,

il ne faut point s'imaginer que ces idées de la couleur ou de la douleur soient arbitraires et sans rapport ou connexion naturelle avec leurs causes : ce n'est pas l'usage de Dieu d'agir avec si peu d'ordre et de raison. Je dirais plutôt qu'il y a une manière de ressemblance, non pas entière et pour ainsi dire *in terminis*, mais expressive, ou une manière de rapport d'ordre, comme une ellipse et même une parabole ou hyperbole ressemblent en quelque façon au cercle dont elles sont la projection sur le plan, puisqu'il y a un certain rapport exact et naturel entre ce qui est projeté, et la projection qui s'en fait, chaque point de l'un répondant suivant une certaine relation à chaque point de l'autre. C'est ce que les Cartésiens ne considèrent pas assez [...] (NE II, VIII, § 13; XX, § 6).

Soit, par exemple, la chaleur. Du côté de l'objet, elle consiste en mouvements corpusculaires, en *impetus* qui nous ramène-

229 raient aux *conatus* monadiques : on peut donc | dire que « la chaleur ou *impetus* est dans le corps comme dans son sujet » (P II, 458), qu'elle est un véritable prédicat ; et, comme on qualifie cette chaleur de grande ou de petite, cette grandeur, abstraite de l'*impetus*, est un abstrait du prédicat. Or, les *impetus* se composent : selon l'éloignement ou la proximité du corps, la résultante changera, la chaleur sera plus ou moins grande, sans que les composants – et, en remontant à l'origine, les *conatus* – aient eux-mêmes changé (*ibid.*, 459). Ainsi, du côté du sujet, la chaleur, ou toute autre qualité, n'est pas une puissance de se faire sentir absolue, elle est relative à des organes proportionnés : car un mouvement de la main s'y peut mêler et en altérer l'apparence » ; mais

il demeure cependant vrai que lorsque l'organe et le milieu sont constitués comme il faut, les mouvements internes (de nos sens) et les idées qui les représentent à l'âme ressemblent aux mouvements de l'objet qui causent la couleur, la douleur, etc., ou, ce qui est ici la même chose, l'expriment par un rapport assez exact, quoique ce rapport ne nous paraisse pas distinc-tement ; parce que nous ne saurions démêler cette multitude de petites impressions, ni dans notre âme, ni dans notre corps, ni dans ce qui est hors de nous (NE II, VIII, § 21).

LA MATIÈRE

Remontons à ce qu'il y a de réel dans le phénomène, c'est-à-dire jusqu'aux monades. Elles ont en elles un principe de limitation et une position répondant à la distinction et à la place logique de leurs notions dans l'entendement divin. Cette limitation et cette position sont la source de l'impénétrabilité, ou antitypie, qui oppose un corps aux autres, et de l'inertie naturelle qui fait que de lui-même il ne quitterait pas son lieu : aussi Leibniz emploie-t-il le plus fréquemment les mots de « répugnance » et « incompatibilité », quand il parle de l'inertie (NE II, IV). L'antitypie est ce par quoi la matière peut être dite dans l'espace (P VII, 318), puisqu'elle exprime le *Situs* des substances et, par conséquent, leur ordre de coexistence ; et la limitation qui les distingue fonde leur exigence d'étendue. Cette exigence m'aurait aucun sens s'il n'existait qu'une monade ; mais l'hypothèse est impensable puisque la limitation elle-même implique la coexistence. Dès lors, la répétition continue des antitypies monadiques – comme la blancheur dans le lait – engendre | l'étendue. Ainsi, « que la matière exige **230** naturellement l'étendue revient à dire que ses parties exigent naturellement entre elles un ordre de coexistence » (P II, 515 ; P II, 306) L'antitypie, l'inertie, l'étendue définissent ensemble la *matière première* ou *Masse*. Mais encore faut-il s'entendre. À strictement parler le langage aristotélicien, la matière en *une* substance est le corrélatif de la forme ; or, venons-nous de voir, avec *une* substance on n'engendre pas l'étendue et l'on s'interdit du même coup de parler de masse ; c'est pourquoi Leibniz peut écrire au P. des Bosses, que la matière première d'une substance n'augmente pas plus la masse qu'un point une ligne (P II, 368). Toutefois, il est clair qu'en ce sens aristotélicien nous n'obtenons l'idée de matière première qu'au prix d'une double abstraction : l'une qui la sépare de sa forme, l'autre qui sépare une substance des autres substances. Mais revenons à l'étendue. L'idée de matière première ou masse de substances coexistantes est encore le résultat d'une double abstraction : l'une est toujours de ne pas tenir compte de la forme substantielle ; l'autre est l'abstraction inhérente à notre notion d'étendue – et l'on n'oubliera pas que notre perception ou imagination de l'étendue est l'effet d'une confusion. Il s'ensuit que la masse, comme on vient de la définir, a, d'un côté, un fondement réel ; elle est proportionnelle à l'étendue (P IV, 510) ; par là se justifie l'emploi de la géométrie en Physique, et la géométrie est à son tour subordonnée à l'arithmétique, puisque dans l'étendue il y a répétition et multitude (P IV, 395). Mais, d'un autre côté, la masse est une abstraction et un phénomène comparable à l'arc-en-ciel (P II, 390, 368), en tant qu'elle participe de l'étendue. Et cela revient à montrer l'insuffisance du mécanisme cartésien qui, en réduisant la matière à l'étendue, ne dépasse pas le niveau de l'imagination physique au lieu d'exprimer le métaphysique.

Il nous faut donc passer de la matière première ou nue, puissance passive primitive qui n'enferme qu'un principe de résistance, à la *matière seconde* ou vêtue (*vestita*) (P VII, 529), puissance active primitive qui nous donnera un principe d'activité. Jusqu'ici, en effet, nous avons négligé la spontanéité de la monade. Cette spontanéité, ou force active primitive, est la forme substantielle, corrélative de la matière, sans laquelle une substance ne serait pas une substance. Cette forme, pour *une* substance, Leibniz l'appelle encore entéléchie première. | Elle est une âme ou quelque analogue d'une âme : *vel anima est, vel quiddam Animae analogum* (P IV, 395-396, 479). Comme une âme perçoit toujours, l'entéléchie est toujours active, ce qui la différencie de la puissance nue des Scolastiques : alors que la statue en puissance nue dans le marbre ne s'actualise que par le ciseau du sculpteur l'entéléchie n'a pas besoin d'une excitation étrangère pour développer son action. Il lui suffit de ne pas être empêchée par un obstacle :

231

ce qui s'exprime dans le poids qui tend à tomber de lui-même ou dans l'arc qui tend à se débander (P IV, 469). Sans cette entéléchie, nous perdrions l'unité de la substance et, donc, les composés ne seraient rien. Sans elle,

> il y aurait aussi des modifications sans aucun sujet substantiel modifiable ; car ce qui n'est que passif ne saurait avoir des modifications actives ; la modifications, bien loin d'ajouter quelque perfection, ne pouvant être qu'une restriction ou limitation variable, et par conséquent ne pouvant point excéder la perfection du sujet (P III, 67).

Une substance ne pouvant rien recevoir du dehors ni rien perdre, son entéléchie ou force active primitive varie (P IV, 470), tout en restant essentiellement constante. Elle ne saurait augmenter, car sa matière la limite. Elle ne saurait non plus diminuer, étant essentielle : si l'essence changeait, la substance ne conserverait plus son identité et sa notion complète. Cette force est indestructible (P VII, 397). Dire qu'elle varie, c'est rappeler que, dans les limites de la perfection que fixe sa notion complète, la substance, qui tend d'elle-même à son maximum de clarté, a des perceptions variées à l'infini en continuité. Physiquement, cela signifie que la force d'une monade s'enveloppe ou se développe, se tend ou se détend – ici encore selon une infinité de degrés – tout en gardant la même direction et la même capacité de travail total. Par conséquent, le repos n'est qu'une apparence, en sorte que le physicien pourra, dans ses calculs, le considérer comme un mouvement infiniment petit ou une lenteur infinie : *tanquam motus infinite parvus, aut tanquam tarditas infinita* (P IV, 376 ; II, 104-105). Contrairement encore aux suggestions de l'apparence, il faut écarter l'hypothèse d'une dureté absolue : à l'appétition monadique qui, lorsque rien ne l'en empêche, tend au maximum de clarté, mais qui, empêchée, se contracte indéfiniment, répond l'élasticité absolue, origine de la force vive ; un corps

232 n'agit que par ses propres forces, comme une | balle gonflée d'air (P IV, 375 ; 515). Cependant, pour avoir affaire à un corps, nous devons invoquer non seulement une coexistence de monades, mais encore leur variété de points de vue. Ce n'est qu'alors que nous passons de la matière première à la matière seconde. Par la seule coexistence, nous n'obtenions que l'étendue, l'antitypie et l'inertie ; par la variété des points de vue, autrement dit par le principe des indiscernables, nous obtenons la hiérarchisation organisatrice des corps. Le mouvement n'engendrerait pas la distinction des figures s'il ne portait déjà en lui une marque de distinction, qu'il ne peut devoir qu'aux monades (P IV, 513). La diversité qualitative des corps et leurs altérations « s'obtient par une diversité dans les degrés ou les directions des efforts – donc, les modifications – des monades constitutives » (*ibid.,* 514). Ainsi, tandis que la notion de matière première se pouvait encore appliquer, par delà l'étendue, à *une* substance, la notion de matière seconde exige nécessairement une multiplicité de substances ; tandis que la matière première, au sens plein, ne fait intervenir que les forces passives primitives, sans tenir compte de leur composition, la matière seconde introduit les forces actives primitives, les hiérarchise, les compose, les résultantes de ces compositions produisant les forces dérivatives. La matière première ne nous proposait qu'une masse étendue ; avec la matière seconde, nous avons la masse pesante. Surtout, la matière première, excluant la spontanéité de la monade, est une abstraction incapable d'exprimer l'explicitation temporelle de l'inclusion intemporelle des prédicats dans le sujet ; elle n'implique pas l'effet futur ; elle ne saurait rien produire. Au contraire, la matière seconde, fondée sur la spontanéité monadique, rend compte de l'effet futur. Grâce à elle, le physicien pratiquant la vraie Dynamique saisit quelque chose de la production de l'effet par la cause et retrouve par là la continuité infinitésimale, toute variation dans la cause devant se traduire par une variation dans l'effet. Certes, la production causale n'est pas imaginable ; on ne saurait pas plus se représenter la force que peindre des sons ou entendre des couleurs (P IV, 507-508). On ne se représente pas non plus une infinitésimale. Appuyée sur le calcul différentiel et intégral, la véritable Dynamique, par l'ouverture qu'elle donne sur la production causale, rattache la Physique à la Métaphysique. Descartes ne considérait que l'étendue et | que le nombre. Mais **233** Leibniz veut aller plus loin : « la Physique est subordonnée par la géométrie à l'arithmétique, et par la Dynamique à la métaphysique » (P IV, 398).

LA DYNAMIQUE

La perfection globale du monde ne pouvant augmenter ni décroître, sinon Dieu m'aurait pas choisi le meilleur, lorsque la perception d'une substance s'éclaircit, celle d'une autre s'obscurcit ; et, bien qu'il n'y ait point entre elles d'influence réelle, mais seulement concomitance, « on attribue l'action à cette substance dont l'expression est plus distincte, et on l'appelle cause » (P II, 69), « à peu près comme nous attribuons le mouvement plutôt au vaisseau qu'à toute la mer, et cela avec raison » (P I, 383). La passion est donc relative, un corps choqué « ne souffre que par son propre ressort, cause du mouvement qui est déjà en lui » (P II, 486), tout est actif, rien n'est repos dans la nature.

Le mouvement,

en tant qu'il n'est qu'une modification de l'étendue et changement de voisinage, enveloppe quelque chose d'imaginaire, en sorte qu'on ne saurait déterminer à quel sujet il appartient parmi ceux qui changent si on n'a recours à la force qui est cause du mouvement et qui est dans la substance corporelle (P II, 98).

On comprendra Leibniz en pensant, par comparaison, à la stroboscopie : un ensemble de points immobiles éclairés successivement engendre l'illusion de mouvements divers selon des lois déterminées. Ainsi le mouvement perçu est illusoire : son fondement métaphysique est au delà de l'étendue, et les monades ne se déplacent pas les unes par rapport aux autres ; mais leurs perceptions variées selon l'ordre de l'univers tiennent lieu des points s'éclairant du mouvement stroboscopique. Encore n'oubliera-t-on pas que le *Situs* d'une substance n'a rien de spatial : une substance n'est pas dans l'espace, elle le fonde par son ordre de coexistence avec les autres substances. Et, puisqu'il n'y a pas d'espace absolu, le mouvement ne peut être que relatif. Cependant, encore une fois, la respectivité des changements locaux – libre à nous de choisir pour repère, soit le vaisseau, soit le rivage, et toutes les hypothèses en Astronomie sont équivalentes (P IV, 186-187) – n'empêche pas le mouvement d'être en rapport réglé et constant **234** avec l'absolu, en exprimant | l'activité interne des monades. La Dynamique n'est jamais coupée de la Métaphysique.

La force active primitive d'une monade est une tendance, un effort vers, un *conatus*. Nous n'en pouvons avoir l'idée que par analogie avec la volition ou l'appétition, sources de l'action (NE II, XXI, § 5) : aussi, comme mode d'agir, le *conatus* doit-il se définir : l'état d'où naît l'acte, si rien ne s'y oppose (Cout *Op,* 474). Nous ne pouvons nous représenter que les effets, dans l'étendue et la durée, ce qui nous renvoie à des relations extrinsèques : alors, le *conatus* nous apparaît comme source de mouvement, et il se définit : l'action d'où suit le mouvement, si rien ne l'empêche (*ibid.,* 481). Bien entendu, pour que le mouvement s'ensuive, il ne faut pas considérer une seule substance ; quand nous parlons d'un *conatus* en Dynamique, ce n'est toujours que par rapport aux autres *conatus* avec lesquels il se compose dans les forces dérivatives ; nous étudions désormais la matière seconde. Le *conatus*, c'est le

mouvement – et, par conséquent, la vitesse – à l'état naissant
ou, selon un mot de Leibniz, « embryonnée ».

Or, la vitesse doit être prise avec sa direction. En effet, par
suite de la concomitance,

> il n'y a de la contrainte dans les substances qu'au dehors, et
> dans les apparences. Et cela est si vrai, que le mouvement de
> quelque point qu'on puisse prendre dans le monde, se fait dans
> une ligne d'une nature déterminée, que ce point a prise une fois
> pour toutes, et que rien ne lui fera jamais quitter. Et c'est ce que
> je crois pouvoir dire de plus précis et de plus clair pour des
> esprits géométriques, quoique ces sortes de lignes passent infi-
> niment celles qu'un esprit fini peut comprendre. Il est vrai que
> cette ligne serait droite, si ce point pouvait être seul dans le
> monde ; et que maintenant elle est due, en vertu des lois de
> mécanique, au concours de tous les corps : aussi est-ce par ce
> concours même qu'elle est préétablie. Ainsi, j'avoue que la
> spontanéité n'est pas proprement dans la masse (à moins que de
> prendre l'univers tout entier, à qui rien ne résiste) ; car si ce
> point pouvait commencer d'être seul, il continuerait non pas
> dans la ligne préétablie, mais dans la droite tangente. C'est
> donc proprement dans l'Entéléchie (dont ce point est le point de
> vue) que la spontanéité se trouve : et au lieu que le point ne peut
> avoir de soi que la tendance dans la droite qui touche cette
> ligne, parce qu'il n'a point de mémoire, pour ainsi | dire, ni **235**
> de pressentiment, l'Entéléchie exprime la courbe préétablie
> même, les corps environnants ne pouvant point avoir d'influ-
> ence sur cette âme ou Entéléchie, de sorte qu'en ce sens rien
> n'est violent à son égard quoique ce que les hommes appellent
> violent ne laisse pas d'avoir lieu, en tant que cette âme a des
> perceptions confuses et par conséquent involontaires (P IV, 558 ;
> II, 252-253).

Symbolisons le *conatus*, vitesse embryonnée, par un
vecteur. Puisque ce vecteur exprime une « courbe préétablie »
et que le mouvement d'un point se fait dans une ligne « que
rien ne lui fera jamais quitter », il en résulte – conséquence

capitale confirmée par la mécanique – que se conserve « la même quantité de direction de quelque côté qu'on la prenne dans le monde. C'est-à-dire : menant une ligne droite telle qu'il vous plaira, et prenant encore des corps tels et tant qu'il vous plaira, vous trouverez, en considérant tous ces corps ensemble, sans omettre aucun de ceux qui agissent sur quelqu'un de ceux que vous avez pris, qu'il y aura toujours la même quantité de progrès du même côté dans toutes les parallèles à la droite que vous avez prise : prenant garde qu'il faut estimer la somme du progrès, en ôtant celui des corps qui vont en sens contraire de celui de ceux qui vont dans le sens qu'on a pris » (PIV, 497-498). En bref, la projection des vecteurs-vitesse sur une droite quelconque donne une somme algébrique constante. Lorsque, par conséquent, dans un système de substances, ces vecteurs, par opposition, se compensent, l'ensemble est en repos ou, plutôt, paraît en repos (PI, 351 ; *Disc.*, § XXI).

Plaçons-nous maintenant *en un instant* du mouvement. Une substance seule au monde – hypothèse contradictoire –, n'ayant aucune multiplicité ou variété à exprimer, serait privée de perception, donc de souvenir, et tout se passerait comme si elle n'avait ni présent, ni futur : son *conatus* serait celui d'un mouvement rectiligne uniforme. En ce cas, l'instant ne renfermerait aucun principe de variété : dans ce temps mort, une abstraction de géomètre, il n'y aurait aucune différence entre un instant et un autre, et nous retrouverions toujours le même vecteur-conatus, à savoir : la même vitesse. Ce cas est, en définitive, celui de la mécanique de Descartes qui compose le temps d'« unités répétées », d'instants discontinus, en sorte que Dieu seul peut assurer le passage d'un instant | à l'autre : ce qui revient à priver la substance de force et conduit droit, par l'occasionalisme, au spinozisme (*Théod.* III, § 383). Mais la substance n'est pas seule au monde : l'Entéléchie exprime une courbe préétablie et est douée, pour ainsi dire, de mémoire et de pressentiment; dès lors, son *conatus* devient celui d'un mouvement curviligne infiniment varié, car il exprime une infinité de substances infiniment diverses. Cette fois, l'instant renferme un principe de variété; c'est un temps vif lié à la spontanéité des substances; ce n'est plus un indivisible indifférent à la position, uniformément répétable comme une unité numérique, c'est une différentielle: *dt* et non *t*. Le *conatus* devient alors une différence infinitésimale de vitesse, c'est-à-dire une accélération. Entre deux instants successifs, il n'y a plus discontinuité, indépendance, mais, au contraire, la substance garde les traces de ses instants antérieurs et porte le pressentiment de ses instants ultérieurs.

Que l'on précise l'analyse pour mieux entendre cette dépendance existentielle du passé au futur. À ne considérer que vitesses embryonnées, on risquerait de revenir à cette loi purement géométrique de la composition des *conatus*, que Leibniz s'accuse d'avoir défendue dans la *Theoria Motus* de sa jeunesse (P VII, 305); on risquerait de n'obtenir qu'une phoronomie. Mais on sait que le *conatus* est concréé (P II, 368) avec une matière et qu'il en est inséparable. Prise seule, cette matière ne donnerait que la masse étendue. Son union au *conatus* fait la masse physique. Il faut donc concevoir ensemble cette masse et le vecteur du *conatus* qui lui est associé: et l'on conçoit ainsi l'idée d'élan, d'*impetus*. L'*impetus*, c'est la masse jointe à la vitesse embryonnée, à la puissance motrice primitive. Il y a, par conséquent, dans tout système, 1) une masse, force passive, dont l'inertie est conservation du passé, mémoire; 2) un *impetus*, force active, dont la tendance est impatience du futur, pressentiment. Cette inertie subsisterait même sans pesanteur (NE II, IV), et, alors que la pesanteur est la même pour tous les corps, leur masse les distingue (*Théod.*, § 30). Cet *impetus*, somme algébrique des *conatus*, engendrera l'action si rien ne l'en empêche.

Un obstacle l'empêche-t-elle ? Cela a lieu dans l'équilibre. Voici alors une puissance qui n'accomplit aucun travail, une *puissance morte*. Tout paraît en repos. En fait, l'entéléchie, le

237 | *conatus*, étant intermédiaire entre la puissance nue de l'École et l'action, la substance corporelle ne cesse pas plus d'agir que la substance spirituelle (P IV, 470); et « je crois que la force est toujours accompagnée d'une action et même d'un mouvement local qui y puisse répondre » (*ibid.,* 59). Sous l'apparence du repos, les masses infinitésimales sont animées de vitesses infinitésimales. Mais comme des vitesses infinitésimales se confondent avec des espaces infinitésimaux, le travail de chaque masse – et, par suite, la somme arithmétique de tous les travaux infinitésimaux – s'exprime par une formule de la forme mv.

L'obstacle supprimé, l'*impetus* va se déployer en impétuosité ou *force vive*. Ce déploiement est progressif. Il est clair qu'au premier instant infinitésimal, lorsque le corps « fait son premier effort pour descendre sans avoir encore acquis aucune impétuosité par la continuation du mouvement », la vitesse est encore infinitésimale et se confond encore avec l'espace parcouru par la masse totale : l'estime du travail est toujours exprimable par mv, en sorte que la puissance, en ce premier instant, peut être mise au même rang que la puissance morte (P II, 80). Il est clair, d'autre part, que, quel que soit le mouvement, soit varié, soit uniforme, qui s'engendre, son commencement ne peut être qu'un mouvement accéléré. L'*impetus*, c'est-à-dire l'impétuosité retenue d'un corps en équililibre, ne pouvait être défini que par une somme algébrique de *conatus* : dans un système invariant, il n'y a pas de variable. Au contraire, en donnant naissance à une impétuosité progressive – ne fût-ce que pendant le temps nécessaire à établir un mouvement uniforme –, l'*impetus* libéré met en jeu une variable, la vitesse : dès lors, la sommation des *conatus* n'est plus une somme algébrique, mais une intégration, et l'on comprend alors que Leibniz puisse écrire : *conatus pars infinitesimalis vis vivae.*

Considérons le mouvement constitué. Dans le mouvement uniforme, l'accélération s'annulant, l'intégration des *conatus* donne une vitesse constante. Qu'on le comprenne bien : dans l'esprit du leibnizianisme et de l'analyse infinitésimale, le zéro d'accélération n'est pas une quantité nulle, mais s'annulant, une limite : d'un pur néant qui n'envelopperait pas de variable, on ne saurait tirer aucune possibilité d'intégration. Au fond, nous parlons de zéro parce que « la trop grande | multitude des **238** compositions infinies fait à la vérité que nous nous perdons enfin, et sommes obligés de nous arrêter dans l'application des règles de la Métaphysique, aussi bien que dans les applications des Mathématiques à la Physique […] » (P IV, 569). Mais, avec une sûreté d'intuition qui fait l'admiration des mathématiciens, Leibniz a démontré qu' « on ne peut être induit en erreur, puisqu'il suffit de substituer à un infiniment petit une quantité, aussi petite qu'on voudra, pour que l'erreur soit moindre que toute quantité donnée, d'où s'ensuit que l'erreur ne peut être donnée » (P II, 305). Lorsque la vitesse est constante, les instants se répètent sans offrir rien de distinguant ; le mouvement se développe à la manière d'une progression arithmétique où l'intervalle entre deux termes consécutifs conserve, quel que soit leur rang, une valeur constante. Par suite, à intervalle égal, travail égal. Dans cet équilibre mouvant, la quantité d'action, proportionnelle au temps, se mesure par la formule *mvt*, où l'on voit aussitôt qu'*mv* se conserve.

Au contraire, le mouvement uniformément varié se développe à la manière d'une progression géométrique où l'intervalle entre deux termes consécutifs est déterminé par leur rang. Cette fois, la vitesse n'échappe plus au temps ; d'instant en instant, elle intègre une accélération constante ; elle est le produit, par le temps, de cette accélération. On sait alors que ce qui se conserve dans l'*action motrice* n'est plus *mv*, mais mv^2. Après – nous l'avons vu – l'avoir prouvé *a posteriori* en s'appuyant sur l'égalité de l'effet entier à la cause entière et sur la loi galiléenne de la chute des corps (le mobile devant acquérir par la hauteur de chute la force même qui le remonterait à cette hauteur), Leibniz, vers 1689, croit[1] en découvrir une démonstration *a priori* :

> Voici mon argument : dans les mouvements uniformes d'un même corps : 1) l'action de parcourir deux lieues en deux heures est double de l'action de parcourir une lieue en une heure (car la première action contient la seconde précisément deux fois) ; 2) l'action de parcourir une lieue en une heure est double de l'action de parcourir une lieue en deux heures (ou bien les actions qui font un même effet sont comme leurs vitesses). Donc : 3) l'action de parcourir deux lieues en deux heures | est quadruple de l'action de parcourir une lieue en deux heures. Cette démonstration fait voir qu'un mobile recevant une vitesse double ou triple, afin de pouvoir faire un double ou triple effet dans un même temps, reçoit une action quadruple ou noncuple. Ainsi les actions sont comme les carrés des vitesses (P III, 60).

239

Qu'un choc arrête brusquement le mouvement, l'action motrice se consume *en un instant* sous forme de force vive. La force vive a donc même formule que l'action motrice : mv^2, mais elle se rapporte à l'instant et non à la durée. Car :

> dans une heure, il y a autant d'action motrice dans l'univers, qu'il y en a en quelque autre heure que ce soit. Mais dans le moment même c'est la même quantité de la force qui se conserve. Et en effet l'action n'est autre chose que l'exercice de la force, et revient au produit de la force par le temps (*ibid.*).

Ainsi, les cartésiens « ont pris un *qui pro quo*, en prenant ce qu'ils appellent la quantité de mouvement pour la quantité de

---

1. Cf. Guéroult, *op. cit.*, chap. V ; P. Costabel, *Leibniz et la dynamique*, Paris, Vrin, 1960.

l'action motrice » (*ibid.*). Est-ce à dire qu'il faille tout en
rejeter ? Non, mais ils n'ont aperçu qu'une part de la vérité. Si
nous nous donnons par différentiation un instant quelconque,
dt, d'un mouvement uniformément varié, la différentiation
correspondante de l'action motrice $\frac{1}{2} mv^2$ – selon la formule
actuelle – nous ramène à la quantité cartésienne *mv*. La conservation d'*mv* n'est qu'un cas particulier ou, mieux, un cas limite
de la conservation d'*mv²*. La statique ne contredit pas la dynamique. Du reste, ne suffit-il pas de faire tendre l'accélération
vers zéro pour passer des équations du mouvement uniformément varié à celles du mouvement uniforme ? Le principe
de continuité, dont Leibniz s'enorgueillit d'avoir fait la première mention dans les *Nouvelles de la République des Lettres*
(juillet 1687), assure l'unité de la science : « Pour ce qui est des
lois du mouvement, sans doute les règles de la statique sont
bien différentes de celles de la percussion ; mais elles s'accordent dans quelque chose de général, savoir dans l'égalité de la
cause avec son effet » (P I, 393). En s'appuyant sur cette égalité,
sur la conservation de l'action motrice et en supposant les
corps élastiques, Leibniz peut corriger les lois cartésiennes de
la percussion (*Animad*, Pars II, § 45-52 ; P IV, 375-360) et même en
faire voir aux yeux l'incohérence à l'aide d'un graphique (*ibid.*,
§ 53 ; P IV, | 381-382) : car, « à partir des règles de Descartes, on **240**
ne pourrait mener une ligne continue de la variation des effets
répondant à la ligne continue de la variation de l'hypothèse : et
la délinéation montrerait des choses tout à fait monstrueuses et
contraires […] à la loi de continuité » ; « d'où apparaît aux yeux
l'inconsistance ou plutôt l'impossibilité » de la délinéation
cartésienne (*ibid.*). Malebranche lui-même devait se rendre à
l'évidence.

Les substances composées

Les lois du mouvement fondent l'apparence des corps. Ces lois sont fondées elles-mêmes sur l'activité de substances dont chacune est un monde à part. En ce sens, donc, les corps sont des phénomènes réels. Mais en ce sens aussi, leur unité, leurs liaisons – qu'elles résultent de la confusion des sens ou de rapports posés par notre entendement – seraient (ou pourraient n'être que) l'œuvre du percevant (P II, 435, 517). Sans doute, « les corps seraient-ils de purs phénomènes, il ne s'ensuivrait pas que les sens nous trompent » (*ibid.,* 516), puisque la vérité des phénomènes ne consiste qu'en leur accord comme les vérités intelligibles le demandent (NE IV, II, § 14, IV, § 5). Bien mieux, fussè-je seul au monde selon les conclusions du solipsisme, « l'ordre perçu montrerait la sagesse divine » (P II, 516). Mais l'idéalisme absolu est infiniment improbable (NE IV, II, § 15). Il faut passer au réalisme et, pour cela, substantialiser les phénomènes (P II, 495), poser quelque lien substantiel (*vinculum substantiale*) qui donne une réalité *hors de nous* à leur composition même. Une union réelle (*unio realis*) est exigée pour que les corps, substances composées, soient des composés véritables (*unum per se*) et non de simples agrégats (*unum per accidens*) comparables à un tas de pierres (*ibid.,* 457); pour que notre connaissance du monde ne s'arrête pas à la congruence sensible (*ibid.,* 435-436). Sans une pareille union, chaque monade étant un point métaphysique, la continuité – fondement de la Dynamique – serait difficilement explicable : comment naîtrait-elle de points (P II, 517)? « La continuité réelle ne peut naître que du lien substantiel » (*ibid.*).

Mais l'embarras commence – c'est une des difficultés centrales du leibnizianisme – lorsqu'on veut définir la nature de ce lien. Le plus clair est sans doute de faire progresser 241 | l'enquête successivement sur trois plans : 1) le plan des apparences ou sensations; nous n'y saisissons que des signes,

des consécutions empiriques, en un mot la matière des définitions nominales; nous n'y trouvons que des parties et des
composants; 2) le plan des monades qui, selon les lois d'expression, se projettent sur le plan des apparences sensibles; nous y
atteignons les essences et les liaisons logiques, par suite les
définitions réelles; et cette connaissance rationnelle nous
élève des composants au *composé*; 3) enfin, le plan du *compo-
seur* (si l'on peut dire), celui des liaisons, non plus logiques,
mais réelles où, par delà la connaissance rationnelle au niveau
de la raison des choses, nous débouchons sur le mystère. En
ces trois plans qui correspondent à peu près au nominalisme,
à l'idéalisme et au réalisme, il est certainement permis de
reconnaître les degrés de l'évolution de Leibniz, depuis ses
promenades, à 15 ans, dans le petit bois de Rosenthal, jusqu'à
l'époque de sa Correspondance avec Des Bosses.

Partons du plan des apparences. Nous y voyons des
agrégats: un tas de pierres, un troupeau, une armée, etc. Vus
de plus près, ces agrégats se manifestent à leur tour comme
agrégats d'agrégats: nous discernons les grains de la pierre, les
organes et les cellules d'un animal, etc. Ce qui caractérise
l'agrégat est la juxtaposition spatiale. Mais cette juxtaposition
pourrait être autre. Il n'y a là qu'une unité par accident (*unum
per accidens*). Cependant, nous sentons une grande différence
entre l'unité purement locale d'un tas de pierres et l'unité d'un
organisme (P II, 457). En cette dernière, le tout est apparem-
ment davantage qu'une somme de parties. Elle est *unum per se*
et exprime donc quelque chose de substantiel. Traduisons
cette différence en parlant de *substantié* ou *substantiat* (*sub-
stantiatum*). Nous dirons que, sur le plan des phénomènes, le
substantié est un agrégat, mais un agrégat organisé. Maintenant, où marquer les limites de l'organisation? Un homme,
une bête, une plante ont droit incontestablement au titre de
substantiés: si nous en faisions l'analyse, nous les trouverions
à l'infini composés de corps organiques. Parfois nous hési-

tons : « de l'ambre gris il n'apparaît pas assez s'il relève du
règne minéral, végétal ou animal » (Cout *Op*, 445). Il semble
exister des espèces

242

> qui ne sont pas véritablement *unum per se* (c'est-à-dire des
> corps doués d'une véritable unité, ou d'un être indivisible qui
> en fasse le | principe actif total) non plus qu'un moulin ou une
> montre le pourraient être. Les sels, les minéraux et les métaux
> pourraient être de cette nature, c'est-à-dire de simples contex-
> tures ou masses où il y a quelque régularité (NE III, VI, § 24).

Mais, en définitive, un bloc de marbre est « comme un lac plein
de poissons » (P II, 101), ou, « bien que le pain et le vin ne soient
pas des vivants, cependant ils sont des agrégats de vivants, et
les liens substantiels de chacun des vivants en composition
composent la substance » (*ibid.*, 482). Tout est organisé. Néanmoins, pour fixer le vocabulaire, l'*agrégat* désigne l'unité
locale, le rapport de tout à parties, l'*unum per accidens*; le
substantié, l'unité d'organisation, le rapport de composé à
composants, l'*unum per se*.

Agrégat ou substantié, « le corps organisé n'est pas le
même au delà d'un moment; il n'est qu'équivalent » (NE II,
XXVII, § 6); « C'est à peu près comme le navire de Thésée, que
les Athéniens réparaient toujours » (*ibid.*, § 4; P II, 370) ou
comme les habits superposés d'Arlequin (P VII, 530). Les composants sont bien des conditions – des *réquisits* – du composé,
mais seulement des réquisits *pro tempore* (P II, 120, 435). Dès
lors, il importe de prendre garde dans l'attribution, si l'attribut
s'applique à un agrégat, une partie, ou à une substance simple :
« Des attributs, les uns se disent aussi bien du tout que des
parties : que l'armée se soit établie dans la plaine de Marathon
est vrai aussi de chacun des soldats. D'autres ne se peuvent
dire que du tout : l'armée est de 30000 hommes, elle est
disposée en lunule »; ces prédicats n'exigent pas que l'on
considère la multitude comme une et, en fait, l'armée ne reste

pas la même un seul moment car il n'y a en elle rien de réel qui ne résulte des parties ; au contraire, ce qui fait l'unité d'un être humain a des attributs qui impliquent perception et appétition (Grua 323). Il nous faut donc passer sur le plan des monades puisque nous cherchons ce qu'est l'unité de la substance composée.

Sur le plan des monades, l'organisation se retrouve en hiérarchisation. Une monade dominante – ou dominatrice (P II, 486) – par suite de sa perfection relative « fait le centre d'une substance composée et le principe de son unicité » (P VI, 599) ; elle la fait une (*unam facit*, P II, 252). Purement qualificatif et fonctionnel, le tout du substantié monadique ne peut évidemment consister en une juxtaposition ou somme | de monades : **243** « on ne doit pas plus dire que les monades sont des parties des corps, qu'elles se touchent, que leur juxtaposition fait les corps, qu'il n'est permis de le dire de points et d'êtres animés » (*ibid.*, 436). Une monade ne saurait être une partie ou ingrédient du substantié monadique, à moins que l'on n'emploie ces termes – comme le fait Leibniz dans sa *Correspondance* avec Arnauld (P II, 119) – en pensant à la projection sensible du substantié. L'oreille ne fait pas plus partie de l'audition que le piano ne fait partie de la sonate. Du reste, les monades ne constituent pas des unités identiques qui permettent une addition. Ce serait une lourde faute que de confondre le tout du substantié monadique avec la somme de ses réquisits : « l'agrégat se résout en parties, non la substance composée qui seulement exige des parties composantes, mais n'en est pas essentiellement constituée, autrement ce serait un agrégat » (*ibid.*, 517, 516). Tout et parties d'*un agrégat* s'impliquent réciproquement, mais les monades pouvaient n'être pas composantes, c'est-à-dire ne pas former un tout substantiel. Des monades à la substance composée, il faut un lien synthétique, ce que Leibniz exprime en répétant que le *vinculum substantiale* est *surajouté* par Dieu. Ce n'est qu'après la création de la substance composée que l'on retrouve – car elle n'était créable que par la compossibilité de ses substances – la réciprocité analytique qui permettrait de lire dans une monade à quel corps elle appartient (*ibid.*, 474). Dieu n'était pas contraint à produire ce compossible. Le lien synthétique est un acte de création contingent. Une substance composée est même doublement contingente : ses monades auraient pu n'être pas créées ; leur liaison aurait pu ne pas avoir lieu ou être différente. D'ailleurs, Dieu garde le pouvoir absolu d'annihiler ou de créer : Leibniz, nous l'avons vu, soutient en général que si les formes qui ne pensent point ont été créées avec le monde, les âmes raisonnables sont créées dans la suite des temps (PII, 117 ; 370). On comprend donc que les monades soient, non seulement pour les sens, mais même essentiellement, des réquisits *pro tempore*. Ce qu'on peut montrer autrement.

Une infinité de triangles peuvent coïncider par un de leurs sommets : ainsi, une infinité de points occupent la même place sans que cette place soit agrandie ; rien ne s'oppose à ce que des **244** points, en série continue infinie, « apparaissent, | disparaissent, ou du moins coïncident ou soient posés dans une extériorité réciproque, sans augmentation ni diminution de matière ou d'étendue, puisqu'ils n'en sont que des modifications, c'est-à-dire non des parties, mais des limites » (*ibid.*, 370). On n'a pas oublié qu'un point est la limite d'un triangle caractéristique. On peut par conséquent admettre par analogie que de nouvelles monades ne changent rien aux phénomènes, d'autant que Dieu, les prévoyant, a déjà préordonné les autres en fonction d'elles (*ibid.*, 371).

Au résumé, 1) les monades sont essentiellement des réquisits *pro tempore* ; 2) elles peuvent changer sans que change le phénomène ; 3) le substantié monadique lui-même est un être intermédiaire entre substance et modification : de la substance simple il a l'*unum per se* qui fait défaut aux modifications ;

contrairement à la substance, il peut naître ou périr, comme les modifications (P II, 459). Il doit, nous le verrons, ce rôle d'intermédiaire à l'union des substances simples, d'où résulte la matière seconde qui lie la force primitive (facteur de substantialité) à la force dérivative (facteur de phénoménalité).

Non ingrédients ou parties, connaturelles mais non essentielles au substantié (*ibid.,* 482), les monades se renouvellent *paulatim et particulatim* (*ibid.,* 519) sans que change le composé. À une condition pourtant : que subsiste la monade dominante. Elle seule échappe au flux perpétuel (*ibid.,* 482) : « Il n'y a de substance composée – c'est-à-dire constituant vraiment un *unum per se* – que là où est une monade dominante avec corps vivant organique » (*ibid.,* 486). Prise avec l'entéléchie du composé de laquelle, à moins d'un miracle, elle est inséparable, cette monade contient la forme substantielle de l'animal (*ibid.,* 519). Et comme l'animal – entendez : l'âme jointe au corps organique, réductible à un point vivant, de l'emboîtement des germes, bref, une monade organique – se trouve indestructible, les vraies substance composées ne périssent qu'en apparence : « car, je l'ai dit souvent, non seulement l'âme, mais l'animal aussi demeure » (*ibid.,* 516). Principe d'organisation, la monade dominante est, pour parler avec Claude Bernard, une « idée directrice » dont le finalisme n'exclut pas le mécanisme, puisque tout est réglé dans l'animal ainsi que dans un automate.

Cependant, si cette monade « exprime » une organisation, | elle ne la « réalise » pas. Elle est bien le principe de son **245** unicité, mais principe « idéal », étant concomitante et non communicante avec les autres monades. Elle en fonde bien l'unité, mais l'unité phénoménale. Une monade n'est jamais que le miroir ou l'écho des autres ; « la domination et la subordination des monades, considérées dans les monades elles-mêmes, ne consistent qu'en degrés de perceptions » (*ibid.,* 451). Dès lors, il suffirait que ces degrés de perceptions fussent dans les mêmes rapports pour que, même sans union ou lien substantiel, les apparences fussent sauves (*ibid.,* 435-436). Pour préciser, considérons d'abord une simple coexistence de monades sans monade dominatrice ; les résultantes de leurs forces primitives engendrant les forces dérivatives de la matière seconde, c'en est assez pour obtenir des phénomènes. Mais des phénomènes mouvants. Les apparences se feraient et se déferaient comme nuées sans consistance ; nous n'observerions pas de corps stables si les monades ne s'organisaient en systèmes qui garantissent une permanence. La résultante des forces primitives qui entrent en un tel système est la force dérivative qui constitue le tout, comme la résultante des forces individuelles donne la force d'une armée ; et de même que la force d'une armée, étant quelque chose d'autre et de plus qu'une simple somme de forces individuelles, peut être prise, en elle-même, comme une puissance première qui se diversifiera dans le choc des batailles, de même, bien que dérivée des forces primitives des monades, la puissance du tout devient l'entéléchie première *du composé*, la force active primitive qui, combinée avec celle des autres corps, produira les forces dérivatives *des composés*. Pas plus qu'un général ne triomphe de l'ennemi par sa force individuelle, la monade dominante ne « réalise » le phénomène, mais c'est l'entéléchie première du composé qui le réalise : la substance composée *differt a Monade, quia est realizans phaenomena* (*ibid.,* 519). Pas davantage, la monade dominante n'est le lien substantiel : et Leibniz, pour montrer la possibilité de la Transsubstantiation catholique – que, pour sa part, il n'admet pas (*ibid.,* 390) –, soutient que les apparences du pain et du vin ne changeraient pas si Dieu, surnaturellement, remplaçait leur lien naturel par le lien substantiel du corps du Christ. Il résulte de tout cela que, selon le cours naturel, la monade dominante est à la fois le **246** signe du *vinculum substantiale* qui, seul, fait l'unité *réelle* | du composé, et l'expression du composé monadique lui-même.

Comme expression du composé, elle est source de l'intelligibilité du phénomène. Elle n'est pas la source de la réalité en soi du composé. Il nous faut en venir au plan des liaisons réelles.

Nous devrions ici distinguer de l'*union* réelle entre l'âme et le corps, le *vinculum substantiale* entre monades de la « machine » corporelle. L'union est indestructible : elle lie l'âme au corps élémentaire, au point vivant invoqué par Leibniz dans le problème de la résurrection. Le *lien substantiel* concerne l'unité du corps qui se développe et s'enveloppe, celui dont les monades-réquisits se renouvellent comme l'eau du fleuve ; il en assure la structure et la continuité de la masse. Dans les deux cas, il s'agit de substance composée : élémentaire, avec l'union (Cout *Op,* 13) ; complexe, avec le *vinculum*. La différence importe peu à notre recherche actuelle : découvrir la réalité du lien qui fait le composé.

Car il faut, outre les monades, quelque substantiel qui fasse l'unité du composé. Substantiel ? C'est-à-dire qui soit non simple modification, mais source de modifications (P II, 54). Or, ce lien substantiel ne saurait être tiré des monades. Il ne peut en être la somme. Il ne peut en être non plus un accident ou une modification quelconque : une modification n'est pas un substantiel ; de plus, elle est « essentiellement liée (*connexa*) à ce dont elle est la modification » (*ibid.*), et nous savons que la substance composée n'est pas essentiellement constituée par les monades, ses réquisits *pro tempore* (*ibid.,* 518) ; enfin, « si le lien substantiel était un accident ou un mode, il ne pourrait être en même temps dans plusieurs sujets » (*ibid.,* 481). Inversement, les monades ne peuvent être un accident, un mode, une modification du lien substantiel : concevables sans *vinculum*, elles ne sont pas contenues en lui analytiquement, essentiellement, il n'y a pas là une nécessité absolue ou métaphysique (*ibid.,* 516, 517) ; ensuite, le mode est logiquement postérieur à la substance, or l'antériorité appartient aux monades, le simple est antérieur au composé. Ainsi, ni les monades ne peuvent être le sujet du *vinculum*, ni le *vinculum* le sujet des monades. Il ne reste qu'une ressource : faire du *vinculum* le sujet, non pas des substances, mais du substantié, non pas des composantes mais du composé même. On se souvient que le substantié est intermédiaire entre la substance et la modification. | Ce qui se trouve uni par le lien substantiel, ce sont les forces passive (masse, antitypie) et active (entéléchie) affectées une fois pour toutes à chaque monade. Ce qui *résulte* (*ibid.,* 495) de cette union est le substantié (*ibid.,* 435, 510), ou matière seconde du composé « avec forces dérivatives, actions, passions, qui ne sont que des êtres par agrégation, donc semi-mentaux, comme l'arc-en-ciel et autres phénomènes bien fondés » (*ibid.,* 306) : de telles forces sont accidentelles (*ibid.,* 517). Nous avons là, avec le *vinculum*, la permanence d'un sujet qui rend réel, substantialise le substantié monadique et devient source de modifications. Entre (si l'on peut dire) le phénomène et le *vinculum* il y a le substantié monadique, un peu comme, chez Kant, entre la sensibilité et la raison, il y a l'entendement ; et, de même que la raison n'est pas directement en rapport avec l'expérience, de même le *vinculum* n'est pas directement en rapport avec le phénomène. Le *vinculum* est source de modifications pour le substantié monadique dont, à leur tour, les modifications deviennent source des modifications phénoménales. Dès lors, les forces dérivatives, actions, passions, sont réelles si on les rapporte aux modifications du substantié monadique, semi-mentales si l'on n'en considère que les manifestations sensibles.

Mais il ne suffit pas de dire que le *vinculum* est sujet du substantié monadique pour comprendre comment il est source de modifications. Nous sommes seulement prévenus qu'il ne peut être source de modifications *que pour le composé* (*ibid.,* 503, 486, 495…) dont il est la forme substantielle (*ibid.,* 435, 504) et comme l'essence (*ibid.,* 516). Mais il ne modifie pas les monades dont il ne change en rien les lois (*ibid.,* 495, 517). D'où tient-il son pouvoir ? La seule force que nous connaissons –

abstraction faite de la puissance divine – est l'appétition ou *conatus* des monades. Or, loin que le *vinculum* agisse sur les monades, ce sont elles, à l'inverse, qui influent sur ce « réalisant » (*ibid.*, 495); tout son pouvoir de modifications, il le tient d'elles; il en dépend (*ibid.*, 458, 517) non pas essentiellement – puisqu'il n'est pas contenu essentiellement en elles – mais naturellement. Cette influence (*influxus*) des monades doit être possible, sinon il n'y aurait pas de raison pour que l'on puisse dire que le *vinculum* en est le lien (*ibid.*). Il faut ici, avec Leibniz, s'aider d'une comparaison : la substance composée est l'écho des monades (*ibid.*, 517), le | *vinculum* est source **248** de modifications à la manière de l'écho (*ibid.*, 504). Dans le phénomène d'écho nous avons : 1) des émetteurs de sons : les monades; 2) une paroi réfléchissante : le *vinculum*; 3) l'écho : les modifications *du composé*. Ni l'écho, ni la paroi n'agissent sur les émetteurs : ainsi est respectée l'indépendance des monades. Au contraire, l'écho dépend des émetteurs, il changera selon les voix : ainsi les modifications du composé dépendront des monades, ses réquisits *pro tempore*. Mais il dépend aussi de la paroi et variera avec sa forme : ainsi comprenons-nous que les corps diffèrent naturellement d'espèce selon le *vinculum*. Cette paroi n'est évidemment pas une modification des émetteurs, elle existe par elle-même, elle agit (*ibid.*, 503) – par là l'écho peut être le fondement d'autres échos (*ibid.*, 519) : ainsi le *vinculum*, réalité substantielle rendant l'écho (*Echo reddens*), est principe d'action (*ibid.*, 503). Cependant, l'écho n'est pas nécessaire et Dieu le pourrait supprimer : les monades pourraient exister sans lien. Enfin, il ne semble pas impossible, par une variation des courbures de la paroi réfléchissante, d'obtenir un même écho à partir de voix différentes : de même il n'est pas impossible qu'un changement, mais, cette fois, surnaturel de *vinculum* ne change pas les phénomènes, ce qui se produirait dans la Transsubstantiation.

Il reste une difficulté : la métaphore ne nous explique point la nature de la paroi; nous ignorons toujours en quoi le *vinculum* consiste. Nous savons seulement qu'il met en relation les monades du composé. Or,

> les ordres ou relations qui joignent deux monades ne sont ni dans l'une ni dans l'autre, mais en même temps également dans les deux, c'est-à-dire véritablement dans aucune, mais dans le seul esprit; on ne comprend pas cette relation si l'on n'ajoute quelque lien réel, c'est-à-dire substantiel, qui soit sujet des prédicats et modifications communs joignant ensemble les monades (*ibid.,* 517).

Le *vinculum* est l'un dans le multiple, l'unité dans la multiplicité. Cette définition est celle de la relation (Grua 13), de l'harmonie (*ibid.,* 12), comme du genre, de l'espèce ou de l'universel (P II, 317); elle est la réciproque de la définition – la multiplicité dans l'unité – de la monade et de la perception. Ainsi, tandis que la monade – particulièrement l'âme de l'animal – concentre dans une parfaite unité tout ce que la machine corporelle a dispersé dans la multitude (NE III, VI, | § 24), le *vinculum* fait l'unité de la multiplicité des monades, elles-mêmes. Tandis que la monade est l'écho des externes, le *vinculum* est l'écho des monades (P II, 517). Cela veut dire que, tout en étant principe d'action, le *vinculum* est dénué de perception, donc d'appétition et que, pour en pénétrer la nature, on doit le reporter à l'essence spécifique.

L'espèce est pour l'esprit une possibilité de ressemblance (NE III, VI, § 312). Des individus sont semblables lorsque, considérés séparément, on ne peut les distinguer l'un de l'autre (Cout *Op,* 348), ce qui les rend substituables (*ibid.,* 362). Il suffit, pour déterminer une espèce physique ou chimique, de retrouver les mêmes corps par synthèse après l'analyse, et, pour une espèce biologique, de suivre la génération à partir de la même semence (NE, § 14). Tout cela est d'expérience. Encore avons-nous à savoir si le phénomène est fondé et si la ressemblance ne se ramène pas à une confusion. En effet, en vertu du principe des indiscernables, chaque individu est unique, seul de son espèce, *species intima*; il n'y a de similitude totale qu'*in abstractis* (Cout *Op,* 520). Il faut bien cependant que la ressemblance soit fondée sur quelque chose de réel qui fasse la communauté des prédicats joignant ensemble les monades, car « la monade exprimant toujours en elle ses relations à tout le reste, elle percevra tout autre chose lorsqu'elle sera dans un cheval que lorsqu'elle sera dans un chien » (P II, 457); et l'on ne comprendrait pas autrement que les monades, sauf la dominante, d'une substance composée soient réquisits *pro tempore*, c'est-à-dire substituables. Force est donc d'avouer que l'espèce est une essence intérieure (NE, § 15), une forme (*ibid.,* § 30): rien n'empêche « les choses d'avoir des essences réelles indépendamment de l'entendement, et nous de les connaître » (*ibid.,* § 29, 39). Indépendamment – doit-on lire – de *notre* entendement. Mais, même pour Dieu, une essence est affaire d'entendement, et son entendement est analogue au nôtre; la perception, même divine, d'une ressemblance ne crée pas cette ressemblance, elle la suppose, et il serait contradictoire que ce fondement apparût puisque, à peine apparu, cette nouvelle perception exigerait un autre fondement. Ainsi, l'idée de ressemblance constitue effectivement en Dieu l'essence de l'espèce; cependant, comme « l'unité de la substance corporelle en un cheval ne naît d'aucune réfraction de monades, mais du lien substantiel surajouté, par | lequel rien n'est **250** d'ailleurs changé dans les monades elles-mêmes » (P II, 450), le fondement dernier de l'essence, *en tant qu'elle est réalisée dans une existence actuelle*, réside dans le *vinculum*.

Ce *vinculum* n'est pas une âme: nulle monade, même dominante, ne le contient. Il n'a donc ni la perception, ni l'appétition des monades. Nous ne saurions par conséquent – puisque tout esprit est monade – former aucune idée de sa force liante. Nous ne pouvons la concevoir ni par analogie avec l'expérience intérieure de l'appétition, comme nous le faisons pour les forces naturelles, car ce n'est pas une appétition monadique, ni à partir de ses effets, puisque rien ne serait changé aux phénomènes s'il n'existait pas. De l'appétition et de la perception, on ne tirera jamais que des phénomènes (P II, 481). Dira-t-on que nous avons tort de vouloir former une *idée* du *vinculum* surajouté par Dieu? Qu'il s'agit d'une relation et qu'une relation n'est pas un terme? Convenons que nous n'avons d'idées que des termes. Qu'y gagnons-nous? Rien. Par cela seul qu'une relation est pensée, elle est d'entendement, idéale. Le *vinculum* transcende toute relation pensable, car, s'il est une relation, c'est urne relation réalisante (*realizans*). Nous ne sommes pas créateurs. Nous pouvons bien, dans une essence, découvrir les rapports d'un composé donné, mais non point les rapports donnant le composé, les rapports créés, mais non les rapports créateurs. Nous abstrayons. Dieu n'abstrait pas. Et même nos idées innées sont *a posteriori* en ce sens qu'elles sont en nous d'après la Création. Si nous convenons avec Dieu dans les mêmes rapports, lorsque nous connaissons la vérité, du moins demeure-t-il que l'idéalité de ces rapports présuppose en nous le réel: en Dieu, elle le fonde (NE II, XII, § 3; Grua 396-397, 554-555). Ainsi, le *vinculum*, lié aux existences, est un Mystère de la création.

Et déjà, peut-on presque dire, en Dieu même. Car, n'ayant pas créé les vérités éternelles, il ne peut que constater la compossibilité sans laquelle un composé serait impossible. De plus, bien que soumise ou, plutôt, parce que soumise à son entendement, sa volonté enferme une puissance irrationnelle: l'Amour. Il y a dans la Création une surabondance d'être qui veut manifester sa gloire. La cohésion d'un corps exprime l'unité logique d'une compossibilité, d'une harmonie – tout est concourant dans un organisme comme dans l'univers 251 | (Cout *Op*, 14) –, mais elle exprime aussi l'attachement de Dieu à soi (qu'on se rappelle la *Confessio* de 1668). Pour nous, l'unité réelle de la substance composée ne saurait être qu'un mystère. Non seulement nous ignorons pourquoi tels corps existent plutôt que d'autres – car leur raison formelle nous échappe (Grua 304) – mais encore notre limitation nous engage dans le sensible. Dès lors, point de pensée qui n'ait besoin de quelque signe. La foi même, sur laquelle Malebranche veut assurer notre croyance à l'existence des corps, demeure « appuyée sur la déposition des sens » (*ibid.,* 231). Il en résulte que nous ne parlons jamais des choses incorporelles que par analogie avec les choses corporelles. Par exemple, sachant ce qu'on appelle la présence ou l'action d'un corps sensible, nous essayons d'appliquer ce savoir à la présence et à l'action de l'âme ou de Dieu. Sans doute cette analogie exprime-t-elle quelque vérité; pourtant, à la prendre à l'image, nous serions dupes d'illusions. Le *vinculum* et l'union sont un mystère parce que nous ne pouvons pas comprendre l'action immédiate de Dieu par analogie avec notre expérience, soit externe, soit interne. Nous pouvons par analogie avoir une idée des forces physiques en référant à notre volition ou à notre appétition : c'est que les unes et les autres sont d'expérience et de nature. Mais à l'égard de l'action surnaturelle de Dieu l'analogie devient illégitime. C'est ce que Leibniz explique au P. Tournemine au sujet de l'union de l'âme et du corps. Le système de l'harmonie préétablie n'a qu'une supériorité *logique* sur la doctrine cartésienne : il n'explique pas mieux la *réalité* de cette union. Cette union métaphysique n'est pas un phénomène et on n'en a pas même donné une notion intelligible. À peu près comme de la présence :

> après avoir conçu une union et une présence dans les choses matérielles, nous jugeons qu'il y a je ne sais quoi d'analogique dans les immatérielles : mais tant que nous ne pouvons pas en concevoir davantage, nous n'en avons que des notions obscures. C'est comme dans les mystères, où nous tâchons

aussi d'élever ce que nous concevons dans le cours ordinaire des Créatures à quelque chose de plus sublime qui y puisse répondre par rapport à la Nature et à la Puissance divine, sans y pouvoir concevoir rien d'assez propre à former une définition intelligible en tout [...]. Il y a quelque chose de plus que des simples mots, cependant il n'y a pas de quoi venir à une explication exacte des termes (P VI, 596).

252 Le | *vinculum* et l'union restent inconnaissables parce qu'ils résultent, non pas de la spontanéité des monades, source des perceptions, mais de l'action immédiate de Dieu, c'est-à-dire de son action sur les monades, telle qu'elle s'exerce non seulement dans les miracles, mais dans la création continuée. Le concours de Dieu est un acte de sa volonté et un pur don de son amour. Nous pouvons, au moins en partie, connaître l'essence d'une espèce, la notion d'un individu, en tant qu'elles relèvent d'un entendement divin avec lequel convient le nôtre ; nous ne pouvons connaître ce qui *fait* une union réelle, un *vinculum* substantiel, parce que cette action est celle de Dieu et il peut toujours la suspendre comme il eût pu, *absolute*, ne jamais l'engager dans l'œuvre de la Création.

Par là, nous semble-t-il, il y aurait encore une manière[1] d'aborder la difficulté centrale du leibnizianisme. Cette difficulté réside dans l'opposition du principe des indiscernables et du principe de continuité. Comment avec des points, même métaphysiques, obtenir un univers lié en continuité ? Comment de la monade passer à la monadologie ? Dans l'hypothèse idéaliste, on serait tenté de chercher une conciliation dans « le royaume des possibles », l'entendement divin : entre des monades possibles, donc entre des monades qui ne sont encore que des êtres ou termes logiques, les connexions logiques de la concomitance n'assureraient-elles pas la continuité ? Soit ! Mais après la création, les termes deviennent réels tandis que

---

1. Cf. Guéroult, *op. cit.*, en particulier p. 210 *sq.*

les relations logiques demeurent idéales : nous retombons, par conséquent, sur une discontinuité existentielle des monades. Pourtant, la continuité *existe,* et la Dynamique le prouve. Il faut donc qu'il y ait un lien existentiel. Ce lien, c'est le *vinculum.* Il implique le réalisme. Les circonstances ont voulu que la doctrine réaliste de la substance composée ait été exposée au P. Des Bosses S. J. à propos de la Transsubstantiation catholique romaine à laquelle Leibniz lui-même n'accordait pas foi : aussi, nombre de commentateurs – comme Lachelier et Boutroux – ne voient-ils dans cet exposé qu'une manœuvre opportuniste, inconciliable avec le reste du système. Mais, outre que Leibniz n'essaie pas un instant de tromper sur sa croyance religieuse, il ne présente son explication du Mystère eucharistique que comme possible, dès qu'on admet un rapport | synthétique et non analytique entre *vinculum* et monades. Or, **253** autre chose est de comprendre, et autre chose de comprendre qu'il n'y a pas contradiction (P IV, 360). Leibniz reste fidèle à sa méthode : c'est faire œuvre de philosophe que de montrer une possibilité. Qu'il ne croie pas à la Transsubstantiation romaine n'entraîne aucunement qu'il ne croit pas à sa propre doctrine de la substance composée. Si cette doctrine rend possible la Transsubstantiation, elle subsiste même si la Transsubstantiation n'a pas lieu. Il est vrai que cette doctrine débouche sur l'inconnaissable : aussi Leibniz ne veut-il pas prendre sur soi de chercher la raison de l'union métaphysique (E 453 a). Étant allé aussi loin que le permet notre faculté de connaître, il s'enferme dans ses limites. Même sans *vinculum*, les phénomènes seraient les mêmes, les connexions logiques des monades seraient les mêmes : seul changerait le fondement de la réalité. N'essayons pas de dépasser notre condition de monades.

L'HARMONIE PRÉÉTABLIE

À partir des substances simples nous avons vu successivement apparaître l'étendue et la durée, les corps avec leurs qualités, nous avons enfin demandé ce qui fait leur unité réelle. Revenons donc aux phénomènes. Nous pensons : nous avons une âme. Et nous avons aussi un corps. Quel rapport ont-ils l'un à l'autre ? Celui d'une Harmonie préétablie. Cette réponse est la partie la plus connue du leibnizianisme. « Figurez vous deux horloges ou deux montres qui s'accordent parfaitement. Or cela se peut faire de trois façons. La première consiste dans l'influence mutuelle d'une horloge sur l'autre ; la seconde dans le soin d'un homme qui y prend garde ; la troisième dans leur propre exactitude » (P IV, 500). La première représente les rapports de l'âme et du corps selon Descartes ; la deuxième, selon Malebranche. L'une est à rejeter parce qu'« on ne saurait concevoir des particules matérielles, ni des espèces ou qualités immatérielles, qui puissent passer de l'une de ces substances dans l'autre » ; le système des causes occasionnelles est également à abandonner parce qu'il fait intervenir *Deus ex machina* pour produire à chaque mouvement du corps un mouvement de l'âme et réciproquement, cette constante intervention, ce **254** miracle perpétuel étant contraire au principe | des voies les plus simples.

> Ainsi il ne reste que mon hypothèse, c'est-à-dire que la voie de l'harmonie préétablie par un artifice divin prévenant, lequel dès le commencement a formé chacune de ces substances d'une manière si parfaite, et réglée avec tant d'exactitude, qu'en ne suivant que ses propres lois, qu'elle a reçues avec son être, elle s'accorde pourtant avec l'autre tout comme s'il y avait une influence mutuelle, ou comme si Dieu y mettait toujours la main au delà de son concours général (*ibid.,* 501).

De cette manière, « on peut dire que l'âme est un automate immatériel des plus justes » (P IV, 522).

Si l'idée de Leibniz est claire, encore convient-il de bien la situer dans le leibnizianisme et d'en préciser la portée. Nous en connaissons l'origine. D'abord, « l'hypothèse de la concomitance est une suite de la notion que j'ai de la substance » (P II, 68 ; *Disc.*, XXXIII), car « la notion individuelle d'une substance enveloppe tout ce qui lui doit jamais arriver » : hypothèse qui doit beaucoup à l'étude des séries, au calcul infinitésimal, et qui serait insoutenable (*Disc., ibid.*) sans celle de l'inconscient. Ensuite – et capitalement – la Dynamique, dépassant la mécanique cartésienne, conduisait à l'harmonie préétablie, non seulement en substituant mv^2 à mv, mais surtout en montrant que la même quantité de progrès se conserve, en sorte qu'on ne peut changer la direction d'un corps sans lui appliquer une force : or,

> Descartes a reconnu que les âmes ne peuvent point donner de la force aux corps, parce qu'il y a toujours la même quantité de force dans la matière. Cependant il a cru que l'âme pouvait changer la direction des corps. Mais c'est parce qu'on n'a point su de son temps la loi de la nature, qui porte encore la conservation de la même direction totale dans la matière. S'il l'avait remarquée, il serait tombé dans mon système de l'Harmonie préétablie (*Monad.*, § 80).

Enfin, on y tombait encore par l'impossibilité de rendre compte de la perception à partir de grandeur, figure et mouvement (*ibid.*, § 17 ; P II, 314), c'est-à-dire du mécanisme (P IV, 560).

L'harmonie préétablie ne se confond pas avec la concomitance dont elle est seulement un cas particulier : celle-ci s'institue entre les monades en général, tandis que l'harmonie préétablie concerne les rapports d'une monade – l'âme – aux phénomènes du corps propre et, sur le plan monadique, d'une | substance simple à une substance composée. Surtout, qu'on **255** n'oublie pas les déclarations au P. Tournemine et au P. Des Bosses :

> j'aurais eu grand tort d'objecter aux Cartésiens que l'accord que Dieu entretient immédiatement, selon eux, entre l'âme et le corps ne fait pas une véritable union, puisque assurément mon Harmonie préétablie ne saurait en faire davantage […] et je n'ai tâché de rendre raison que des phénomènes, c'est-à-dire du rapport dont on s'aperçoit entre l'âme et le corps (P VI, 595) [1].

Quand Leibniz écrit donc qu'en l'Harmonie « consiste l'accord et l'union physique de l'âme et du corps » (*Princ. Nat. Gr.*, § 3) ou parle de l'action du corps (*Disc.*, § XV ; P II, 69-70), il faut traduire : phénomène physique, et action idéale. Lorsque, dans les *Nouveaux Essais* (IV, XVI, § 12), il « approuve fort la recherche des analogies » en Biologie comparative et conclut, après avoir rappelé ses sentiments sur les monades, leur durée, la conservation de l'animal, l'inconscient, le corps des anges, l'harmonie préétablie enfin, « on trouvera, dis-je, que tous ces sentiments sont tout à fait conformes à l'analogie des choses que nous remarquons et que j'étends seulement au delà de nos observations […] » on se gardera cependant d'étendre le raisonnement analogique jusqu'à l'*union réelle*. L'union réelle conjoint une âme au corps élémentaire de la résurrection ; elle rend compte ou, plutôt, rendrait compte, si elle n'était pas un mystère, de ce qu'il y a d'immuable dans la

---

1. Et dans une lettre à Sophie-Charlotte de juin 1700 : « …je réponds ingénument avec Descartes, grand Philosophe, que parce qu'il n'y a pas la moindre proportion entre l'Esprit et une chose corporelle, il est aussi impossible à la raison humaine de comprendre l'union de l'Âme avec le Corps, qu'il est impossible de dire la raison pourquoi et par quel moyen notre âme puisse se former une Idée des choses corporelles, non seulement de celles que nous voyons, mais aussi de celles que l'on marque par de simples figures, et bien moins encore pouvons-nous comprendre de quelle manière nous puissions nous souvenir qu'il y a un Dieu, un Ange, un Monstre, quand nos yeux voient et lisent ces caractères : DIEU, ANGE, MONSTRE » (K X, 67-68).

substance composée. L'harmonie préétablie nous montre l'*accord idéal* de l'âme avec « une masse composée par une infinité d'autres monades qui constituent le corps propre de cette monade centrale » (*Princ. Nat. Gr.*, § 3) : d'un mot, elle est principe d'intelligibilité des phénomènes et non point de réalité.

| Le finalisme   256

Telle est, sommairement, la conception leibnizienne du monde. En Dieu même déjà le finalisme y règne : la Volonté du Créateur reste soumise à son Entendement ; Dieu ne peut agir sans raisons qu'il trouve en son immuable nature, il ne saurait en rompre la logique (F II, 531-532). Aussi la Création ne pourra-t-elle qu'exprimer en son harmonie, l'harmonie de son Créateur. Jusqu'en 1669, c'est par une finalité transcendante que Leibniz harmonise l'économie de l'univers. Avec la désubstantialisation de l'espace et la nouvelle Dynamique qui permet d'attribuer la spontanéité à toutes les substances, les monades cessent d'être subordonnées les unes aux autres, comme pièces d'une machine ; elles se subordonnent d'elles-mêmes à leurs monades dominantes. Dès là que l'étendue et le mouvement ne sont que phénomènes bien fondés, l'explication du monde « à la cartésienne » (F I, 277) ou à la façon d'Épicure (P VII, 333) demeure superficielle. La force, au substratum de l'étendue et du mouvement, renvoie à quelque analogue de l'âme et, cet Analogum, à la forme substantielle : l'appétition rend le finalisme immanent. Les lois des appétits sont celles des causes finales (*Princ. Nat. Gr.*, § 3). Chaque monade tend au Bien à proportion de son essence. Cette essence ou notion complète enferme tout ce qui doit arriver. À l'opposé du mécanisme qui ne rend raison de ce qui vient après que par ce qui vient avant, le finalisme rend aussi raison de ce qui vient avant par ce qui vient après. Si, d'une façon générale, « la raison d'une vérité consiste dans la liaison du prédicat avec le sujet, c'est-à-dire dans l'implication du prédicat dans le sujet » (P I, 15), « les raisons de ce qui a été fait par entendement sont les causes finales ou desseins de celui qui les a faites » (P IV, 299). Ainsi, la liaison des états successifs d'une monade n'est en principe intelligible que par la fin que Dieu lui assigne dans l'harmonie de l'univers. Et cela est encore vrai de l'entr' expression des monades : elles se finalisent mutuellement pour constituer le Cosmos, l'ordre de la nature :

> chaque substance agit spontanément, comme indépendante de toutes les autres créatures, bien que, dans un autre sens, toutes les autres l'obligent à s'accommoder avec elles ; de sorte qu'on peut dire que toute la nature est pleine de miracles, mais de miracles de raison, et qui deviennent miracles à force d'être raisonnables, d'une manière qui nous étonne. Car les raisons **257** |s'y poussent à un progrès infini, où notre esprit, bien qu'il voie que cela se doit, ne peut suivre par sa compréhension (F I, 277).

Cela se doit ? Il n'est, en effet, que d'ouvrir les yeux sur la nature. Comment, en invoquant quelque triage mécanique, soutenir avec Épicure : « les pieds ne sont pas faits pour marcher, mais les hommes marchent parce qu'ils ont des pieds » ? Thèse « aussi peu croyable que de supposer qu'une bibliothèque entière s'est formée un jour par un concours fortuit d'atomes ! » :

> Si je me trouvais transporté dans une nouvelle région de l'univers, où je verrais des horloges, des meubles, des livres, des bâtiments, j'engagerais hardiment tout ce que j'ai que cela serait l'ouvrage de quelque créature raisonnable, quoiqu'il soit possible, absolument parlant, que cela ne soit pas, et qu'on puisse feindre qu'il y a peut-être un pays, dans l'étendue infinie des choses, où les livres s'écrivent eux-mêmes. Ce serait néanmoins un des plus grands hasards du monde, et il faudrait avoir perdu l'esprit pour croire que ce pays où je me rencontrerais est

justement le pays possible où les livres s'écrivent par hasard, et l'on ne saurait tout aveuglement suivre plutôt une supposition si étrange, quoique possible, que ce qui se pratique dans le cours ordinaire de la nature : car l'apparence de l'une est aussi petite à l'égard de l'autre qu'un grain de sable est à l'égard d'un monde. Donc l'apparence de cette supposition est comme infiniment petite, c'est-à-dire moralement nulle et, par conséquent, il y a certitude morale que c'est la Providence qui gouverne les choses (F II, 529-530).

Cette certitude morale, la confirme le microscope – dont l'importance, pour la pensée du XVIIᵉ siècle est tellement considérable. Si l'idée de la Toute-Puissance avait d'abord élevé l'imagination vers l'infiniment grand, le microscope ouvrait une perspective nouvelle sur l'infini en petitesse. La lecture annotée de Pascal, le calcul infinitésimal avaient mené sur ce sujet les méditations de Leibniz jusqu'à la théorie de l'emboîtement des germes. Les yeux armés du microscope, « nous trouvons de quoi être ravis d'étonnement à mesure que nous pénétrons de plus en plus dans l'intérieur » des êtres vivants (F II, 529) et, le principe de continuité garantissant l'usage des analogies, « les plantes, les insectes, et l'anatomie comparative des animaux les fourniront de plus | en plus, **258** surtout quand on continuera à se servir du microscope encore plus qu'on ne fait » (NE IV, XVI, § 12).

Si tout est vivant, animé par les formes substantielles, le finalisme doit aussi être applicable et vérifiable dans les sciences physiques. Il résulte du principe de raison suffisante que, Dieu choisissant le meilleur et l'être étant préférable au non-être, il n'y a pas de vide dans la création : d'où le principe de continuité. Le meilleur réclame le maximum d'effet avec le minimum de dépense : d'où le principe de moindre action ou des voies les plus courtes. Ainsi, comme « unique principe d'optique, catoptrique et dioptrique », l'on peut poser qu'un rayon lumineux parcourt la voie la plus aisée de toutes, *via omnium facillima* (*Acta*, juin 1682, 185-190). En Dynamique, l'hypothèse de la continuité interdit l'hiatus entre le mouvement et le repos – et c'est pourquoi le mouvement persiste – ou entre les instants – et c'est pourquoi la notion de substance exige la considération du futur (P IV, 505-506). Aussi le calcul infinitésimal exprime-t-il le mouvement de la façon la plus fidèle et montre-t-il par sa méthode des *maxima* et *minima* la fausseté des lois du choc, telles que les déduit Descartes en postulant le repos absolu, sans tenir compte de l'effet futur.

> Ce qui me paraît le plus beau dans cette considération est que ce principe de la perfection au lieu de se borner seulement au général descend aussi dans le particulier des choses et des phénomènes, et qu'il en est à peu près comme dans la Méthode *de Formis optimis*, c'est-à-dire *maximum aut minimum praestantibus*, que nous avons introduite dans la Géométrie au delà de l'ancienne méthode *de maximis et minimis quantitatibus*. Car ce meilleur de ces formes ou figures ne s'y trouve pas seulement dans le tout, mais encore dans chaque partie, et même il ne serait pas d'assez dans le tout sans cela. Par exemple si dans la ligne de la plus courte descente entre deux points donnés, nous prenons deux autres points à discrétion, la portion de cette ligne interceptée entre eux est encore nécessairement la ligne de la plus courte descente à leur égard. C'est ainsi que les moindres parties de l'univers sont réglées suivant l'ordre de la plus grande perfection : autrement le tout ne le serait pas (P VII, 272-273).

Couturat invoque ces lignes du *Tentamen Anagogicum* pour soutenir que la finalité ne consiste chez Leibniz ni en bonté **259** de Dieu, | ni en convenance morale, mais se ramène à une détermination strictement logique (*Log,* 230-232). C'est oublier que ce passage traite du mouvement, non dans son fondement qualitatif (l'activité des monades), mais dans son expression quantitative (sa trajectoire spatiale), et que la perfection morale n'est pas quantitative (*Disc.*, §I). D'ailleurs, Leibniz

répond lui-même à Couturat par les § 212-213 de la *Théodicée*,
en exacte contre-partie du *Tentamen* :

> Ce qui trompe en cette matière est, comme j'ai déjà remarqué,
> qu'on se trouve porté à croire que ce qui est meilleur dans le
> tout est le meilleur aussi qui soit possible dans chaque partie.
> On raisonne ainsi en Géométrie, quand il s'agit de *maximis* et
> *minimis*. Si le chemin de A à B qu'on se propose est le plus court
> qu'il est possible, et si ce chemin passe par C, il faut que le
> chemin d'A à C, partie du premier, soit aussi le plus court qu'il
> est possible. Mais la conséquence de la quantité à la qualité ne
> va pas toujours bien, non plus que celle qu'on tire des égaux aux
> semblables [...] la partie du meilleur tout n'est pas nécessai-
> rement le meilleur qu'on pouvait faire de cette partie, puisque
> la partie d'une belle chose n'est pas toujours belle, pouvant être
> tirée du tout, ou prise dans le tout d'une manière irrégulière. Si
> la bonté et la beauté consistaient toujours dans quelque chose
> d'absolu et d'uniforme, comme l'étendue, la matière, l'or,
> l'eau et autres corps supposés homogènes ou similaires, il
> faudrait dire que la partie du bon et du beau serait belle et bonne
> comme le tout, puisqu'elle serait toujours ressemblante au
> tout : mais il n'en est pas ainsi dans les choses relatives.

L'analyse infinitésimale réussit dans l'étude du mouvement et de la Dynamique parce que l'unité des rapports qui
composent l'espace et la confusion perceptive qui imagine
l'étendue nous font passer de la qualité infiniment diverse des
monades à la quantité infiniment divisible de l'homogène ; des
entéléchies primitives – éternellement prédéterminées selon
leur spontanéité et accommodées entre elles à la fois par des
convenances logiques et esthétiques lorsque l'on n'a égard
qu'à la Sagesse de Dieu, et par des convenances morales
lorsqu'on a égard à sa Volonté – aux forces dérivatives. La
prédétermination des monades, inclusion de l'effet futur, est
donc la condition de la finalité immanente, et la Dynamique
confirme cette finalité : si, comme le prétend Descartes, la

260 | vitesse d'une molécule pouvait changer de direction sans modifier les molécules voisines ni altérer en un système la quantité totale de mouvement (mv), on ne vérifierait pas la conservation de mv^2 et de la quantité de progrès.

L'ACCORD AVEC LE MÉCANISME

Cependant, si le finalisme ordonne l'univers, il n'exclut pas le mécanisme; il le complète, il en demeure inséparable. En Dieu, la Volonté se subordonne aux fins que propose l'Entendement, mais ces fins sont déterminées par un mécanisme métaphysique comparable au mécanisme physique des graves :

> De même que, parmi tous les angles en Géométrie, le déterminé c'est le droit, de même que des liquides placés dans des liquides de natures différentes se disposent spontanément selon la figure de plus grande capacité, la sphère, mais, surtout, de même que, dans la mécanique ordinaire elle-même, de la poussée réciproque de plusieurs graves ne peut naître que tel mouvement par lequel se réalise, en résultant, la plus grande chute, – ainsi tous les possibles tendent d'un droit égal à l'existence en proportion de leur réalité, comme tous les corps tendent d'un droit égal à descendre en proportion de leur poids : ici se produit le mouvement dans lequel est contenue la plus grande descente possible des graves; là se produit le monde par lequel se réalise la plus grande production de possibles (P VII, 304).

Or, la prétention à l'existence du possible préfigure l'appétition de la monade, tendance orientée vers une fin, tandis que la notion complète annonce, dans le contexte des possibles, les perceptions de la monade, l'ordre réglé *par lequel* elle remplira la fin qui lui est assignée. Ainsi le mécanisme est-il lié au dynamisme comme le *moyen* à la *fin*. Par les forces dérivatives, les forces primitives des monades s'expriment mécaniquement : c'est pourquoi la conservation des forces vives, qui nous oblige à rétablir quelque forme substantielle, n'en est pas moins vérifiable dans les phénomènes « mathématiquement et mécaniquement » (*Disc.*, § XVII). Par l'harmonie pré-établie, les lois des appétits, lois de causes finales, qui commandent les perceptions, sont réglées sur les lois des mouvements, lois de causes efficientes, qui commandent les changements du corps propre et les phénomènes au dehors (*Princ. Nat. Gr.*, § 3).

| Deux règnes se pénètrent donc, sans se confondre, dans un organisme :   261

> le règne de la puissance, suivant lequel tout se peut expliquer mécaniquement par les causes efficientes, lorsque nous en pénétrons assez l'intérieur ; et aussi le règne de la sagesse, suivant lequel tout se peut expliquer architectoniquement, pour ainsi dire, par les causes finales, lorsque nous en connaissons les usages. Et c'est ainsi qu'on peut non seulement dire avec Lucrèce, que les animaux voient parce qu'ils ont des yeux, mais aussi que les yeux leur ont été donnés pour voir [...] (P VII, 273).

Qu'au lieu du corps, nous considérions l'âme, le désir et la volonté expriment les causes finales, la connaissance exprime les efficientes. Et si nous considérons l'âme et le corps, leur harmonie préétablie règle encore le mécanisme de l'automate corporel sur le finalisme de l'automate spirituel :

> de sorte que les lois qui lient les pensées de l'âme dans l'ordre des causes finales et suivant l'évolution des perceptions, doivent produire des images qui se rencontrent et s'accordent avec les impressions des corps sur nos organes ; et que les lois des mouvements dans les corps, qui s'entresuivent dans l'ordre des causes efficientes, se rencontrent aussi et s'accordent tellement avec les pensées de l'âme, que le corps est porté à agir dans le temps que l'âme le veut (*Théod.* I, § 62).

Enfin, la liaison de l'ordre de la Nature à l'ordre de la Grâce réaffirme, une fois de plus, en langage théologique, l'essentielle connexion du mécanisme au finalisme : « car un Sage, en formant ses projets, ne saurait détacher la fin des moyens : il ne se propose pas de fin, sans savoir s'il y a des moyens d'y parvenir » (*ibid.,* § 78).

Mais quel usage méthodologique faut-il faire de la finalité ? D'abord, elle sert à trouver, lorsqu'on ne peut encore dégager la cause efficiente. Elle ne présuppose, cela va sans dire, aucune réflexion dans le phénomène observé : un rayon lumineux, par exemple, ne délibère pas sur la voie la plus courte. Mais Dieu y a pensé. Voilà pourquoi les causes finales nous offrent le plus beau principe pour découvrir les propriétés des choses « dont la nature interne ne nous est pas encore connue assez clairement pour que nous soyons en état de nous appuyer sur les causes efficientes prochaines et d'expliquer quels mécanismes le Créateur a employés pour produire ces effets et obtenir ses fins » (*Unicum Opticae,* loc. cit., 186 ; *Disc.,* § XXII). D'autre part, le principe de finalité n'est pas moins utile à | prouver. La loi de continuité est architectonique : prise comme « pierre de touche », elle prouve à la fois la fausseté des lois cartésiennes du choc et la vérité des lois leibniziennes (P VII, 279 ; IV, 376 *sq.*). En définitive, Leibniz ne conseille le recours à la finalité, soit pour trouver, soit pour prouver, qu'à défaut d'une explication provisoirement impossible par la causalité efficiente.

Il n'insiste donc tant sur la finalité que pour que l'explication mécaniste ne fasse jamais perdre de vue l'ultime raison des choses, Dieu. Que de fois le répète-t-il depuis qu'il a traduit – mars 1676 – le « passage remarquable de Socrate chez Platon contre les philosophes trop matériels » ! (*Disc.,* § XX). On a grand tort « de vouloir expliquer les premiers principes de la nature sans y faire rentrer Noûs, la sagesse divine, la considération du meilleur et du parfait, les causes finales » (F I,

239); car, dans la machine de la nature, « ce n'est pas comme dans les montres, où, l'analyse étant poussée jusqu'aux dents des roues, il n'y a plus rien à considérer »; l'analyse va à l'infini, « on peut dire qu'il y a de l'harmonie, de la géométrie, de la métaphysique, et, pour ainsi parler, de la morale partout » (*ibid.*, 277). Aussi, en dehors même des matières de morale, de politique et de théologie, nous ferons bien

> de nous exciter et raffermir quelquefois par ces expériences sensibles de la grandeur et de la sagesse de Dieu, qui se trouvent dans ces harmonies merveilleuses de la mathématique et dans ces machines inimitables de l'invention de Dieu, qui paraissent à nos yeux dans la nature ; car elle conspire excellemment avec la Grâce, et les merveilles physiques sont un élément propre à entretenir sans interruption ce feu divin qui échauffe les âmes heureuses, et c'est là que l'on voit Dieu par les sens, tandis qu'ailleurs on ne le voit que par l'entendement. J'ai souvent remarqué que ceux qui ne sont pas touchés de ces beautés ne sont guère sensibles à ce qui se doit véritablement appeler amour de Dieu (F II, 536 ; VII, 39 *sq.*).

LE RÈGNE DES FINS

La considération de la finalité élève notre esprit vers notre fin surnaturelle et le règne des fins. Si Dieu « dispose des autres substances comme un ingénieur manie ses machines » (P IV, 80), il est « le Monarque de la plus parfaite république composée | de tous les Esprits, et la félicité de cette cité de Dieu est **263** son principal dessein » (*Disc.*, § XXXVI). Non pas son unique dessein : Leibniz rejette l'anthropomorphisme qui n'accorderait de valeur aux choses qu'en fonction de l'homme :

> Il est vrai que le règne de la Nature doit servir au règne de la Grâce : mais comme tout est lié dans le grand dessein de Dieu, il faut croire que le règne de la Grâce est aussi en quelque façon

> accommodé à celui de la Nature, de telle sorte que celui-ci
> garde le plus d'ordre et de beauté, pour rendre le composé des
> deux le plus parfait qu'il se puisse […]. Aucune substance n'est
> absolument méprisable ni précieuse devant Dieu […]. Il est sûr
> que Dieu fait plus de cas d'un homme que d'un lion ; cependant
> je ne sais si l'on peut assurer que Dieu préfère un seul homme à
> toute l'espèce des lions à tous égards : mais quand cela serait, il
> ne s'ensuivrait point que l'intérêt d'un certain nombre
> d'hommes prévaudrait à la considération d'un désordre général
> répandu dans un nombre infini de Créatures (*Théod.* II, § 118 ;
> Abrégé, II).

Croire que Dieu n'a fait le monde que pour nous, « c'est un
grand abus » (*Disc.*, § XIX). Mais il l'a fait surtout pour nous,
ou, plus précisément, – car nous ne sommes pas les seuls
Esprits – pour tous les Esprits, dont la différence aux autres
monades « est aussi grande que celle qu'il y a entre le miroir et
celui qui voit » (*Disc.*, § XXXV) en sorte qu'ils « expriment
plutôt Dieu que le monde » (*ibid.*, § XXXVI) :

> les seuls Esprits sont faits à son image et quasi de sa race ou
> comme enfants de la maison, puisque eux seuls le peuvent
> servir librement et agir avec connaissance à l'imitation de la
> nature divine : un seul Esprit vaut tout un monde, puisqu'il ne
> l'exprime pas seulement, mais le connaît aussi, et s'y gouverne
> à la façon de Dieu (*ibid.*).

Toutefois, lorsqu'on pense à cette république universelle,
deux classes de difficultés ne manquent pas d'embarrasser : les
unes naissent de la liberté de l'homme, laquelle paraît incompatible avec la nature divine ; et cependant la liberté est jugée
nécessaire pour que l'homme puisse être jugé coupable et
punissable. Les autres regardent la conduite de Dieu, qui
semblent lui faire prendre trop de part à l'existence du mal,
quand même l'homme serait libre et y prendrait aussi sa part »
(*Théod.* I, § 1).

Qu'il n'y ait point contradiction entre la liberté humaine d'une part, la Toute-Puissance et l'Omniscience divines d'autre | part, Leibniz se flatte de le démontrer, alors, on le sait, **264** que Descartes s'est réfugié dans un acte de foi (*Princ.* I, § 41) et a rompu le nœud gordien au lieu de le dénouer (P IV, 363). Il suffit de définir Dieu par ses trois attributs, en prenant garde de ne pas les rendre incompatibles. Nous l'avons vu (p. 447), la Puissance de Dieu ne pourrait être sage, si elle créait les vérités éternelles, car elle les créerait en aveugle; sa Volonté ne pourrait être bonne, n'ayant pas le bien pour objet ni motif; son Entendement, vide avant la création des vérités, serait une chimère : bref, l'hypothèse cartésienne ruine Sagesse et Bonté. La seule définition non-contradictoire de la nature divine est de soumettre sa Volonté à son Entendement sous le principe du meilleur. Il s'ensuit immédiatement : 1) que Dieu ne crée pas les essences, mais qu'il les trouve toutes faites en son Entendement (sinon il n'aurait pas d'Entendement); 2) qu'il peut choisir entre elles (sinon il n'aurait pas de Volonté).

Définissons maintenant l'autre terme : la liberté. De l'avis général, cette définition tient en trois mots : contingence, spontanéité, choix (*Théod.* III, § 288). Mais, puisque Dieu choisit entre une infinité de mondes possibles, ce monde et toute créature dans ce monde échappent à la nécessité brute : leur existence et tous les actes de cette existence sont contingents. En second lieu, Dieu, ne créant pas les essences, ne peut que constater la spontanéité de leur développement, telle que le mécanisme de son Entendement la détermine; et il ne peut, sous peine d'être infidèle à sa Sagesse, changer cette spontanéité lorsqu'il l'amène à l'existence. Enfin, comme l'essence des Esprits implique réflexion, puissance de connaître et de se connaître qui incline au meilleur sans y nécessiter, Dieu ne saurait ici encore sans contradiction détruire la spontanéité de leurs choix contrairement à leur notion complète. La nature divine ne s'oppose donc pas à la liberté des Esprits. Toute substance agit spontanément selon son essence ; et l'essence d'un Esprit est d'agir librement. Dieu ne crée que les existences ou, si l'on aime mieux, il n'est cause des essences que par son Être, tandis qu'il est cause des existences à la fois par son Être et par sa Volonté.

Ainsi, il n'y a pas de libre choix imprévisible à Dieu qui connaît la notion complète, mais cette Omniscience ne contraint en rien les essences coéternelles à l'Entendement souverain : | cette infaillibilité ne nécessite point. Pas plus qu'à la suprême Omniscience, nul n'échappe non plus à la Toute-Puissance. La substance n'agit que parce qu'elle existe, et n'existe que pour autant que Dieu lui donne son concours : il continue sa création (Grua 301, 307). Si tout se fait par lui, il n'en résulte pas qu'il fasse tout : il *permet* à la créature de réaliser sa nature. Par son concours ordinaire, « il conserve et produit continuellement notre être, en sorte que les pensées nous arrivent spontanément ou librement dans l'ordre que la notion de notre substance individuelle porte, dans laquelle on pouvait les prévoir de toute éternité » (*Disc.*, § XXX). Or, l'ordre des pensées entraîne l'ordre des volontés ; dès lors, nous ne voulons rien que par Dieu, sans cependant qu'on puisse dire qu'il veuille à notre place et double de ses Volontés nos volontés particulières, comme le soutient Malebranche. Ainsi bénéficions-nous d'une double Grâce : l'une, interne, par laquelle la création continuée nous donne pouvoir de vouloir selon notre nature ; l'autre, externe, par laquelle le concours des circonstances, réglé par l'harmonie universelle, nous donne occasion de choisir. Il est vrai qu'automates spirituels (*Théod.* III, § 403), nous n'userons de ce pouvoir et ne profiterons des circonstances que comme Dieu l'a prévu et comme il permet de le faire. Tout est écrit dans le livre des Destinées (*ibid.*, § 415). D'autres Adams étaient possibles, qui n'eussent pas péché : l'Adam créé, lui, péchera assurément ; « c'est qu'autrement ce ne serait pas cet homme » (*Disc.*, § XXX). Mais il n'a pas lieu de se plaindre puisque, pécheur, il n'obéit qu'à sa nature et que Dieu ne l'a point créée.

On se récrie que certains hommes méritent mieux que ce qui leur arrive ou que leur naturel semblait digne d'un meilleur sort. Objection vide dans le cas où une nature ne se définirait que par son destin pour Leibniz. Si la notion complète d'un individu n'est déterminée que par ce qui arrive (pécher, trahir, franchir le Rubicon, etc.), chaque accident répondant à un prédicat dans l'essence (pécheur, traître, dictateur, etc.), alors Bertrand Russell a raison : « la substance reste, si on la sépare de ses prédicats, entièrement dépourvue de sens » (*Phil. de L.*, 55). Or, Leibniz soutient le contraire et il accepte l'objection du destin injuste. Comment cela ?

Et d'abord, puisque Dieu choisit entre une infinité d'Adams possibles, il faut qu'il y ait une notion générale d'Adam qui | se retrouve en chaque Adam possible sans se **266** confondre avec une série complète de prédicats qui individualise : de la même façon, les points d'un lieu géométrique se distinguent, bien qu'ils soient tous déterminés par la même définition (*Théod.* III, § 414); par exemple, ajouterons-nous, dans une parabole il n'y a pas deux points caractéristiques identiques, c'est-à-dire deux points-limites de tangences parallèles. Certes, – qu'on se reporte à la *Correspondance* avec Arnauld (P II, 41-42) – un « Adam vague », une notion incomplète ne peut constituer une substance. Il n'en reste pas moins que cette notion générale ne saurait être une abstraction en un Esprit qui n'abstrait pas; conçue par l'Entendement suprêmement réel, elle possède l'être d'une essence réelle. D'ailleurs, les prédicats de cette notion générale se réalisent dans l'Adam créé au même titre que les prédicats qui les complètent. Si chaque individu est *species infima*, il n'est donc pas, déjà, absurde de penser que le sort qui le spécifie constitue une injustice pour le genre dont il incarne le seul exemplaire existant. Mais ce n'est pas assez. Eh bien! considérons une essence individuelle. De la même façon qu'un mot ou une idée ne peut se définir en dehors d'un contexte – celui, au moins, des mots ou des idées qui servent à le définir – et que, pourtant, il a un sens propre qui, en retour, modifie le contexte, ainsi, chez Leibniz, une essence ou une substance ne peut entièrement se définir que par le monde où elle figure, mais a pourtant une réalité qui, en retour, change ce monde. Une essence, bien entendu, est impensable à l'état pur, sans prédicats, et l'on peut, si l'on veut, soutenir de ce point de vue qu'elle « reste dépourvue de sens »; mais « dépourvue de sens » ne signifie pas « dépourvue de réalité », puisque cette réalité subsiste sous la variation des prédicats. Mais venons-en à l'existence.

La réalité de l'essence individuelle s'exprime en une forme immanente à l'individu; et cette forme d'une *species infima* doit, comme toute forme spécifique, exister – on l'a vu plus haut (p. 249) – indépendamment de tout entendement créé. Nous pouvons connaître l'essence, mais, encore une fois, nous ne pouvons connaître que par prédicats, nous n'obtenons jamais que des pensées du réel : nous ne sommes pas créateurs, nous ne saisissons l'exprimé que par son expression. Toute union réelle, tout *vinculum substantiale* demeure pour | nous un mystère. Nous ne saurions appréhender séparément le *proprium quid* qui fait de la substance un sujet véritable, et que Dieu pourrait « extraordinairement » séparer de ses prédicats. Il entre dans mes prédicats d'avoir, en ce moment, tels souvenirs et perceptions qui m'assurent de mon identité personnelle et supposent par là – « une perception intime et immédiate ne pouvant tromper naturellement » – mon identité réelle : « Mais si Dieu changeait extraordinairement l'identité réelle, la personnelle demeurerait, pourvu que l'homme conservât les apparences d'identité, tant les internes (c'est-à-dire la conscience) que les externes, comme celles qui consistent dans ce qui paraît aux autres » (NE II, XXVII, § 10). Sans ce *proprium quid* qui dépasse les prédicats, la substance ne serait rien ou, plutôt, il n'y aurait d'autre substance que Dieu ; on tomberait ainsi dans le Spinozisme « qui est un Cartésianisme outré » (*Théod.* III, § 393). Que l'on n'oublie pas, en effet, les leçons de la Dynamique. Ce qui n'agit point ne mérite pas le nom de substance. La spontanéité de la substance ne se confond pas avec les modifications qu'elle produit ; et il faut qu'elle les produise si nous ne voulons pas une fois de plus retomber – ce dont nous gardera la Dynamique – dans le cartésianisme outré. Car produire n'est pas créer, ce qui n'appartient qu'à Dieu seul : il serait l'auteur du péché, si l'on voulait que les accidents fussent créés ; mais « qui ne voit qu'on n'a besoin d'aucune puissance créatrice pour changer de place ou de figure » ? (*Théod.* III, § 395).

Dès lors, notre question revient : si la substance comporte une réalité irréductible à la série de ses prédicats, si un individu ne se définit pas uniquement par le sort qui lui est assigné, on peut se demander quel compte Dieu a tenu de notre nature en nous prédestinant. Leibniz répond que Dieu ne peut que suivre le meilleur. Il ne crée point le monde pour une de ses créatures, pas même, avons-nous vu, pour l'humanité seule. C'est en fonction du tout qu'il se décide. Or, « il y a des raisons du choix de Dieu, et il faut que la considération de l'objet, c'est-à-dire du naturel de l'homme, y entre » (*Théod.* I, § 104) ; mais, le Créateur agissant en bon architecte, « on peut dire que les hommes sont choisis et rangés non pas tant selon leur excellence, que suivant la convenance qu'ils ont avec le plan de Dieu ; comme il se peut qu'on emploie une pierre moins bonne dans un bâtiment ou dans un | assortiment, parce qu'il se trouve **268** que c'est elle qui remplit un certain vide » (*ibid.*, § 105) ; de sorte qu'en définitive, Leibniz l'avoue, les raisons du choix qui fixent notre destinée « ne sont pas attachées nécessairement aux bonnes ou moins bonnes qualités naturelles des hommes » (*ibid.*, III, § 283). Il suffit cependant que Dieu ait choisi le meilleur, ait fait pour chacun de nous le maximum divinement

possible, pour que nous n'ayons plus lieu de nous plaindre et
même que nous ayons à recevoir sa Grâce avec reconnaissance.

LE MAL

Mais reste la difficulté du mal. Était-il évitable et Dieu y
participe-t-il?

Le *mal métaphysique* est la source du *mal moral* d'où
découle le *mal physique* (*Théod.* III, § 378, 241).

Le mal métaphysique est la limitation des créatures. Dieu
ne peut l'empêcher: une créature infinie serait une notion
contradictoire et l'on ne saurait concevoir ne fût-ce que deux
êtres suprêmement parfaits. Dieu, avant de créer, ayant une
notion distincte de chaque substance, il y a donc déjà des
raisons idéales qui borneront cette substance. Ainsi, les
imperfections et défauts de toute créature

> viennent de la limitation originale que la créature n'a pu
> manquer de recevoir avec le premier commencement de son
> être, par les raisons idéales qui la bornent. Car Dieu ne pouvait
> pas lui donner tout, sans en faire un Dieu; il fallait donc qu'il y
> eût des différents degrés dans la perfection des choses, et qu'il
> y eût aussi des limitations de toute sorte (*ibid.,* I, § 31).

Différents degrés, en effet, car « si chaque substance prise à
part était parfaite, elles seraient toutes semblables; ce qui n'est
point convenable ni possible » (*ibid.,* II, § 200). Même impar-
faites, des substances égales en perfection n'offriraient rien de
distinctif au choix de Dieu et, échappant au principe des indiscernables, soulèveraient les objections que Leibniz adresse à
l'atomisme épicurien. Il fallait donc « des limitations de toute
sorte ». Mais Dieu ne les crée pas, puisqu'il ne crée pas les
essences. Par suite, la limitation n'est pas quelque chose de
positif. L'imperfection originale définit seulement une non-

perfection, un non-être et non pas un être : or, Dieu ne crée pas le non-être.

| Le mal moral résulte de cette imperfection. Le Parfait seul **269** est infaillible, voyant infailliblement le vrai Bien. Mais une substance imparfaite n'embrasse pas le Tout, n'a que des perceptions inadéquates, enveloppe toujours du confus : « L'âme serait une divinité si elle n'avait que des perceptions distinctes » (*ibid.,* I, § 62). En langage de psychologue, la conscience émerge à peine de la nuit de l'inconscient ; par conséquent, comme la volonté est soumise à l'entendement, le bien qu'elle suit par nature n'est plus que le bien apparent, tel que le lui propose un entendement imparfait. Le péché est assimilable à l'erreur. Mais il est clair, ici encore, que Dieu ne fait pas le péché, suite d'une limitation inévitable. Dieu donne à tous les mêmes grâces ; chacun n'en bénéficie cependant qu'à proportion de sa limitation originelle. On connaît la fameuse comparaison de la *Théodicée* (I, § 30) : l'inertie naturelle des corps étant « quelque chose qu'on peut considérer comme une parfaite image et même comme un échantillon de la limitation originale des créatures », supposons des bateaux, ne différant entre eux que par la charge, abandonnés au courant d'une même rivière ; les uns descendront plus lentement que les autres :

> C'est donc que la matière est portée originairement à la tardivité, ou à la privation de vitesse ; non pas pour la diminuer par soi-même, quand elle a déjà reçu cette vitesse, car ce serait agir ; mais pour modérer par sa réceptivité l'effet de l'impression, quand elle le doit recevoir.

Appliquons la comparaison :

> Le courant est la cause du mouvement du bateau, mais non pas de son retardement ; Dieu est la cause de la perfection dans la nature et dans les actions de la créature, mais la limitation de la réceptivité de la créature est la cause des défauts qu'il y a dans

son action. Ainsi les Platoniciens, saint Augustin, et les Scho-
lastiques ont eu raison de dire que Dieu est la cause du matériel
du mal, qui consiste dans le positif, et non pas du formel, qui
consiste dans la privation ; comme l'on peut dire que le courant
est la cause du matériel du retardement, sans l'être de son
formel, c'est-à-dire, il est la cause de la vitesse du bateau, sans
être cause des bornes de cette vitesse. Et Dieu est aussi peu la
cause du péché, que le courant de la rivière est la cause du
retardement du bateau.

À son tour, le mal physique, « c'est-à-dire, les souffrances,
les misères » (*ibid.,* III, § 241), est une conséquence du mal
270 | moral : ce qui signifie que le mal physique peut être considéré
à la fois comme conséquence physique de la limitation originelle, et comme conséquence éthique, punition du péché. La
douleur est passion. On se rappelle qu'on attribue « l'action à
la monade en tant qu'elle a des perceptions distinctes, et
la passion en tant qu'elle en a de confuses » (*Monad.,* § 49).
Réglées par l'entr'expression des monades, l'action et la
passion sont « toujours mutuelles dans les créatures » (*Théod.*
I, § 66). Afin que les substances ne s'entr'empêchent pas,
l'appétition de l'une ne s'éploie qu'à proportion où d'autres se
reploient. Légèrement contrariée, une tendance est faite de
« demi-douleurs » et de « demi-plaisirs » (NE II, xx, § 6), étant
signe, par son arrêt, d'une imperfection actuelle et, par son
mouvement pour aller plus loin, d'une perfection possible.
« Une tendance forte qui se trouve tout à fait arrêtée, ce qui
cause un combat violent et beaucoup de déplaisir », conduit au
désespoir (*ibid.,* § 10). À l'inverse de Descartes qui place dans
l'action du corps la source des passions de l'âme, Leibniz,
en conséquence de l'harmonie préétablie, fait de la douleur
physique l'expression de la douleur métaphysique que l'âme
éprouve de son imperfection : « sans le mal moral, il n'y aurait
point de mal physique des créatures raisonnables ; le parallélisme des deux, c'est-à-dire de celui des finales et de celui

des efficientes, qui reviennent à celui de la Nature et de la Grâce, le paraît porter ainsi » (P III, 578). Il suffit donc de remonter à la cause première du mal physique, à la limitation originelle, pour comprendre que Dieu ne pouvait l'éviter, qu'il ne l'a pas voulu, qu'il n'en est pas l'auteur.

Du reste, n'exagérons pas nos misères. Le monde est plus riche de biens que de maux. Si l'inquiétude qui nous est essentielle est faite de demi-douleurs, elles sont la condition du plaisir :

> la continuelle victoire sur ces demi-douleurs qu'on sent en suivant son désir et satisfaisant en quelque façon à cet appétit ou à cette démangeaison, nous donne quantité de demi-plaisirs, dont la continuation et l'amas (comme dans la continuation de l'impulsion d'un corps pesant, qui descend et qui acquiert de l'impétuosité) devient enfin un plaisir entier et véritable (NE II, XX, § 6).

C'est que toute harmonie – logique, esthétique, morale – exige l'unité dans la variété : l'uniformité est abstraite, inerte et purement quantitative comme l'espace des géomètres ; la variété, au contraire, caractérise | le réel, le vivant, le qualitatif, 271 et c'est pourquoi la perfection ne peut être que qualitative. De ce point de vue, la douleur devient promesse de plaisir, annonce d'une perfection possible. Le plaisir « ne procède pas d'un cours uniforme, car ce cours enfante l'ennui et rend stupide, non joyeux » (P VII, 307). L'expérience quotidienne nous en convainc :

> Un peu d'acide, d'âcre ou d'amer, plaît souvent mieux que du sucre ; les ombres rehaussent les couleurs ; et même une dissonance placée où il faut donne du relief à l'harmonie. Nous voulons être effrayés par des danseurs de corde qui sont sur le point de tomber, et nous voulons que les Tragédies nous fassent presque pleurer. Goûte-t-on assez la santé, et en rend-on assez grâces à Dieu, sans avoir jamais été malade ? Et ne faut-il pas le

plus souvent qu'un peu de mal rende le bien sensible, c'est-à-dire plus grand ? (*Théod.* I, § 12).

Notre attention – dont le défaut diminue nos biens – a besoin d'être stimulée « par quelque mélange de maux » (*ibid.,* § 13). Dans le progrès moral, les afflictions, mauvaises temporairement, sont en réalité « des raccourcis (*viae compendiariae*) vers une plus grande perfection » (P VII, 307) : *on recule pour mieux sauter* (*ibid.,* 308).

Le monde nous semble en désordre, et Dieu en permet en effet « comme le musicien la dissonance », pour rendre la mélodie plus belle et aiguillonner l'auditeur (*ibid.,* 306 ; Grua 275-276). « Il est dans le grand ordre qu'il y ait quelque petit désordre » (*Théod.* III, § 243), puisque la partie du meilleur tout n'est pas nécessairement le meilleur qu'on pouvait faire de cette partie. Toutefois, continue Leibniz, on peut dire « que ce petit désordre n'est qu'apparent dans le tout, et il n'est même pas apparent par rapport à la félicité de ceux qui se mettent dans la voie de l'ordre ». Si nous prenions des choses une vue plus large, nous verrions l'harmonie succéder au chaos, de même qu'à bonne distance nous voyons s'ordonner les couleurs d'un tableau, qui, de trop près, n'offraient qu'un amas sans choix et sans art (P VII, 306). Les apparences de désordre sont la rançon de notre imperfection : où l'ignorant n'aperçoit que nombres sans suite, courbes sans rime ni raison, le mathématicien découvre la loi d'une série, l'équation et la construction réglée de la courbe (*Théod.* III, § 242) ; « Et il n'y a, par exemple, point de visage dont le contour ne fasse partie d'une 272 ligne géométrique et ne puisse être tracé | tout d'un trait par un certain mouvement réglé » (*Disc.,* § VI). Les monstres même sont dans les règles (*Théod.* III, § 243). L'astronomie et la géologie peuvent déjà rendre en partie raison des irrégularités de notre globe (*ibid.,* § 214, 245). Il suffit de suppléer par la réflexion à ce qui manque à notre perception, pour que la finalité, en

Physique, en Biologie, en Morale, nous instruise sur la Bonté du Créateur qui n'a pas agi seulement en grand architecte, mais aussi en Monarque d'une République où l'on a soin « autant que possible, du bien de chacun en particulier » (P VII, 307).

Mais nous ignorons nos pouvoirs. Si nous les connaissions mieux, notre corps, ses maladies et ses douleurs tomberaient sous notre dépendance. Que l'on observe les Sauvages et les fanatiques !

> Tout ce qu'une merveilleuse vigueur de corps et d'esprit fait de ces Sauvages entêtés d'un point d'honneur des plus singuliers, pourrait être acquis parmi nous par l'éducation, par des morti-fications bien assaisonnées, par une joie dominante fondée en raison, par un grand exercice à conserver une certaine présence d'esprit au milieu des distractions et des impressions les plus capables de la troubler […]. Je ne m'attends pas qu'on fonde sitôt un Ordre Religieux, dont le but soit d'élever l'homme à ce haut point de perfection : de telles gens seraient trop au dessus des autres, et trop formidables aux puissances (*Théod.* III, § 257).

Méconnaissant de nos pouvoirs, nous ne mesurons pas non plus notre ignorance et nous jugeons trop vite sur des appa-rences : « Vous ne connaissez le monde que depuis trois jours, vous n'y voyez guère plus loin que votre nez, vous y trouvez à redire » (*ibid.,* II, § 194). L'optimisme leibnizien se propose de nous élever à une conception du monde plus vraie, ce qui signifie : plus conforme aux attributs de l'Être suprême.

LE SOPHISME PARESSEUX

Tout est donc pour le mieux dans le meilleur des mondes possibles. Nous sommes libres dans les mains de Dieu, Monarque des Esprits. Bien que n'agissant que par lui qui nous soutient à l'existence, nous agissons spontanément, nous

sommes auteurs de nos fautes. Il est vrai que nous n'agissons
que comme il le prévoit. Cette prévision infaillible ne justifie
pas le fatalisme. C'est un sophisme de prétendre que si tout
273 | est prévu, nous n'avons qu'à nous abandonner et à ne rien
faire ; car notre volonté est prévue, elle aussi, et prévue comme
cause de ce qui doit arriver :

> Ces prières, ces vœux, ces bonnes ou mauvaises actions qui
> arrivent aujourd'hui étaient déjà devant Dieu, lorsqu'il prit la
> résolution de régler les choses [...] ; elles y étaient représentées,
> attirant la grâce de Dieu, soit naturelle, soit surnaturelle, exi-
> geant les châtiments, demandant les récompenses [...]. La
> prière ou la bonne action étaient dès lors une condition ou cause
> idéale [...] (*Théod.* I, § 54).

D'ailleurs, « Dieu se contente de notre bonne volonté quand
elle est sincère et ardente » (Grua 363, 481).

> Tout est déterminé, sans doute : mais comme nous ne savons
> pas comment il l'est, ni ce qui est prévu ou résolu, nous devons
> faire notre devoir, suivant la Raison que Dieu nous a donnée et
> suivant les règles qu'il nous a prescrites ; et après cela nous
> devons avoir l'esprit en repos, et laisser à Dieu lui-même le soin
> du succès ; car il ne manquera jamais de faire ce qui se trouvera
> le meilleur, non seulement pour le général, mais aussi en
> particulier pour ceux qui ont une véritable confiance en lui,
> c'est-à-dire une confiance qui ne diffère en rien d'une piété
> véritable, d'une foi vive et d'une charité ardente, et qui ne nous
> laisse rien à omettre de ce qui peut dépendre de nous par rapport
> à notre devoir et à son service (*Théod.* I, § 58).

L'AMOUR DE DIEU

Aussi l'amour pour Dieu est-il notre devoir fondamental.
Mais cet amour ne doit pas nous faire tomber dans un quié-

tisme extravagant, « une inaction stupide ou plutôt affectée et simulée, où, sous prétexte de la résignation et de l'anéantissement de l'âme abîmée en Dieu, on peut aller au libertinage dans la pratique, ou du moins à un athéisme spéculatif caché, tel que celui d'Averroès et d'autres plus anciens [...] » (P II, 578). Leibniz n'a guère que mépris pour les Enthousiastes à l'esprit déréglé « qui croient sans fondement que leurs mouvements viennent de Dieu », car « pourquoi appeler lumière ce qui ne fait rien voir ? » ; ces inspirations ne seraient probantes que « si elles éclairaient véritablement l'esprit par des découvertes importantes de quelque connaissance extraordinaire, qui seraient au dessus des forces de la personne qui les aurait acquises sans | aucun secours externe » (NE IV, XIX). Il faut **274** écarter « l'illusion de l'union continuelle prétendue fondée sur l'inaction, puisque c'est plutôt par des actes et exercices fréquents des vertus divines, que nous devons maintenir notre union avec Dieu, pour montrer et fortifier l'habitude de ces vertus qui nous unissent » (P II, 577). L'amour pour Dieu procède de la connaissance – et c'est pourquoi la recherche expérimentale est comme une prière (F II, 536) – et il anime l'action. Certains font grief à cet amour de ne pas être désintéressé. Que l'on réponde par de bonnes définitions : « L'amour est cet acte ou état affectif de l'âme qui nous fait trouver notre plaisir dans la félicité ou satisfaction d'autrui » ; cette félicité nous plaît en elle-même, quand l'amour est sincère et pur ; nous cherchons donc en même temps le bien pour nous et le bien de l'objet pour lui-même ; or, l'amour divin est infiniment au dessus des autres, puisque la félicité de Dieu ne fait pas partie de notre bonheur, comme la félicité des créatures, mais le tout de notre bonheur (P II, 577-578). Cette félicité divine est le fondement de la justice (*ibid.,* 581). Elle est, par conséquent, la source de toute la morale.

LA CITÉ DES HOMMES

Au vrai, pour comprendre la nécessité d'une vie morale, « il n'est pas besoin de la foi, il suffit d'avoir du bon sens, car puisque dans un corps entier ou parfait comme est par exemple une plante ou un animal, il y a une structure merveilleuse qui marque que l'auteur de la nature en a pris soin et réglé jusqu'aux moindres parties, par plus forte raison », l'univers et les âmes ne manqueront pas d'être ordonnées.

> Nous ne sommes donc pas nés pour nous-mêmes, mais pour le bien de la société, comme les parties sont pour le tout, et nous ne nous devons considérer que comme des instruments de Dieu, mais des instruments vivants et libres, capables d'y concourir suivant notre choix. Si nous y manquons, nous sommes comme des monstres et nos vices sont comme des maladies dans la nature, et sans doute nous en recevrons la punition afin que l'ordre des choses soit redressé, comme nous voyons que les maladies affaiblissent et que les monstres sont plus imparfaits (P VII, 107).

275 | C'est en sa *Codicis Juris Gentium Diplomatici Praefatio* que Leibniz rassemble, sous leur forme définitive, les principes de sa Morale (K VI, 457-492; cf. E 118-120).

Le *droit* est un pouvoir moral; le *devoir*, une nécessité morale qui, chez l'homme de bien, équivaut à une nécessité naturelle. L'homme de bien est celui qui aime tous les hommes, autant que la raison le permet. La *justice*, vertu rectrice de la philanthropie, est la charité du sage. La *charité* est une bienveillance universelle; la *bienveillance*, l'habitude d'aimer avec discernement. Aimer avec discernement consiste à trouver son plaisir dans la félicité d'autrui, définition qui peut résoudre le débat sur l'amour désintéressé de Dieu. Telle est la source du *droit naturel*, où l'on distingue trois degrés: le *droit strict*, dans la justice commutative; l'*équité* (ou, en un sens plus noble, la charité) dans la justice distributive ; la *piété* (ou probité) dans la justice universelle. Le droit strict considère les hommes comme égaux et a pour précepte : Ne nuis à personne. L'équité range les hommes selon leur valeur et demande : À chacun selon son mérite. La piété a égard au règne des fins, à la république universelle dont Dieu est le Monarque, bref, à la justice divine : Vis honorablement, c'est-à-dire pieusement.

Il faut considérer ensuite le *droit d'institution* (*jus voluntarium*) : droit d'usage ou constitué par une autorité. Il varie selon les peuples et les époques ; cependant, les peuples chrétiens ont en commun le droit divin positif contenu dans les Livres Saints et codifié dans les Canons de l'Eglise. Leibniz, nous le savons, a vainement rêvé d'une Chrétienté réunie sous l'autorité spirituelle du Pape et sous l'autorité temporelle de l'Empereur.

Le Souverain a pour devoir d'assurer l'ordre et la prospérité de son peuple. Est-il prince de droit divin ? J'ai coutume, répond notre philosophe,

> de dire qu'il serait bon que les princes fussent persuadés que les peuples ont droit de leur résister, et qu'au contraire les peuples fussent persuadés de l'obéissance passive. Cependant, je suis assez du sentiment de Grotius, et je crois que régulièrement on doit obéir, le mal de la révolte étant ordinairement incomparablement plus grand que ce qui en donne sujet. J'avoue pourtant que le prince peut aller à un tel excès et mettre le salut de la république | en un tel danger, que l'obligation de souffrir cesse. **276** Mais ce cas est bien rare [...] (K VI, 120).

Hostile au despotique (P VII, 510), Leibniz souhaite que le pouvoir appartienne aux meilleurs (le Portrait de Jean-Frédéric nous a présenté l'analyse des qualités idéales du prince) et insiste partout sur la nécessité d'une hiérarchie et de l'obéissance. L'autorité est nécessaire pour refréner par la crainte, l'instinct bestial qui précipiterait les hommes les uns contre les autres, pour protéger les faibles, pour assurer la justice (F nl, 192-193), pour promouvoir la charité. Après avoir établi l'ordre dans ses Etats, constitué une armée forte, le Prince a pour tâche de développer l'industrie, le commerce, l'agriculture, l'exploitation de toutes les ressources naturelles. Mais, comme la connaissance règle l'action, il doit aussi veiller à l'instruction et à l'éducation de la jeunesse, en multipliant les écoles, en les orientant vers la pratique, enfin en donnant aux savants – par des crédits, des observatoires, des Académies, etc. – la possibilité de réunir, résumer, classer, accroître l'ensemble des connaissances : c'est le projet de l'Encyclopédie. L'utilité commune et le progrès, voilà la règle du bon prince et du bon citoyen.

Quels avantages l'Humanité ne retirerait-elle pas d'une science organisée par la méthode et par le travail en commun ! Il n'y a rien d'aussi moderne que les réflexions de notre philosophe sur l'organisation du travail scientifique et sur les progrès sociaux qui en seraient le fruit. Pense-t-il, par exemple, à la recherche médicale ?

> Mon opinion est que c'est faute d'assistance que la médecine est encore si imparfaite, et qu'on doit s'en prendre plutôt aux Princes et puissants, que non pas aux Médecins [...]. Ce n'est que depuis 60 ans ou environ qu'on a appris les véritables ressorts du corps humain, en découvrant la circulation du sang, comme ce n'est que depuis 60 ou 70 ans qu'on a appris la véritable structure de l'univers par le moyen des lunettes d'approche, et on a tort de leur demander d'abord une grande perfection.

Tout perfectionnement exige grande quantité d'expériences : « Je suis assuré, par exemple, que dans un grand hôpital une seule année pourrait fournir un trésor de nouvelles observations, s'il y avait des gens employés à les remarquer. C'est donc la faute des grands seigneurs que les hommes savent 277 encore si peu de chose » (K VI, 245). Mais nous en | avons assez dit, en suivant dans son activité le Conseiller privé, l'ingénieur de mines, le promoteur d'Académies, pour n'avoir plus à insister sur sa confiance au progrès par les arts et par les sciences.

Pourtant, s'il voit s'ouvrir la route du Progrès, Leibniz ne nous la décrit pas unie et régulière, ni sans retours possibles à la barbarie. D'abord, il s'avoue incapable de décider démonstrativement si l'univers jouit d'une perfection totale soit constante, soit progressive à partir d'un premier instant ou de toute éternité (P III, 582) : il penche plutôt à conclure de son hypothèse sur l'entr'expression des monades, que tout accroissement de perfection est compensé par un décroissement (Grua 94-95). On peut douter

> si le monde avance toujours en perfection, ou s'il avance et recule par périodes, ou s'il ne se maintient pas plutôt dans la même perfection à l'égard du tout, quoiqu'il semble que les parties font un échange entre elles, et que tantôt les unes, tantôt les autres, sont plus ou moins parfaites. On peut donc mettre en question si toutes les créatures avancent toujours au moins au but de leurs périodes, ou s'il y en a qui perdent et reculent toujours, ou s'il y en a enfin qui font toujours des périodes au bout desquelles elles trouvent de n'avoir point gagné ni perdu : de même qu'il y a des lignes qui avancent toujours comme la droite, d'autres qui tournent sans avancer ou reculer comme la circulaire, d'autres qui tournent et avancent en même temps comme la spirale, d'autres enfin qui reculent après avoir avancé, ou avancent après avoir reculé, comme les ovales (K VII, 301).

Toutefois, ces hésitations paraissent concerner le monde physique plutôt que le monde moral ou, mieux, le monde des monades plutôt que celui des esprits, c'est-à-dire les progrès de la perception davantage que ceux de la réflexion. De nous à Dieu, que jamais nous n'égalerons, la conscience a le champ libre pour « un progrès perpétuel à de nouveaux plaisirs, et de nouvelles perfections » (*Princ. Nat. Gr.*, § 18). Leibniz annonce

la Révolution (NE IV, XVI, § 4) et il pressent, « pour bien de
causes » (P VII, 162), un retour à la barbarie ; mais

> il faut reconnaître un certain progrès perpétuel et le plus illimité
> qui se puisse de tout l'univers, de sorte qu'il avance toujours
> vers une plus grande civilisation. Ainsi, la plus grande partie de
> notre terre est aujourd'hui cultivée et le sera | de plus en plus.
> Et bien qu'il soit vrai que, de temps en temps, quelque partie
> s'embroussaille à nouveau, retombe en ruine, se renfonce, il
> faut cependant le considérer comme nous avons interprété un
> peu plus haut les afflictions : cette destruction même et cette
> dépression sont utiles pour quelque conséquence supérieure,
> en sorte que nous gagnons en quelque manière au dommage
> (*ibid.*, 308).

278

CONCLUSION

S'il est vrai qu'une vision du monde ne suffit pas, sans un
Système, pour faire un philosophe, alors Leibniz est le philosophe par excellence : aucun n'est plus systématique, et les
contemporains ne s'y sont pas trompés, comme le montre son
Éloge par Fontenelle. Pas un commentateur qui ne reste frappé
par la grandeur et la cohésion de l'ensemble ; pas un qui ne
s'efforce d'en caractériser l'unité rayonnante, par quelque
mot en *isme*, ordinairement renforcé par le préfixe *pan*. On n'a,
c'est le cas de le dire, que l'embarras du choix [1].

Un *idéalisme* ? Sans doute ! La pensée est première ; toute
existence a sa raison en une essence de l'entendement divin ;
Dieu étant pure réflexion – aussi les Esprits l'emportent-ils
infiniment en dignité sur les monades brutes – l'idéalisme
se précise en spiritualisme ; et l'entr'expression des monades
assure l'intelligibilité de l'univers. Par conséquent, un *panlo-*

---

1. Sur les interprétations du leibnizianisme, voir D. Mahnke, *Leibnizens
Synthese von Universalmathematik und Individualmetaphysik*, Halle, 1925.

gisme ? Et même, si l'on veut, un *panmathématisme*, les mathématiques devenant – une fois rejetée l'intuition cartésienne d'une étendue donnée, non construite par jugement – une promotion de la logique. Un panlogisme, puisque nous convenons avec Dieu dans les rapports mêmes qui ont déterminé le choix et la structure de la Création : en sorte qu'en suivant les lois de notre entendement, nous pouvons, dans la mesure de notre limitation, comprendre (*intelligere*) et reconstruire le réel. Un pas de plus, et voici – avec Couturat – le *nécessitarisme* réglé par le mécanisme métaphysique. À moins que nous ne préférions aller au *panpsychisme* : car les formes substantielles, analogues à l'âme, sont principes de changement et d'organisation pour la monade – dont la simplicité implique, loin de l'exclure, l'organisation d'une | série existentielle – aussi bien que pour le substantié sous une monade dominante. N'est-ce pas, du même coup, aboutir au *monisme* ? Si toute monade est vivante, jusqu'à la *mens momentanea*, si la force, dont la nature se révèle dans la tendance, est le substrat des phénomènes, il semble bien que, par delà les apparences, avec l'appétition et la perception, le fond du réel soit tissé d'une seule étoffe mentale. – On prolongerait aisément cette énumération en *isme*. Mieux vaut en souligner l'incertitude.

Car, à peine a-t-on invoqué idéalisme et panlogisme, qu'il faut corriger. Comme nous l'avons vu par la doctrine du *vinculum substantiale*, on découvre en Leibniz un *réalisme* plus profond que son idéalisme. La création continuée introduit dans le monde une force liante dont on nous dit expressément qu'elle ne saurait être une idée ni un rapport d'idées : ce lien existentiel est impensable, inconnaissable, il est de l'ordre du Mystère. Rien que par là, le panlogisme et, avec lui, le nécessitarisme ne traduiraient plus toute la pensée leibnizienne. Ce n'est pas tout. En Dieu déjà tout n'est pas rationnel. Il crée par bonté (*Théod.* II, § 288) : si cette bonté raisonnable était, en soi, pur rationnel, elle serait nécessité. Dieu connaît la

raison logique de son choix, mais il ne peut connaître la raison
de cette raison – ce serait s'engager dans une de ces régressions
à l'infini qui ne comportent pas de dernier terme même pour le
Suprême Analyste, la notion d'un tel terme étant contradictoire. La création n'est contingente que parce que tout n'est pas
pure rationalité (ou nécessité absolue); c'est pourquoi l'existence n'est pas un prédicat comme les autres, mais celui qui
rend impossible la réduction aux identiques des propositions
existentielles. Pas davantage que le panlogisme, le panpsy-
chisme ne serait une définition exacte :

> Il est vrai (selon mon système) qu'il n'y a point de portion de la
> matière où il n'y ait une infinité de corps organiques et animés ;
> sous lesquels je comprends non seulement les animaux et les
> plantes, mais encore d'autres sortes peut-être, qui nous sont
> entièrement inconnues. Mais il ne faut point dire pour cela, que
> chaque portion de la matière est animée ; c'est comme nous ne
> disons point qu'un étang plein de poissons est un corps animé,
> quoique le poisson le soit (P VI, 539-540).

Dès lors, comment parler de *monisme* sans précaution ? Il y a
280 en toute substance un principe d'activité, | une forme analogue
à l'âme ; mais aussi un principe de passivité, une matière qui
n'appète ni ne perçoit.

　　　　Que restent-il ? Rien qui ne se laissât deviner. Nos
étiquettes sont à ce point vagues qu'on dispute si Descartes est
un rationaliste, Karl Marx un matérialiste. Et quand on les
préciserait, un philosophe étiquetable serait-il un vrai philosophe ? Toute grande pensée échappe. Il n'y a véritablement
qu'un nom à ne pas trahir un Système, un seul qui nous convie
à une lecture directe des textes avec le moins de préjugés : le
nom même de son auteur.

INDICATIONS BIBLIOGRAPHIQUES

Ouvrages consultés

Bar :	BARUZI J., *Leibniz et l'organisation religieuse de la terre*
Cout *Log* :	COUTURAT L., *La logique de Leibniz*
Cout *Op* :	COUTURAT L., *Opuscules et fragments inédits de Leibniz*
Disc. :	*Discours de Métaphysique*
E :	ERDMANN J.-E., *God. Guil. Leibnitii Opera philosophica*
F :	FOUCHER DE CAREIL A., *Œuvres de Leibniz* (I-II)
F Mem. :	*Mémoire sur la Philosophie de Leibniz* (I-II)
F nl :	*Nouvelles Lettres et Opuscules inédits*
Grua :	GRUA G., *Textes inédits*
Gu :	*Gottfried Wilhelm Freiherr v. Leibnitz, Eine Biographie von* GUHRAUER G. E.
Jag :	JAGODINSKI I., *Leibnitiana Elementa Philosophiae Arcanae de summa rerum*
K :	KLOPP O., *Historisch-politische und staatswissenschaftliche Schriften* (I-XI)
Kab[1] :	KABITZ W., *Die Philosophie des Jungen Leibniz*
M :	*Leibnizens mathematische Schriften* (T-VII)
Monad. :	*Monadologie*

1. Abréviation mal choisie désignant Ak. II, 1, primitivement publié à l'Otto Reichl Verlag.

NE : *Nouveaux Essais sur l'entendement humain*
P : GERHART C.-I., *Die philosophischen Schriften von Gottfried Wilhelm Leibniz* (I-VII)
Pr : PRENANT L., *Œuvres choisies de Leibniz*
Princ. : DESCARTES, *Les Principes*
Princ. Nat. Gr. : *Principes de la nature et de la grâce*
R : GOTTFRIED WILHELM LEIBNIZ, *Saemtliche Schriften und Briefe herausgegeben von des Preussischen Akademie des Wissenschaften*
S : SCHRECKER P., *Lettres et fragments inédits*
Théod. : *Théodicée*

Sauf indication contraire, les traductions sont de nous.

À l'ordinaire et afin d'en faciliter l'accès au lecteur, pour les œuvres et opuscules les plus publiés, nous donnons le titre abrégé avec le n° du paragraphe : par exemple : NE II, XIV, § 27 signifie : *Nouveaux Essais sur l'Entendement humain*, Livre II, chap. XIV, paragraphe 27 ; *Disc.* = *Discours de Métaphysique* ; etc.

On trouve aisément en librairie :

Discours de Métaphysique, H. Lestienne (éd.), Paris, Vrin.
Les Nouveaux Essais sur l'entendement humain, Paris, Flammarion.
La Monadologie, É. Boutroux (éd.), Paris, Delagrave.
La Théodicée figure dans les *Œuvres philosophiques de Leibniz*, P. Janet (éd.), dont les Bibliothèques sont en général pourvues. J. Brunschwig en a procuré une excellente édition chez Garnier-Flammarion, 1969.

Quant aux Opuscules les plus connus, outre les *Opuscula philosophica selecta* en latin et en français par P. Schrecker, Paris, Vrin, 1959, 2001 pour l'édition de poche, qui comportent :

– *Méditations sur la Connaissance, la Vérité et les Idées* (1684) ;
– *Remarques sur la partie générale des* Principes *de Descartes* (1692) ;
– *De la Réforme de la Philosophie première et de la notion de Substance* (1694) ;
– *De la Production originelle des choses prise à sa racine* (1697) ;
– *De la Nature en elle-même, ou de la force inhérente aux choses créées et de leurs actions* (1698) ;
– *La cause de Dieu* (1710) ;

le lecteur se reportera aux *Œuvres choisies de Leibniz*, avec préface, notes, table par questions, de Mme L. Prenant (Paris, Garnier) : le choix ne pouvait être mieux fait, ni les notes plus profitables.

Sur la vie de Leibniz

Gottfried Wilhelm Freiherr v. Leibnitz, Eine Biographie von GUHRAUER G. E., reprise et illustrée par F. X. Kiefl, Mainz, 1913.
FISCHER K., *Geschichte des neuern Philosophie*, zweiter Band.

Sur le projet de réunion des églises

BARUZI J., *Leibniz et l'organisation religieuse de la terre*, Paris, 1907.

Sur le système de Leibniz

Les études sont innombrables. Bornons-nous à citer, en français, parmi les contributions capitales :
COUTURAT L., *La logique de Leibniz*, Paris, 1901 ; Olms, 1985.
HANNEQUIN A., *La première philosophie de Leibniz*, Étude d'Histoire de la Philosophie, t. II.
GUÉROULT M., *Dynamique et Métaphysique leibniziennes*, Paris, 1934.

Supplément bibliographique

L'œuvre
L'édition monumentale de l'Académie de Berlin se poursuit. Pour les textes séparés, signalons :
Protogaea, texte et traduction (allemande), par W. V. ENGELHARDT, Stuttgart, 1949.
Lettres de Leibniz à Arnauld d'après un manuscrit inédit, avec une introduction historique et des notes critiques, par G. Lewis, Paris, 1952.
Principes de la Nature et de la Grâce fondés en raison. – Principes de la philosophie ou Monadologie. Publiés intégralement d'après les manuscrits de Hanovre, Vienne et Paris, et présentés d'après des lettres inédites, par A. Robinet, Paris, 1954.

Correspondance Leibniz-Clarke, présentée d'après les manuscrits originaux des Bibliothèques de Hanovre et de Londres, par A. Robinet, Paris, 1957.

Confessio Philosophi. La profession de foi du philosophe, texte latin, traduction et notes par Y. Belaval, Paris, 1961.

Confessio Philosophi, Text, Uebersetzung, Kommentar, herausgegeben von O. Saame, Frankfurt a/Main, 1967.

De conditionibus, traduction P. Boucher, *Des conditions*, Paris, Vrin, 2002.

Une réédition, enfin critique, des *Arcanae de summa rerum* procurés en 1913 par Jagodinsky, est en cours de préparation par M. Fichant.

Sur l'œuvre

Le 14 novembre 1966 a été fondée à Hanovre la G. W. Leibniz-Gesellschaft qui se propose de publier des *Studia leibnitiana*. Outre la grande *Leibniz-Bibliographie* de K. Müller, on trouvera, dans une perspective plus limitée, les principaux titres bibliographiques dans :

BELAVAL Y., *Leibniz critique de Descartes*, Paris, 1960.

SERRES M., *Le système de Leibniz et ses modèles mathématiques*, Paris, 1968.

Sur l'œuvre scientifique

BACHELARD S., « Maupertuis et le principe de moindre action », dans *Thalès*, 1958.

FLECKENSTEIN J.O., *G. W. Leibniz. Barock und Universalismus*, München, 1958.

COSTABEL P., *Leibniz et la Dynamique*, Paris, 1960.

Sur la philosophie générale

MARTIN G., *Leibniz, Logique et métaphysique*, trad. fr. M. Régnier, Paris, 1966.

Sur la vie

Leibniz, herausgegeben von W. TOTOK und C. HAASE, Hannover, 1966.

INDEX NOMINUM

TABLE DES MATIÈRES

Imprimé en France par CPI (130221)
en août 2015
Dépôt légal : août 2015